미디어
시간여행

김동민 지음

나남
nanam

김동민

고려대 임학과 학사
한양대 대학원 신문방송학과 석사/박사
한국언론정보학회 회장
한일장신대 신문방송학과 교수

현재 한양대 신문방송학과 겸임교수
단국대 커뮤니케이션학부 강사
동학민족통일회 공동의장

나남신서 1806

미디어
시간여행

2015년 5월 5일 발행
2015년 5월 5일 1쇄

지은이_김동민
발행자_趙相浩
발행처_(주) 나남
주소_413-120 경기도 파주시 회동길 193
전화_(031) 955-4601 (代)
FAX_(031) 955-4555
등록_제 1-71호 (1979. 5. 12)
홈페이지_http://www.nanam.net
전자우편_post@nanam.net

ISBN 978-89-300-8806-0
ISBN 978-89-300-8001-9 (세트)

책값은 뒤표지에 있습니다.

나남신서 1806

미디어 시간여행

김동민 지음

나남
nanam

Media Time Travel

by

D. M. Kim

nanam

책을
내면서

미디어의 역사 연구에서는 물론이고 일반적으로 미디어의 종류를 논할 때 흔히 빠뜨리는 것들이 있다. 음악, 회화, 연극, 건축, 조각, 영화 등이 그것이다. 이 분야들은 각기 독립적인 학문이나 예술의 영역으로 분화되었기 때문에 언론학 영역에서는 잘 다루지 않는 것으로 보인다. 그러나 이들은 예술 영역 이전에 분명히 미디어로 출발했고, 여전히 미디어로서 기능한다. 뿐만 아니라 시·지각의 연장으로서 현미경과 망원경도 미디어다.

맥루언은 미디어를 '감각기관의 확장'이라고 정의했으며, 벤야민은 영화를 '시각을 비롯한 지각의 확장'이라고 정의했다. 현미경을 만든 장인들도 자신들이 만드는 것을 시각기관의 확장이라고 생각했다. 이런 정의를 빌리지 않더라도 현미경과 망원경이 우리의 감각기관을 확장함으로써 정보의 습득을 무한대로 넓혀주는 것은 명백한 사실이다.

미디어는 정보를 습득하고 전달하는 커뮤니케이션 매개체다. 인간은 감각기관을 통해 정보를 습득하는데 시각기관에 의한 정보의 습득이 압도적으로 많다. 그 시각기관의 물리적 한계를 극복하여 너무 멀거나 작아서 맨눈으로는 볼 수 없는 세계의 정보를 얻게 한 것이 망원경과 현미경이다. 맥루언은 전자매체가 지구를 하나의 촌락으로 만들었다고 했는데, 망원경은 우주에서

5

적어도 태양계만큼은 촌락 수준으로 확실하게 좁혀 놓았다. 미국은 고사하고 중국이나 일본도 보이지 않지만 오히려 훨씬 멀리 있는 태양계는 어느 정도 시야에 들어온다. 망원경은 그것을 더욱 가까이 볼 수 있게 했고 전문가들이 허블망원경에서 습득한 훨씬 먼 곳의 많은 정보가 바로 우리에게 전달된다. 그리고 138억 년 전으로 거슬러 올라가 우주의 시작에 대한 정보를 알게 했다. 현미경은 미생물과 원자의 세계를 우리의 시야에 들어오게 했으며 생명의 역사에 대한 정보를 제공했다. 망원경은 우리 생명이 우주에서 왔다는 사실도 알려주었다. 이로써 인간을 무지몽매한 신화적 세계관에서 완전히 해방시켰다.

*

재작년 《미디어 오디세이》를 내놓은 후 이러한 미디어의 역사가 누락된 것을 아쉽게 생각하던 차에 〈공무원U신문〉에 칼럼을 연재하게 되었다. 그래서 "미디어 오디세이"라는 타이틀로 필자의 책에서뿐만 아니라 모든 언론사(言論史) 저서에서 거의 다루지 않은 미디어의 역사를 정리하기로 하고 1년여를 연재했다. 그 글을 모아 이 책의 1부를 구성하여 "미디어 오디세이 2"라 이름 붙였다. 언론유사(言論遺事), 즉 《미디어 오디세이》나 여타의 '언론사' 저술에서 누락된 미디어의 역사적 사실을 기록했다.

2부에서는 사회과학 방법론이 대두되던 시점의 맥락을 살피는 동시에 사회과학 연구의 맹점을 지적하면서, 특히 이 분야 중에서도 일천한 언론학 연구의 문제점을 지적하면서 발전방향을 제시했다. 사회과학은 19세기 산업자본주의 사회의 새로운 현상을 연구하는 데 자연과학의 실증적 방법을 배우면서 등장했다. 그러나 그 실증적 방법은 실증주의로 변질하여 학문의 대상을 좁혔고, 진리에 이르는 다양한 방법론을 비과학적인 것으로 매도하면서 오로지 경험세계의 한계 안에서 실증 가능한 것만이 과학이라고 주장했다. 즉, 실증주의만이 과학이라는 것이다. 이는 산업사회의 본질적 모순을 드러내지 않으려는 의도가 작용한 것이었다. 정치경제학(political economy)이 물리학(physics)을 모방한 경제학(economics)으로 전환한 시대 배경과 일치하는 것이다. 그 후 자본주의 경제 연구는 철학자의 몫에서 경제학자의 몫이 되었으며 여타의 사회과학 분야의 연구에서 배제되었다. 그리고 스탈린 체제 등장 이후 정치경제학은 정치적 이념으로 불온시되었다.

필자는 사회과학에서 정치경제학은 물리학의 고전역학과 같은 지위에 있다고 본다. 고전역학이 자연현상에서 물체 간 역학을 중력으로 설명했듯이 정치경제학은 사회역학으로서 인류 사회를 움직이는 힘의 원천을 생산력으로 설명했다. 우리는 역사학자들이 정치경제학을 유물사관이라고 비판하면서도 실제로는 생산력의 변화로써 역사를 서술한 것을 볼 수 있다. 그러나 사회과학자들의 일부는 정치경제학을 정치적 이념으로 색칠하여 매도하고, 다른 일부는 정치경제학을 경직되고 근본주의적인 경제결정론이라고 오역하면서 비난한다. 사회과학 발전에 엄청난 손실이요, 미련한 행동이다.

뉴턴이 중력의 법칙에 대한 착상을 철학적 사유에서 얻었듯이 마르크스도 생산력과 생산관계의 착상을 철학적 사유에서 얻었다. 그럼에도 불구하고 사회과학은 철학을 멀리하고 정치경제학을 경원시한다. 고전역학이 객관적 실재를 설명하는 완벽한 이론이 아니듯이 정치경제학도 사회현상의 실재를 설명하는 완벽한 이론은 아니다. 상대성이론과 양자역학이 등장했다고 해서 고전역학이 전면 부정되지는 않았다. 그러나 사회과학에서는 정치경제학을 원천적으로 부정하거나 비판하면서 유행처럼 미시적인 이론을 좇는다. 이것은 과학의 태도가 아니다. 정치경제학은 정치적 이념이 아니라 과학적 이론이라는 점을 생각해야 할 것이다.

이렇게 물리학은 실증적 방법뿐만 아니라 관념세계로 비치는 자연현상의 실재를 확인하기 위해 수학과 철학을 비중 있게 공부했으며 지금도 그러하다. 그리스 자연철학의 논의를 실증적으로 검증하는 것이다. 그리스 자연철학자들이 그랬듯 경험세계를 넘어 보이지 않는 세계의 실재를 확인하려는 물리학자들의 노력이 우주와 생명에 관한 많은 진리를 확인할 수 있게 했다.

예를 들어 물리학에 '블랙홀'과 '특이점이론'이란 게 있는데 사회과학에서도 그와 비슷한 이론을 만들 수 있을 것이다. 이러한 멋진 이론은 실증주의에서는 나오지 않는다. 그래서 필자는 사회과학으로서 언론학이 물리학에서 배울 점이 있다 보고 이를 정리했다. 이에 더해 과학은 종교에 대해서도 설명해야 하기 때문에 자연철학과 동양철학이 만나는 거대한 저수지와도 같은 동학(東學)이 자연철학에서 자연과학으로 발전한 물리학과 만나는 지점에서의 소통을 생각했다.

마지막으로 3부의 "조선의 개화와 근대 신문"은 필자가 곧 집필에 들어가려는 《한국근현대언론사》의 예고편이다. 《미디어 오디세이》는 세계사의 전개가 조선의 근대로 연결되는 과정에서의 미디어 흐름을 추적하는 데 비중을 두었기 때문에 우리의 근현대 언론사에 대해 약술하는 수준에 그쳤다. 그래서 《한국근현대언론사》의 집필을 약속했고 실행에 옮기려는 마당에 필자의 서술방향을 미리 선보이는 것이다. 전작 《미디어 오디세이》의 역사 서술법과 마찬가지로 미디어를 역사로부터 격리된 발달과정이 아닌 역사 속에서의 흐름과 맥락을 살펴 유기적 상호작용에 대해 서술할 것이다.

*

이렇게 세 부분을 엮는 것이 다소 어색하기는 하지만 미디어 역사와 연구방법론의 문제를 다루는 '시간여행'이라는 일관성에서 크게 벗어나지는 않는다는 생각이다. 1부에서는 미디어 역사에서 누락된 미디어를 찾아 동서양을 여행하였고, 2부에서는 시간의 역사에 대해 지식을 주는 물리학과 철학세계를 여행하면서 지혜를 얻으려 했다. 그리고 마지막으로 3부는 조선의 근대를 살펴보았다.

대학에서 인문사회과학이 환영받지 못하는 현실에서 언론학 분야의 책을 꾸준히 내는 나남출판의 조상호 회장과 임직원에게 경의를 표하지 않을 수 없다. 특히 언론 관련학과에서 가볍게 여기거나 아예 가르치지도 않는 분야의 책을 출판하는 것은 시대를 앞서가는 철학일 것이다. 그리고 《미디어 오디세이》에 이어 이번에도 정성스럽게 책을 만들어준 강현호 대리의 노고에 감사의 마음을 남긴다.

2015년 4월
김 동 민

미디어
시간여행

차 례

1

미디어
오디세이 2

미디어에 대한
새로운 시선

미디어란 무엇인가? 미디어의 사전적 뜻을 모르는 사람은 없을 것이다. 미디어란 의사소통, 즉 커뮤니케이션의 수단이다. 언론학에서는 '메시지를 주고받는 수단(means)' 정도로 정의한다. 사람 사이에 의미를 전달하고 공유할 수 있게 만드는 매개체(medium)라고도 할 수 있겠다. 그런데 커뮤니케이션이 꼭 상대가 있어야 하는 것은 아니다. 개인의 사유(思惟, thinking) 활동도 엄연히 커뮤니케이션이다. 따라서 자아와의 커뮤니케이션을 돕는 수단 역시 미디어라고 할 수 있다. 커뮤니케이션에서 언어는 기본이다. 인간은 언어 없이는 소통은 물론이고 사유도 불가능하다. 그 사유의 폭을 넓히는 수단이 있다면 그 또한 미디어일 것이다.

캐나다의 문명비평가였던 맥루언(1911~1980)은 일찍이 미디어를 '인간의 확장'이라고 정의한 바 있다. 신체의 확장이요, 중추신경 및 감각기관의 확장이라는 주장이다. 그래서 우리가 보통 생각하는 미디어 말고도 도로, 의복, 가옥, 화폐, 시계, 바퀴, 자전거, 비행기, 자동차, 무기 등도 미디어의 범주에 포함시켰다. 이러한 미디어로 인해 지구는 하나의 촌락처럼 가까워졌다고 진단되었다.

경험론과 실증주의에 익숙한 학자들은 맥루언의 정의를 무시하는 경향이 있는데 그래서는 안 된다. 특히 감각기관의 확장이라는 관점은 탁월하다. 미디어가 감각기관의 확장이라는 정의에서 볼 때 전통적 미디어는 물론이고 맥루언이 언급하지 않았던 현미경과 (허브) 망원경도 미디어의 범주에 들어가야 할 것이다. 시각기관에 의해 포착되지 않는 미생물의 세계와 멀리 있는 우주의 존재를 보여줌으로써 인식의 지평을 넓히고 깊이 있는 지식을 제공한 결과 사유의 폭과 깊이가 무궁무진해졌기 때문이다. 뿐만 아니라 자연이 속삭이는 언어도 알아들을 수 있게 되었다.

또 하나의 중요한 미디어가 있다. 미술이다. 미술이 미디어란 말인가? 그렇다. 예술이 아닌가? 예술의 바탕을 이루는 미디어다. 미디어 없이 미술은 없다. 미술에 대한 위키피디아의 정의를 보면 "시각적 방법 또는 조형적 방법으로 사람의 감정이나 뜻을 나타내는 예술의 한 종류"라고 한다. 사람의 감정이나 의미를 표현하고 공유하는 수단이라고 하니 분명 미디어인 것이다. 매체철학과 미학을 전공한 심혜련은 매체와 예술은 서로 뗄 수 없는 관계를 맺는다면서 특히 예술은 매체 없이 존재할 수 없다는 전제 아래서 매체가 예술 영역에 근본적인 변혁을 초래한다는 것, 곧 예술의 형식과 내용의 변화뿐만 아니라 이를 수용하는 수용자의 태도도 바꾼다는 점을 강조한다(심혜련, 2006: 146).

이를테면 19세기 사진의 등장은 회화에 엄청난 충격을 주었다. 대상을 모방하고 재현함으로써 정보와 지식을 전달하는 회화의 고유한 임무를 사진이 대신하게 된 것이다. 이로 인해 미술은 정체성이 흔들리는 일대 위기를 경험한다. 그 결과 흑백사진으로는 표현이 불가능한 빛과 색을 자유자재로 표현한 인상파의 등장을 가져왔다. 이러한 경향은 후기 인상파와 큐비즘으로 이어졌다. 요즈음에는 뉴미디어의 발달과 더불어 팝아트에 이어 비디오아트가 등장했으며, 과거 미술의 소비자가 퍼스널 미디어를 활용하여 창작자의 대열에 합류하는 현상이 나타나기도 한다.

미술이라는 용어는 미(美)를 재현하거나 표현하는 기예를 뜻하는 프랑스어 '보 자르'(beaux arts)를 번역한 말이라고 한다. 그렇다면 미술은 아름다워야만 하는가? 아름다움도 여러 가지다. 미적 대상에 따라 자연미, 예술미, 육체미로 분류할 수 있고 〈피에타〉처럼 비장함이 주는 아름다움도 있다. 그래서 그리스 미술은 기하학적 비례를 중시했지만 근대 이후에는 그러한 고정관념이 깨지기 시작했으며, 잔혹한 표현이 주는 감정의 파문도 미술이 되는 것이다. 동양의 노자는 그리스 철학자들과는 미에 대한 관념이 달랐다.

천하 사람들이 모두 미를 아름답게 되는 것으로 알지만, 그것은 혐오스러운 것이다(天下皆知美之爲美, 斯惡已: 천하개지미위미, 사악이).

아름답다는 게 사실은 혐오스러운 것일 수 있으니 미를 외모로만 판단해서는 안 된다는 이야기다. 반대로 혐오스럽게 보이는 것이 아름다울 수 있다. 노르웨이 화가 뭉크(1863~1944)의 〈절규〉를 보자. 이 그림이 추하고 혐오스러운가? 뭉크는 이 그림을 1893년에 그렸다. 이 시기 유럽은 1873년부터 시작된 오랜 공황과 더불어 독점자본 사이에 식민지 쟁탈전이 치열하게 전개되던 제국주의 시대로서 제1차 세계대전의 전운이 짙게 감돌던 때였다. 뭉크는 그러한 사회분위기를 회화라는 미디어로 표현했던 것이다. 만약 보티첼리가 이러한 분위기에서 〈비너스의 탄생〉을 그렸다면, 아무리 아프로디테라도 추하게 보였을 것이다.

요약하자면, 미디어란 소통의 수단일 뿐 아니라 (예술적) 표현의 수단이며 감각기관의 확장이다. 이제부터 기존의 전통적 미디어의 정의를 초월하여 구석기시대의 벽화에서부터 그리스 연극 및 미술, 회화와 조각·건축 등 동서양 미술, 현미경과 천체망원경, 미디어아트 등 주요 미디어를 소재로 하여 그 시대의 의미를 읽어내는 장정을 시작하고자 한다.

뭉크(Edvard Munch, 1863~1944)
〈절규〉(THE SCREAM, 1893)
73.5×91㎝, 마분지에 유채

언어가 먼저일까?
음악이 먼저일까?

독일에서 활동하는 소프라노 서예리 씨에 관한 〈한국일보〉 2014년 9월 24일자 기사인 "소리·감정 변화무쌍 갓난아이에게서 음악의 영감 얻었죠, 고국 첫 단독 공연 소프라노 서예리"를 보자.

서 씨는 첫 곡으로 루치아노 베리오의 〈세쿠엔차 III〉를 선택했다. 가사라기보다는 언어의 편린이나 입에서 표출하는 갖가지 음향이 전부인 곡이다. "객석이 '뭐 하는 거야'라고 생각해도 무리가 아닐 겁니다. 생소함의 극치일수 있죠. 아무리 현대 음악을 해 온 사람일지라도 도저히 친해질 수 없는"(…) 실제로 〈세쿠엔차 III〉에는 숨을 들이마시며 내는 소리, 혀를 끌끌 차는 소리, 재채기, 타잔이 내는 것 같은 괴성 등 아이가 내는 것과 비슷한 소리가 들었는데 서 씨는 그런 것을 다 알아들었다. "아이를 낳지 않았다면 〈세쿠엔차 III〉를 이해하지 못했을 것"이라는 서 씨의 말은 그래서 당연하게 들린다.

9월 11일자 〈서울신문〉 인터뷰에서 한 이야기도 같은 맥락이다.

제가 아이를 낳기 전이었다면 아마도 이 곡을 다채로운 발성을 표현해야 하는 매우 형식적인 작품이라고 생각하고 거기에 맞춰서 해석했을 거예요. 그런데 아이를 낳은 후 이 곡에 대한 생각이 완전히 바뀌었어요. 이 곡은 느닷

없이 울다가 웃다가 소리를 질렀다가 또 갑자기 조용해지는 아기처럼 예측할 수가 없어요. 표현의 변덕이라고나 할까. 즉흥적이면서도 인간의 가장 자연스러운 본성을 그대로 표현해야 하는 곡이죠. 그 느낌을 그대로 살려 보려고 해요.

원시 인류는 언제부터 말을 하게 되었을까? 말이 먼저일까, 음악이 먼저일까? 굳이 따지자면 음악이 먼저일 텐데 사실은 음악이 말이고 말이 음악이었을 것이다. 그리고 조음기관의 진화와 더불어 자음을 사용하면서 말과 음악은 분화되었을 것이다. 말하자면 음악이 말을 낳았다고 할 수 있겠다. 음악은 원시인이 목소리나 악기로 의사소통을 하려는 시도에서 생겼으며 새나 다른 동물의 소리를 모방하는 과정 또는 기쁨이나 슬픔 등 인간의 감정을 표현하는 과정에서 자연스럽게 발생했다고 한다(홍세원, 1995: 22). 이렇게 말과 음악은 의사소통을 하는 과정에서 자연스럽게 발생하고 분화되었던 것이다.

곰브리치는 그림과 문자가 매우 밀접한 혈연관계에 있다고 했는데 (Gombrich, 1995/2013: 47) 음악과 언어도 매우 밀접한 혈연관계에 있는 것이다. 특히 음악과 언어는 대체로 병행되었다. 그림이 문자로 발전한 후 그림과 문자는 독자적 역할을 하게 되지만, 음악은 언어와 더불어 사상과 감정을 표현하는 미디어로서 기능했던 것이다. 여기에 춤이 가미되었음은 물론이다. 이를테면 음악에는 가사가 자연스럽게 동행하였고, 가사는 음악과 춤을 대동했으니 그것이 시가 되었다. 공자가 편찬한 중국의 고전 《시경》(詩經)의 맥락을 살펴보면 알 수 있다. 《시경》은 주로 서주(B. C. 1122~770) 말과 동주(東周) 전기에 지어진 시(詩)다. 주(周)나라는 은(殷)나라의 문화를 계승 발전시켰는데, 사회가 안정되면서 많은 시가 지어졌다. 그리고 춘추시대에 해당하는 동주 시기에는 사회의 혼란상을 반영하는 시가 지어졌다. 특히 동주 시기의 시는 고통받는 민중의 애환을 노래한 시가 많았다. 지금 용어로 대중가요였던 셈이다. 시에는 음악이 곁들여졌다. 《논어》 "자한편"에 따르면 공자는 "내가 위나라에서 노나라로 돌아온 후에 음악이 바르게 되고 아와 송이 각기 제자리를 찾게 되었다"라고 했다. 사마천은 《공자세가》에서 《시경》 3백 편을 공자가 모두 현악기에 맞추어 노래하여 소(韶)와 무(武), 아(雅)와 송(頌)의 음조에 맞도록 하였다고 밝혔다.

노(魯)나라는 주(周)의 문물이 남아 있던 곳으로 공자는 혼란의 시대에 주례(周禮)를 복원하여 기강을 바로잡으려고 했다. 그 가운데 음악을 바로잡는 데 혼신의 노력을 기울였는데, 그 결실이 《시경》이었던 것이다. 《시경》의 시는 풍(風)과 송(頌), 아(雅)로 구성되는데 풍은 서민의 민요 즉, 대중가요였으며, 송은 종묘의 제례음악, 아는 귀족의 노래였다. 시는 이렇게 시대정신을 반영하면서 음악과 더불어 불렸던 것이다.

서예리는 고전주의와 낭만주의 음악을 건너뛰어 바로크 음악과 현대음악을 연결했다고 한다. 바로크 음악은 《시경》으로 치면 송과 아에 해당한다. 궁정과 귀족 그리고 교회를 위한 음악이었다. 예술은 취향이라고 할 수도 있으니 이 점에 대해서는 존중하기로 하고, 음악은 사회적 소통의 수단으로서 〈세쿠안차 III〉에서 느낄 수 있듯이 아직 말을 배우지 않은 갓난아이처럼 원시의 세계로 돌아가 자연스럽게 표현하는 것도 의미가 있을 것이다.

대신 풍(風)에 해당하는 요즈음 대중가요는 생각해 볼 여지가 있다. 풍의 내용은 남녀상열지사와 현실 비판이 주를 이룬다. 그러나 요즈음 대중가요를 보면 현실 비판은 없이 남녀상열지사만 난무하는데다가 가사 전달에는 신경도 쓰지 않는다. 춤과 곁들여서 눈과 귀만 자극할 뿐 생각이 없다. 이성(理性)이 마비된 채 감성만 자극하여 현실의 부조리에 무감각하게 만드는 것이다. 바로크 음악도 대체로 그러하다.

다음은 과중한 세금으로 신음하는 백성이 다른 나라로 떠나려는 심정
을 노래한 《시경》에 수록된 시다. 공자가 음악이 제자리를 찾도록 심혈
을 기울인 까닭을 헤아려 볼 일이다.

　　쥐야 쥐야 큰 쥐야 나의 곡식 먹지 마라
　　삼년을 두고 그대를 섬겼건만
　　도무지 덕을 베풀 생각일랑 없구나
　　나는 장차 그대를 떠나련다
　　좋은 나라로 떠나련다
　　좋은 나라 좋은 나라
　　그곳에서 나의 뜻을 펴리라

라스코 동굴벽화에서
20세기 벽화운동까지

그림은 문자의 어머니다. 인류 최초의 문자 반열에 있는 이집트 상형문자와 메소포타미아 지역의 설형문자 그리고 중국의 한자 등이 모두 그림에서 발전했다. 그래서 곰브리치는 "우리는 이 신비스러운 원시 미술의 기원에 관해서는 아는 바가 거의 없지만, 우리가 미술의 역사를 제대로 이해하려면 그림과 문자는 매우 밀접한 혈연관계에 있다는 사실을 기억해두는 편이 좋을 것이다"(Gombrich, 1995/2013: 47)라고 했던 것이다. 곰브리치는 미술의 역사 차원에서 문자를 언급했는데 미디어의 역사 차원에서 그림을 인식하는 것도 중요하다. 그림은 원시 미술의 기원인 동시에 언어의 의미를 시각적으로 표현하고 기록하려고 했던 문자 미디어의 기원인 것이다.

인류의 역사는 5백만 년을 헤아린다. 원숭이와 유사한 원인(猿人) 인 오스트랄로피테쿠스는 진화를 거듭하여 20만 년 전 현생 인류의 조상인 '슬기로운 인간'이라는 의미의 호모사피엔스사피엔스(크로마뇽인)에 이른다. 1879년 스페인에서 우연히 발견된 알타미라 동굴벽화의 주인공이 바로 크로마뇽인이다. 1940년 프랑스의 라스코 동굴에서 발견된 벽화의 주인공도 크로마뇽인이다. 이밖에도 구석기시대의 동굴벽화는 3백 개를

넘는다(임두빈, 2001: 36). 동굴벽화의 동물은 대략 1만 5천 년 전 수렵으로 살아가던 구석기시대 사람들의 주술적 대상이었다.

한반도에는 동굴벽화가 발견되지 않은 가운데 신석기시대에 새겨진 울산의 반구대 암각화와 청동기시대의 그림으로 보이는 천전리 암각화를 비롯하여 함안, 고령, 포항, 여수, 경주, 영주, 고령, 남원, 안동 등지에서 암각화가 발견되었다. 반구대 암벽에 새겨진 그림은 가장 많은 부분을 차지하는 고래를 비롯하여 사슴, 멧돼지 등 동물 146점과 인간 11점, 그리고 배와 화살 등 사냥도구 13점 등 모두 231개에 이른다(유홍준, 2010: 33). 이 그림은 고래잡이를 비롯한 어로와 사냥으로 살아가던 원시인의 삶과 생각을 전하는 것이다.

인류는 사회생활을 영위하면서 끊임없이 새로운 미디어를 만들어 사용했다. 새로운 미디어는 기존 미디어와 공존하면서 소통의 능력과 범위를 확장하였다. 문자는 청동기시대 말기, 원시공동체 사회에서 고대 국가로 이행하는 과정에서 등장한다. 지금으로부터 1만 년 전 오랜 빙하기가 끝나고 지구가 따뜻해지면서 인류는 한 곳에 정착해 농사를 짓고 목축을 하며 살아간다. 이로 인해 생산력이 증대되고 인구가 늘어났으며, 지표면에서 흔히 발견되는 구리를 제련하여 청동기를 개발함으로써 생산력은 가일층 발전했다. 급기야 잉여 생산물이 발생하면서 계급 사회로 넘어가는데 이때 지배계급은 무수히 많은 벽화를 남겼으며 자연스럽게 문자의 발명을 가져왔다.

그림이 문자로 발전했지만 그림은 그림대로 독립하여 예술과 미디어로서 독자적 기능을 담당한다. 이는 현대사회로 진입해서도 마찬가지다. 문자 이후 미디어는 늘 지배계급이 독점하였다. 원시사회는 계급이 없는 평등한 사회였으므로 언어와 그림을 공유했지만, 문자 이후는 달랐다. 19세기 이후 매스미디어도 지배계급이 독점했다. 매스미디어와 저널리즘은 자본의 소유로 자본의 대변인으로서 기능했다. 반면 노동자와 농민 등의 민중은 미디어를 소유하지 못한 가운데 벽화를 미디어로 삼아 소통했다. 멕시코 혁명 시기의 벽화운동이 대표적이다. 1910년 10% 미만의 지배계급이 멕시코 땅의 대부분을 소유한 가운데 비참한 생활을 하던 농민들이 봉기해 10년간의 투쟁 끝에 디아스의 30년 독재를 종식시켰다. 그리고 개혁의 시대가 도래된 1921년부터 벽화를 통해 유럽의 지배를 종식시키고 민족의 정체성에 대한 공감대를 형성하고자 한 운동이 시작되었다.

멕시코 벽화운동의 대표적인 작가 중 한 명인 알파로 시케이로스(1896~1974)의 1945년 작품 〈새 민주주의〉를 보자. 시케이로스는 그의 아내를 모델로 하여 화산의 분화구에서 한 여인이 절규하는 모습을 그렸다. 전쟁의 참화와 속박에서 벗어나 자유를 갈망하는 투사의 모습이다. 호세 클레멘테 오로츠코(1883~1949)의 1932년 작품 〈아메리카 문명: 신의 돌아옴〉은 돌아온 신 예수가 십자가를 비롯하여 서구 침략자의 문명의 상징을 부숴버린 장면을 통해 그의 분노를 보여준다(이주헌, 2002: 68~73).

미국에서는 반전운동과 흑인민권운동이 한창이던 1960년대에 벽화운동이 있었다. 이 시기의 동네 벽화는 부르주아적인 심미적 관조의 보수적 이념의 미술이나 전문 엘리트의 형식주의적 해석 대상으로서의 미술이 아닌 보통의 언어로써 지역사회 주민과 직접 소통하는 미술이었다고 한다(성완경, 1999: 325~326). 이렇게 그림은 동서고금을 초월하여 민중을 결속시킨 중요한 소통의 미디어인 것이다.

비극의
탄생

연극과 영화, TV 드라마는 모두 그리스 비극에 연원을 둔다. 오페라도 마찬가지다. 더 거슬러 올라가면 원시시대 의사소통을 위한 인간의 몸동작을 연극의 시원으로 보기도 한다. 몸동작에는 자연스럽게 음악과 춤이 수반되었을 것이다. 그러나 B. C. 3,500년경부터 시작된 초보적인 문자 사용은 B. C. 800년경에 이르러 신화시대가 마감되고 문명시대가 활짝 열리면서 철학과 예술을 꽃피웠다. 구전으로 내려오던 트로이전쟁의 이야기인 〈일리아드〉와 〈오디세이〉가 문자로 기록된 이후 디오니소스 축제를 계기로 서사시는 연극으로 발전한다. 풍요와 술의 신인 디오니소스를 숭배하는 디오니소스 축제는 꽃이 피고 나무의 새순이 돋아나는 3월 말 7~8일 동안 열렸다. 비극은 B. C. 534년에 이 행사에서 처음 등장했고, B. C. 501년에 짧은 풍자희극인 사튀로스가 추가되었다. 이들 드라마는 배우가 코러스와 말을 주고받는 형식을 취했다.

아리스토텔레스는 연극을 희극과 비극으로 분류하였다. 그는 《시학》에서 연극을 모방이라고 정의하면서 희극은 보통 이하의 인간을 우스꽝스럽게 모방하는 반면 비극은 보통 이상의 걸출한 인간을 모방한다고 했다. 당연히 아리스토텔레스에게 가치 있는 연극은 비극이었다. 그에게 연극은 모방의 미디어였으며, 이 예술이 드라마(*drama*)란 이름을 가진 것은 등장인물(배우)이 실제로 행동하기(*drãn*) 때문이었다고 한다. 아리스토텔레스는 모방은 인간의 본능이며, 모방에 의해 지식과 기쁨을 얻는다면서 비극을 다음과 같이 정의했다.

> 비극은 진지하고, 일정한 길이를 가진 완결된 행위를 모방하며, 듣기 좋게 다듬어진 언어를 사용하되 이를 개별적으로 작품의 각 부분에 삽입하며, 서술 형식이 아니라 드라마 형식을 취하며, 연민과 공포의 감정을 불러일으키는 행위를 통해 감정의 카타르시스를 행한다.

즉, 비극에서 배우가 모방하는 대상은 '진지하고, 일정한 길이를 가진 완결된 행위'라는 것이다. 대개 완결된 이야기를 구비한 위대한 영웅들의 행위를 모방(연기)하니 아무리 영웅이라도 연극 무대에 올릴 수 있는 길이의 이야기가 있어야 한다는 것이다. 모방은 행위 대상의 비극적 삶을 극적으로 묘사하여 연민과 공포의 감정을 불러일으킴으로써 감정 이입을 할 수 있도록 해야 하며, 그 결과 관객으로 하여금 카타르시스를 느끼게 해야 한다. 연민과 공포는 그 자체가 목적이 아니라 카타르시스를 위한 장치여야 한다.

이것을 이론적으로 장황하게 설명하기보다는 구체적 사례를 들어 상기하고자 한다. 위대한 천재 수학자로서 제2차 세계대전의 숨은 영웅인 앨런 튜링(Alan Turing)의 비극적 삶을 다룬 영화 〈이미테이션 게임〉이다. 이 영화는 아리스토텔레스가 정의한 그리스 비극의 공식에 딱 들어맞는 형식과 내용을 갖추었다. 주인공인 튜링은 영국군에 고용되어 독일군의 이니그마 암호를 푸는 팀에서 일한다. 당시 상황은 독일군이 독일 잠수함에 보내는 암호를 해독해야 영국으로 오는 배를 겨냥하는 잠수함의 공격에서 벗어나고 절대적으로 불리한 전황을 유리하게 반전시킬 수 있었다. 그러나 암호가 워낙 난해해 튜링은 '기계에는 기계로 대응해야 한다'는 생각에 암호해독 기계를 만드는 일에 몰두한다. 믿고 기다려주지 않는 군부, 동료들과 어울리지 못하는 성격 탓에 개발은 궁지에 몰리고 중단되는 위기에 몰리지만 동료들의 도움으로 극적으로 시간을 번다. 결국 튜링은 나중에 '튜링기계'로 불리는 암호해독 기계를 만드는 데 성공한다.

그러나 이는 한 번 사용하고 말 것이 아니었으므로 독일군이 눈치를 채지 못하게 작은 피해는 감수하면서 속아주다가 큰 전투를 승리로 이끄는 작전을 펼친다. 그 결과 전쟁 기간이 2년 단축되어 튜링은 1만 4천명의 생명을 구한 것으로 평가되는 숨은 영웅이 되었다. 예를 들어 노르망디 상륙작전 당시 독일군에게 다른 장소로 상륙할 것이라는 거짓 정보를 흘린 후 노르망디에 상륙하여 최소한의 인명피해로 작전을 성공시켰던 것이다. 그 튜링기계가 컴퓨터의 진정한 원조임은 물론이다.

그러나 이는 극비리에 진행된 작업이었고, 종전 후 냉전 상황에서 컴퓨터 제작의 정보가 소련으로 유출되는 것을 차단하기 위해 영국 정부는 튜링을 철저하게 감시했다. 설상가상으로 튜링은 동성애자였다. 당시 동성애는 불법이었는데 사실이 발각되어 재판을 받았고, 튜링은 연구를 계속하기 위해 감옥 대신 호르몬 치료를 선택했다. 그러나 치료로 인해 가슴이 부풀어 오르고 목소리가 변하여 사회활동을 할 수 없게 됨에 따라 청산가리를 풀은 물에 담근 사과를 먹고 자살하고 말았다. 삶의 비극적 마감이다.

〈이미테이션 게임〉은 제 2차 세계대전의 숨은 영웅을 소재로 삼았고 뛰어난 플롯, 듣기 좋게 다듬어진 언어와 음악, 연민과 공포를 자아내는 배우 베네딕트 컴버배치의 완벽한 튜링 모방, 카타르시스, 지식과 기쁨 등 그리스 비극의 본질적 요소를 훌륭하게 담아낸 영화다.

영화에 대해서는 긍정과 부정의 두 가지 대립적 시선이 있다. 벤야민의 《기술복제시대의 예술작품》과 호르크하이머와 아도르노의 《계몽의 변증법》이 그것이다. 벤야민은 매체미학의 관점에서 영화는 지각의 확장을 통해 가치의 변화를 낳고, 감상하고 비평하는 태도를 형성한다며 긍정적 시선을 보낸다. 반면 호르크하이머와 아도르노는 문화산업론의 관점에서 사람의 여가 시간은 문화산업이 제공하는 획일적 생산물로 채워질 수밖에 없으며, 배우의 연기는 기업이 연기의 지침을 내리기도 전에 기업의 생리에 종속된다고 비판한다. 둘 다 일리는 있지만 자신이 속한 시공간에서 제한된 면만을 본 것이고, 근본적으로 영화의 원조인 그리스 비극의 본질에 대한 아리스토텔레스의 인식과는 괴리가 있다. 문화산업이 영화를 지배하는 것은 맞지만 〈이미테이션 게임〉 같은 좋은 영화도 많이 나온다. 안목이 높아진 관객으로 구성된 시장의 요구에 부응하는 상품을 내놓아야 하기 때문이다.

비극을 노래하는 디오니소스의 음악적 요소를 강조하는 내용으로 한때 절친이었던 바그너에게 헌정한 니체의 첫 작품 〈비극의 탄생〉 일부를 음미해보자.[1]

비극적 신화가 가져오는 쾌감은 음악의 불협화음이 가져오는 그것과 근본이 동일하다. 고통에 대해서조차 근원적 쾌감을 느끼는 디오니소스적인 것이야말로 음악과 비극적 신화와의 공통 모태(母胎)인 것이다.

---

1   또한 벤야민은 《독일 비극의 원천》을 집필한 바 있다.

소크라테스의 죽음과
민주주의의 조건

대혁명 무렵 프랑스에서는 신고전주의 양식이 유행했었다. 이때 혁명가들은 자신을 새롭게 태어난 그리스와 로마의 시민으로 자처하기 좋아했다. 다비드(1748~1825)의 1787년작 〈소크라테스의 죽음〉은 그러한 분위기를 반영한 대표적인 작품이다.

여기서 우리는 소크라테스의 죽음과 관련하여 민주주의와 선거, 여론 등에 대해 생각할 필요가 있겠다. 서양 사회에서 민주주의는 다당제와 직접·보통·평등·비밀선거에 의한 국민의 선택을 철칙으로 한다. 그리고 여론을 존중하는 정치를 기본으로 한다. 정치학자들은 아테네 민주주의를 연상시키면서 이것이 인류 역사상 최선의 제도라고 주장한다. 과연 그럴까? 소크라테스는 이 제도에 따라 사형 선고를 받고 사약을 받았지만 그의 제자 플라톤은 스승의 억울한 죽음에 분개하면서 민주주의를 저주했다. 일설엔 소크라테스가 악법도 법이라며 독배를 마셨다 하지만 사실 소크라테스도 사형 선고에 찬성한 다수의 결정에 분개하고 그들을 저주했다. 그것을 죽음으로써 항거한 것이지 악법을 존중한 것이 결코 아니었다.

소피스트를 비롯한 기득권자들은 "신을 믿지 않으며, 천상과 지하의 일을 탐구하고 약한 이론도 강한 것처럼 말함으로써 젊은 청년들을 부패시킨다"라는 죄목으로 소크라테스를 고소했으며, 아테네 시민은 다수결의 투표로 사형을 결정했다. 이를테면 소피스트가 조작한 여론에 도전하고 자신들을 따르는 청년들의 생각을 바꿔놓는다는 것이다. 이에 대해 소크라테스는 이렇게 '변명'했다.

이것은 그들이 진실을 말하고 싶지 않기 때문이라고 나는 생각합니다. 솔직히 말한다면 그들은 아는 체했지만 실제로 아무것도 몰랐기 때문에 그들이 모르는 것을 폭로시킬 수밖에 없었던 것입니다. 그리고 그들은 명예심이 강하고 성급하며 수가 많았기 때문에, 떼를 지어 그럴듯하게 나를 비난하였으며, 오래전부터 지금에 이르기까지 나를 몹시 중상하며 여러분의 귀를 막아놓았던 것입니다.

진실을 은폐하고 여론을 좌지우지하는 세력의 미움을 사 죽음에 이르렀다는 것이다. 그리고 소크라테스는 "여러분은 내가 죽은 후에 곧 징벌을 받게 될 것입니다"라고 저주하였다. 정치학자와 정치인이 칭송하고 대부분의 사람들이 의심의 여지가 없이 받아들이는 민주주의의 진상이다. 그때나 지금이나 하나도 다를 게 없다. 지금 우리들도 조작된 여론에 부화뇌동하며 그릇된 판단과 선택을 하고 소크라테스와 같은 현인을 배척하는 것이다.

민주주의는 나름 장점을 가지나 국민이 나라의 주인으로서 책임감을 가지고 이성적이고 현명한 판단을 할 수 있어야 한다는 전제가 있다. 국민이 올바른 판단을 할 수 있으려면 정확한 정보가 충분히 제공되어야 한다. 현대사회에서 정보 제공 역할은 매스미디어가 담당한다. 저널리즘, 이른바 언론이라는 것이다. 그런데 언론이 정보를 왜곡하고 허위정보를 제공한다면 국민의 판단이 그릇되어 결국 잘못된 선택을 한다. 이로 인

자크 다비드(Jacques Louis David, 1748~1825)
〈소크라테스의 죽음〉(The Death of Socrates, 1787)
196×130㎝, 캔버스에 유채

해 민주주의는 허울 좋은 제도로 전락한다.

민주주의는 여론을 존중하고 다수결의 원칙을 신봉한다. 여론이 표로 나타난 것이 다수결이다. 그러나 여론도 다수결도 참이 아닌 경우가 허다하다. 소피스트와도 같은 기득권 집단에 의해 언론이 장악된 현실에서는 어찌할 도리가 없는 비일비재한 현상이다. 여론이란 다수의 의견으로서 주관적 견해의 교집합에 불과하며 그 교집합을 주무르는 것이 언론이다. 이것은 민주주의가 아니다. 주인은 따로 있고 국민은 거수기에 불과한 것이다. 역대 거의 모든 선거에서 그랬고, 2014년 지방선거도 예외는 아니었다. 보수화된 사회에서 민주주의 교육을 제대로 받지 못한 20∼30대의 판단은 흐릿하고 50대 이상은 과거의 경험에 생각이 멈춘 상태에서 조작된 여론의 포로가 되어 늘 그릇된 선택을 한다. 나이가 들수록 그러한 경향은 심화된다.

조한혜정은 2014년 6월 4일자 〈한겨레〉 칼럼 "선거에서 은퇴하는 할머니를 위하여"에서 올해 여든이 되신 친구의 할머니가 "세월호 사태를 지켜보면서 위정자에 대한 실망이 컸고 자신이 그런 지도자를 뽑은 것에 대한 자책 때문에 투표장 발걸음을 끊기로 하셨다"면서 "앞으로 투표를 하지 않겠다고 선언하셨다"는 일화를 소개했다.

교육감 선거의 결과에 고무될 필요는 없다. 보수 후보도 단일화가 되었다면 결과는 달랐을 것이다. 세월호 참사를 겪었으면서도 염치도 없이 '도와주십시오'라는 판때기를 들고 앵벌이를 하는 정치인을 보고는 이성이 마비되고 감성이 발동하여 표를 주는 나라에서 민주주의가 설 자리는 없다. 나는 나이가 들어도 그런 지도자를 뽑지 않을 자신이 있지만 여든이 넘으면 투표를 하지 않을 생각이다.

공자의
보디토크

1980년대에 청춘을 보낸 사람이라면 호주의 세계적인 팝가수 올리비아 뉴튼 존을 기억할 것이다. 그녀의 노래 중에 1981년에 발표하여 빌보드 차트 10주 1위라는 대기록을 세운 〈Physical〉이란 노래가 있다. 다소 선정적으로 해석될 수 있는 가사 중에 'Let me hear your body talk' 라는 문구는 반복되어 귀에 쏙쏙 들어온다. 더불어 피지컬(*physical*) 과 애니멀 (*animal*) 이란 단어 역시 반복되어 강조된다. 경쾌한 리듬의 이 노래는 우리 몸의 본성과 자연에 충실하게 살면서 몸이 말하는 메시지를 듣고 싶다는 내용으로 해석된다. 뉴튼이란 이름도 예사롭지 않다.

뉴튼 존의 외할아버지는 독일 태생의 저명한 물리학자 막스 보른(1882 ~1970) 이다. 보른은 전자의 움직임을 수학적으로 설명하였으며, 불확정성의 원리를 확립한 하이젠베르크와 더불어 행렬을 이용한 양자역학을 만든 인물로 노벨 물리학상을 수상하기도 했다. 보른은 영국으로 이주해 활동했으며 그의 딸이 성악가인 케임브리지대학 교수와 결혼해 뉴튼 존을 낳았다. 〈Physical〉이 외할아버지의 영향을 받았는지도 모르겠다. 뉴튼 존은 영국에서 태어나 어렸을 때 호주로 이주해 살았다.

보통은 보디토크(*body talk*) 보다는 보디랭귀지 (*body language*) 란 용어를 흔히 사용한다. 둘 다 몸이 언어 구실을 한다는 뜻이다. 얼굴의 다양한 표정과 손발의 동작, 몸짓 등이 그것이다. 심리학에서는 이에 대해 "사람들은 얼굴 표정이나 몸짓 등을 통해 정서를 표현함으로써 언어로 전달할 수 없는 것을 전달한다"고 규정한다. 의사소통의 신호(sign)로 작용한다는 것이다. 언어는 미디어이니 엄밀하게 정의하면 몸은 언어라기보다 미디어라고 해야 맞을는지 모르겠다. 다른 한편으로 이것은 상징(symbol)이라고 해도 된다. 언어도 상징이고, 비언어적 몸짓도 상징이다. 사람들은 이 상징을 통해 의사소통을 하며 상호작용을 한다.

이렇게 몸은 의사소통의 수단으로서 상징이자 미디어다. 인간은 언어를 사용하기 전 오랜 기간 동안 몸으로 의사소통을 했다. 조음기관이 발달하기 전 목소리의 고저장단도 소통의 미디어였다. 원시시대에 목소리의 고저장단은 가장 효과적인 미디어였으며, 점차 분절음을 내면서 조음기관을 탄생시켜 언어의 사용으로 이어졌다는 것은 주지의 사실이다.

사람들은 얼굴 표정이나 몸짓 등을 통해 정서를 표현한다고 했다. 정서(情緒)란 사람의 마음에 일어나는 여러 가지 감정(emotion)이다. 기본적으로 정(情)이란 무언가 느낌으로써 일어나는 마음이다. 표의문자인 한자를 해체하면 마음(心)에서 원초적인 붉은 기운(丹)이 생기는(生) 것, 그런 마음이다. 그것을 몸으로 표현하면 상징이 되고 미디어가 되는 것이다.

서양철학에서는 감정을 이성(reason)에 대비되는 개념으로서 자제해야 할 대상으로 취급했다. 그러나 진화론의 다윈은 달랐다. 감정은 환경에 대한 적응력을 갖게 함으로써 생존 확률을 높인다는 것이다. 이를테면 공포를 느끼거나 다른 사람의 그런 표정을 보면 조심하고 대비하게 만드는 기능을 한다는 것이다. 기쁨이나 분노, 혐오, 슬픔, 사랑 등의 감정도 마찬가지다. 사랑의 감정을 표현함으로써 인류의 역사는 가능했을 것이다. 〈Physical〉도 그런 감정의 표출이다.

감정의 표현은 나쁘지 않고 오히려 이롭다는 이야기다. 공자도 희로애락(喜怒哀樂)의 감정이 절제된 '중'(中)의 상태를 유지하라고 했지만, 그런 감정을 표현해야 할 때도 있으니 그럴 때는 절도에 맞게 하라고 했다. 좋은 일이 있으면 함께 기뻐하고 불의를 보면 분노해야 한다. 슬픈 일이 있으면 감추지 말 것이며 인생을 즐길 줄도 알아야 한다. 불의를 보고도 분노하지 않는다면 그 사회의 미래는 없을 것이다.

가슴으로 느끼는 마음이란 사욕(私慾)과 감정을 구별하여 바른 도리를 이해하는 능력이다. 극기복례(克己復禮)라고 할 때 '극기'란 소극적으로 자기를 부정하거나 극복한다는 것이 아니라 자기를 주체적으로 감당하면서 적극적으로 능력을 발휘하는 것을 의미한다. 사사로운 욕심이 아닌 감정에 충실하면서 예(禮)에 복무하는 것이다. 공자는 그것을 몸으로써 절절하게 보여주었다. 《논어》의 "향당(鄕黨)편"은 공자가 몸으로 말하는 장면을 기록한 것이다. 여기에는 공자의 말씀에 대한 기록은 없고 오로지 행동거지만을 기록했다. 공인(公人)과 사인(私人)으로서의 처신이 다양하게 묘사되었는데 몇 가지 사례를 보자.

공자는 향당에서는 신실함이 지나쳐 위축되게 보였기에 마치 말을 잘 못하는 사람 같았다. 그러나 종묘와 조정에 있을 때는 말을 또박또박 잘하셨고, 오직 삼갈 따름이었다.

가족과 머무는 사적 공간에서는 말을 극도로 아꼈지만 공적 업무에서는 철저하게 논리적으로 따졌다는 내용이다. 사적 영역에서는 거드름을 피우고 위세를 부리면서 공적 영역에서는 윗사람에게 말 한마디 제대로 못하면서 나랏돈을 축내는 공직자가 우글대는 우리의 현실과 대비되는 장면이다.

공자는 곡기를 주식으로 하고 고기는 적당히 먹었으며, 술은 두주불사지만 어울리기를 좋아할 뿐 주사를 부리거나 자세를 흩뜨릴 정도로 마시지는 않았다고 한다. 또한 시장에서 산 술과 육포를 먹지 않았으며, 늘 생강을 먹었다고 한다. 즉, 집에서 담그고 만든 것만 먹었지 청결하지도 않고 믿을 수도 없는 술과 육포를 사먹지 않았고, 해독과 악취 제거에 좋은 생강을 즐겨 먹었다는 것이다. 이것은 지금도 마찬가지일 것이다. 집에서 정갈하게 빚은 술에 맛깔나게 만든 요리를 마다할 사람은 없을 것이다. 생강이 몸에 좋다는 사실을 모르는 사람도 없을 것이다. 건강이 최고다. 공자는 건강을 위해 '소식을 했다'(不多食) 는 이야기도 있다.

식사 예절에 대해서도 여러 몸가짐이 나오는데 지금 시절에는 맞지 않는 것이 다수인 가운데 이런 것은 상식으로 기억해둘 만하다. 성찬이 있으면 반드시 표정을 가다듬고 성찬을 마련한 사람에게 절을 하였다는 것이다. 성찬이 좋아서가 아니라 마련한 사람에 대한 고마움의 표시다. 당연히 대접을 받을 것으로 생각하고 얻어먹으면서 고마운 마음을 갖지 않는 사람들도 있다.

공자의 마구간에서 불이 났는데, 조정에서 퇴근하고 돌아와 이를 듣고는 다친 사람이 있는지 묻고 말에 대해서는 묻지 않았다는 이야기는 유명하다. 이런 장면도 있다.

천둥소리와 함께 번개가 치고 바람이 맹렬히 불면 반드시 몸가짐을 바꾸셨다.

천재지변이 예견되면 사람들이 피해를 당하지 않을까 염려하는 것이다. 사람을 귀하게 여기는 측은지심(惻隱之心) 의 발로일 것이다. 이게 당연한 것 같지만 누구나 다 이렇게 하는 것은 아니다.

세월호에서 희생된 사람들과 유가족을 애처롭게 생각하며 슬픔을 같이 하는 사람들도 많지만 그들을 욕되게 하고 비난하며 협박하는 사람들도 적지 않은 게 현실이다. 심지어 광화문 농성장을 강제로 철거하겠다고 공언하며 나서는 조직도 있다. 맹자는 측은지심이 없는 자는 사람새끼가 아니라고 했으니 그런 자는 사람새끼가 아닐 터이다.

공자는 이렇게 마음으로부터 우러나오는 감정을 자연스럽게 행동에 옮김으로써 보는 사람들에게 모범이 되었다. 이런 행동은 이성의 판단으로만 되는 게 아니다. 머리로 배웠다고 다 배운 대로 실천하는 것은 아니다. 마음의 밭에 감정이 생겨 몸에 배일 때 자연스럽게 우러나는 것이다. 공자는 나이 70이 되어서는 감정의 욕구대로 행동해도 법도에 어긋남이 없었다고 했다. 우리 삶이 지향하는 바다.

《장자》가
학인에게 주는 교훈

이 책 1부의 글은 필자의 책 《미디어 오디세이》에서 다루지 않아 누락된 미디어의 역사에 해당한다. 필자의 책뿐 아니라 대부분의 언론사(言論 史) 서술에서 주목하지 않아 다루어지지 않았던 사실들이다. 이른바 언론유사(言論遺事)라고 할 수 있겠다. 《장자》(莊子)는 미디어의 역사에서 빠질 수 없는 책으로서의 미디어다. 이 기록을 통해 2천 5백 년 전 장자와 소통하면서 지혜를 얻을 수 있다. 이것이 역사다. 특히 사회과학 분과학문에 종사하는 학인에게 큰 교훈이 될 것이다.

장자(莊子)는 전국시대 송(宋)나라 사람으로 맹자와 동시대를 살았다. 《장자》는 장자 사후 6백여 년이 지나 북송(北宋)의 곽상(郭象)이 편집한 책이다. 《장자》 앞부분에 편집된 "내편"(內篇) 7개의 글이 장자의 작품이라고 한다. 《장자》의 가치는 우리의 고정관념과 분리주의적 사고 방식을 깨닫고 시정하도록 돕는 데 있다. 《장자》는 다음과 같은 이야기로 서두를 시작한다.

북쪽의 까마득히 깊은 바다에 물고기가 있었는데, 그 이름은 곤(鯤)이라 했다. 곤은 그 크기가 몇 천 리인지 알 수 없을 만큼 컸다. 곤이 바뀌어 새가 되었는데 그 이름은 붕(鵬)이라 했다. 세차게 날면 그 날개는 마치 하늘의 구름을 드리운 것 같았다. 이 새가 바다를 운행하여 장차 남쪽의 깊은 바다까지 가는데, 그 남명이라는 바다는 하늘 연못이었다.

어마어마하게 큰 물고기가 그만큼 큰 새가 되어 비상했다는 이야기다. 이 비유에서 핵심은 새로 바뀌었다는 화이위조(化而爲鳥)의 '화'다. 흔히 변화(變化)라고 할 때, 변(變)은 겉모습이 변한 것이고, 화(化)는 속까지 바뀐 것을 의미한다. 하여 화(化)는 완전히 다른 존재로 바뀐 것이다. 그렇게 다른 존재로 변이(變異)하여 자유롭게 비상했다는 이야기다. 우선 이 스케일에 주목하게 된다. 넓은 바다를 박차고 올라 세찬 바람을 타고 남쪽 바다 천지(天池)로 날아간 것이다.

이 이야기는 매미와 비둘기가 그 광경을 보고 비웃으며 조잘거리자 "그 두 마리 애송이가 작은 지식이 큰 지식에 미치지 못하며 작은 연륜이 큰 연륜에 미치지 못함을 어찌 헤아릴 수 있겠는가"라는 지적으로 이어진다. 나는 얕은 물에서 짧은 지식으로 우쭐하며 많은 것을 아는 것처럼 지식인양 행동하는 것은 아닌지 되돌아보게 하는 대목이다.

노자(老子)는 이런 이야기를 했다.

훌륭한 선비는 도를 들으면 힘써 행하고, 어중간한 선비는 도를 들으면 반신반의 망설이고, 저급한 선비는 도를 듣고 크게 비웃는다. 비웃음의 대상이 되지 않으면 아직 도가 되기에는 부족한 것이다.

수준 낮은 선비의 비웃음이 될 정도의 학문이 되어야 제대로 배운 것이라 할 수 있다는 것이다. 맹자(孟子)도 비슷한 이야기를 했다.

공자가 동산에 오르니 노나라가 작아 보였고 태산에 오르니 천하가 작아보였다. 바다에서 관찰한 사람은 물에 대해 말하기 곤란하고 성인의 문하에서 배운 사람은 범인(凡人)에게 배운 바를 말하기 곤란하다. 물을 관찰하여 기술할 때는 반드시 파도의 물결을 관찰해야 한다. 해와 달은 밝음이 있으니 그 빛은 고루 비추는 법이다. 물은 웅텅이를 채우지 않고는 흘러가지 않는다. 군자가 도에 뜻을 둔다는 것은 자기 글의 무늬(文彩)를 이루지 않으면 도달하지 못한다는 것이다.

현대의 사회과학은 현상의 근원을 파악하려는 철학의 비판정신을 상실하였다. 철학은 이전의 신화적·종교적 세계관을 폐기하고 비판하면서 합리적으로 체계화하여 주어진 역사 발전 단계에 상응하는 일반화된 이론적 세계관을 형성하는 모든 것의 학문이었다. 중국에서는 그리스의 philosophia를 접한 후 이를 격물궁리지학(格物窮理之學)이라 옮겼다. 사물을 연구하여 이치를 밝히는 학문이라는 뜻이다. 예부터 사용하던 고사성어로서 사물의 이치를 구명하여 지식을 얻는다는 격물치지(格物致知)와 통한다. 일본에는 이를 학식이 높고 사리에 밝은 철인(哲人)의 학문이라는 의미로 '철학'이라고 번역했다. 철학은 모든 분야의 지식을 포괄하고 종합하는 학문이었다.

그 철학은 19세기에 와서 자연과학이 발달하고 사회과학이 그 자연과학의 실증주의 방법론을 모방하면서 분화되었다. 분과가 생긴 것으로 지식의 내용이 다양해지면서 가지를 친 것이다. 그 이후 사회과학은 자연과학 분야와는 달리 철학과 단절되고 지식에서 멀어졌다. 자연과학자들은 여전히 실재론(實在論) 철학의 바탕에서 현상의 기저에 보이지 않는 존재를 찾는 반면 사회과학은 분야(과)별로 현상을 설명하는 데 급급한 실정이다.

이로써 사회과학 분야의 학문은 큰 지식(大知)을 잃어버리고 작은 지식(小知)에 매달린다. 각자의 웅텅이(科)를 채우느라 바빠 도(道)와 지식을 향한 발걸음을 멈춰버렸다. 그 웅텅이를 채우느라 여념이 없는 사람들을 사회는 '전문가'라고 부른다. 새파랗게 젊은 나이(小年)에 법조문 따위나 외워둔 얕은 지식(小知)으로 어른(大年)을 판단한다. 경제학은 공급과 수요의 법칙이라는 얕은 지식으로 다 아는 듯 행세하며 서민의 삶을 고달프게 만든다. 매스커뮤니케이션 이론이란 것은 말할 것도 없다. 얕은 웅덩이에서는 박차고 비상할 수 없다. 분과학문이 비상하려면 북명(北冥)까지는 아니더라도 웅덩이마다 차고 넘쳐 하나가 되어 큰 물결을 이루어야 한다.

비상하여 자유롭게 날지 못하면 한없이 넓은 큰 지식과 참지식(眞知)의 세상을 보지 못한다. 변화해야 한다. 변화하지 않으면 보이지 않는다. 변(變)하는 데 그치지 말고 화(化)해야 한다. 곤(鯤)에서 붕(鵬)으로 바뀌어야 한다. 변이(變異)해서 매미와 새끼 비둘기와 같은 소인배의 비웃음을 받거나 고리타분한 이야기라고 외면을 받을지언정 꾸준히 지식(science)을 추구하고, 도(道)를 깨우치며 힘써 실천할 줄 아는 경지에 도달해야 할 것이다. 그렇게 다들 군자가 되고 성인이 되도록 노력하는 가운데 세상이 바뀌고 역사가 발전하는 법이다.

기독교와
미술

성도가 목사 좋아하는 것은 선이 없다. 성경책을 보면 성도가 사도 바울에게 눈까지 빼 준다. 생명도 바친다. 우리 교회 집사님은 나 얼마나 좋아하는지 내가 빤스 벗으라면 다 벗어. 목사가 벗으라고 해서 안 벗으면 내 성도 아니지. 그런다고 해서 집사에게 책임을 지우면 되겠느냐.

아니 그 〈뉴스앤조이〉라는 기독교 신문이 말이야. 옛날에 빤스 사건도요. 그 새끼들이 터트렸어. 그때는 우리가 동영상 녹화하는 기술이 없어서 못 찍었어. 그때도 다 찍어 놨으면 처음부터 다 올렸으면 그냥, 우리가 이길 뻔했는데, 그래서 인터넷 들어가면 지금도 전광훈 치면 빤스가 어쩌고 빤스 목사. 그런다고 내가 죽을 줄 알아? 안 죽어. 이 대한민국 웃기는 사람이야, 왜 그런 현상이 생기냐. 기독교 언론을 해 처먹는 것들이 말이야. 기독이 뭐야, 예수님을 한문으로 말한 게 기독이요. 그런 것들이 오히려 목사님 설교하나 가지고 그것도 말이야. 왜곡, 변질시켜서 비틀고 말이야. 그따위 짓 하고. 그런 것들이 왜 그러냐. 교회를 다니고 신학교를 졸업하고 목사가 되어도 예수님을 못 만난 것들이 있단 말이야. 그런 게 바로 짝퉁 기독교인이야. 짝퉁 기독교인.

'빤스 목사'로 알려진 사랑제일교회 전광훈 목사의 발언 내용이다. 전 목사의 몰상식한 발언은 다방면에 걸쳐서 거침이 없다. 사랑제일교회 신자는 어떤 사람들일까? 기독교가 왜 이렇게 되었을까? 예수의 가르침이 이런 것이었을까? 성도가 바울에게 눈까지 빼 준단다. 왜 그랬을까? 여기에는 미디어의 문제가 있다. 여기서는 성현(聖賢)의 훌륭한 가르침과 미디어의 관계에 대해 살펴보고자 한다.

인류가 만든 기본적인 커뮤니케이션 미디어는 언어, 미술, 문자다. 현재 매스미디어와 인터넷도 기본적으로 이들 미디어가 진화한 것이다. 구석기시대 미술을 대표하는 것이 조각과 그림이다. 그림은 언어와 문자를 잇는 가교의 역할을 했다. 청동기시대에 그림이 등장한 데 이어 잉여 생산물의 발생과 더불어 계급이 분화되면서 그림의 변형으로서 문자가 발생한 것이다. 미술은 19세기 들어 사진이 등장한 이후 영화와 TV, 인터넷 동영상 등으로 진화했다. 문자는 인쇄술의 발달과 더불어 대중매체의 시대를 열었고, 현재는 SNS 시대에서 소통의 중심으로 활용된다. 이렇게 인터넷 시대에도 언어와 미술 및 문자는 기본적으로 사회적 소통의 근간을 이루는 것이다.

이들 미디어는 차이가 있다. 언어는 인간이 자라나면서 자연스럽게 터득하기 때문에 누구나 언어를 통한 소통에 참여할 수 있는 데 비해 문자는 지난한 노력을 기울여 배워 익혀야 한다. 게다가 문자는 19세기에 이르기까지 지배계급에 의해 독점되었다. 그때까지 민중은 문자에 의한 소통에 참여할 수 없었다. 이 상황에서 그림은 문자를 모르는 민중을 교육시키는 수단이었다. 즉, 언어에 의해 습득된 지식을 시각적으로 확인하게 하는 것이다.

흔히 인간은 언어의 지배를 받는다고 말한다. 소통의 필요에 의해 인간이 언어를 만들어 사용하기 때문에 인간이 언어를 지배하는 것 같지만, 지금 우리가 만든 것이 아닌 이미 구조화된 언어의 의미와 문법을 익혀 사용하기 때문에 인간은 언어의 틀에 갇혀 사고한다는 주장이다.

그런 측면이 있다. 그러나 언어가 인간을 지배하는 것은 사실이지만, 그것만이 아니라 그 언어를 지배하는 인간이 또 있다. 바로 오랫동안 문자를 독점하고 지금은 매스미디어를 장악하는 지배계급이다. 매스미디어는 지배계급의 뜻에 맞게 언어를 구사함으로써 대중의 의식을 좌지우지하는 것이다.

다음으로 종교의 문제다. 오늘날 기독교는 왜 이렇게 독선적이고 표독스러울까? 예수의 가르침이 원래 그러했을까? 다른 종교도 그러한가? 의문을 갖지 않을 수 없다. 세계 3대 성현이라는 예수와 석가모니, 공자가 이런 종교를 염두에 두고 가르쳤을까? 아닐 것이다. 아니다. 뜻 있는 사람은 교회 안에 예수가 없다고 탄식한다. 종교의 사전적 의미는 "초자연적인 절대자의 힘에 의존하여 인간 생활의 고뇌를 해결하고 삶의 궁극적 의미를 추구하는 문화 체계"로 신(神)에 의존하여 산다는 이야기다. 그러나 이것은 서양의 종교, 특히 기독교의 개념이다.

영어사전에서 religion(종교)을 찾아보면 "belief in the existence of the supernatural ruling power, the creator and controller of the universe, who has given to man a spiritual nature which continues to exist after the dead of the body"라고 한다. "인간에게 사후에도 불멸하는 영혼을 준 초월자이자 우주의 창조자 및 통제자인 신의 존재에 대한 믿음"이라는 것이다. 그리고 두 번째 의미는 "그런 믿음을 가지고 예배함"을 말한다. religion이란 그런 믿음을 바탕으로 한 시스템이란 뜻이다. 그런데 동양에 기독교가 들어오고 제반 교류가 활발해지면서 이것(religion)을 동양에서 사용하던 '종교'와 같은 의미로 번역해 사용했다.

그러나 동양의 종교는 그런 것이 아니었다. 종교(宗敎)의 한자 뜻풀이는 '근본의 가르침'으로서 인생과 우주·자연에 대한 성현의 가르침을 조직적으로 따르고 실천하는 것이다. 자로가 귀신을 섬기는 것에 대해 묻자 공자는 "아직 사람도 능히 섬기지 못하는데, 어찌 귀신을 섬길 수 있 겠느냐?"라고 했고, 죽음에 관한 질문에는 "아직 삶도 모르는데 어찌 죽 음을 알리요?"라고 대답했다. 이것이 유학(儒學)이요, 유교(儒敎) 즉, 유가의 가르침이다. 불교(佛敎)도 신을 섬기는 게 아니다. 불교는 불타 (佛陀) 즉, 부처(Buddha)의 가르침이란 의미이다. 불교학자의 이야기 를 들어보자.

> 불교는 결코 신을 섬기는 종교가 아니다. 부처님을 섬기는 것은 부처의 가르 침을 따라 배우고 지혜와 자비를 배우고자 하는 것이지 부처님이 우주를 지 배하고 우리의 운명을 좌우하는 신이기 때문에 섬기는 것이 아니다(화령, 2008: 35).

그런데 유독 기독교는 신을 섬기고 내세를 강조하며 맹목적 믿음을 강 요한다. 섬기는 신도 유일신이어서 다른 종교는 용납하지 않는다. 다른 종교의 신은 모두 우상으로 치부하고 대화도 거부한다. 독선적이며 배타 적이고 전투적이 될 수밖에 없다. 이렇게 된 데는 가르침의 내용이 다르 고 커뮤니케이션 미디어의 차이도 주요하게 작용했다고 본다.

유교와 불교의 가르침을 이해하기 위해서는 고도의 지적 능력을 필요 로 한다. 그리고 그 가르침은 문자로 기록되어 공유되고 확산되었다. 문 자의 기록과 확산은 제지술의 뒷받침을 전제로 한다. 그런데 동양에서는 일찍이 2세기에 제지술이 개발되어 널리 사용되었던 반면 서양에서는 12 세기가 지나서야 사용되기 시작한다. 제지술은 아랍의 압바스 왕조와 당 나라가 싸웠던 탈라스 전투 이후 아랍에 전수되었으며, 서유럽에는 그보 다 훨씬 후에 전파되고 보급되었던 것이다.

문제는 여기에 있다. 동양이 종이책의 보급은 앞섰지만 그것이 문자를 독점한 식자층인 지배 엘리트에 국한되었다는 사실이다. 인간은 종교적 동물이라는 말도 있듯이 인간은 초월적 능력의 신을 상정하여 의지하려 하고 따라서 그런 종교(religion)를 필요로 한다. 유교와 초기 불교는 그런 인간의 욕구를 채워주지 못했다. 민중은 철학적 진리보다는 고달픈 인생을 의탁할 신을 필요로 하는데 유교와 불교는 경전(經典)을 중심으로 심오한 진리를 논했다. 그에 비해 종이가 없던 유럽에서 기독교는 쉬운 내용을 문자가 아닌 언어와 미술로 접근함으로써 그런 민중의 욕구를 채워주는 데 안성맞춤이었다. 그래서 로마 시대에 혹독한 탄압을 받으면서도 신자가 늘어났던 것이다.

성경이 전하는 예수의 가르침은 공자나 석가모니가 설파하는 심오한 철학과는 다르다. 쉽다. 후에 플라톤과 아리스토텔레스의 철학을 원용하여 어려운 라틴어로 그럴듯하게 교리를 만들었지만, 그것은 식자의 소관사항이고 일반 민중은 그런 어려운 내용을 몰랐다. 어려운 라틴어 문자를 배우지 않았기 때문이다. 그래서 중세 교회는 건축과 조각, 회화 등 미술로써 민중에게 성경의 내용을 전달했다. 오늘날 영상매체가 감성적인 것과 마찬가지로 미술은 감성적 미디어로서 민중의 감성을 파고들었다.

프랑스 파리의 노트르담 성당을 비롯한 숱한 성당의 건축과 조각, 스테인드글라스를 이용하여 신비감을 주는 내부 분위기의 조성, 설교에서 들은 인물을 그린 성화가 문자 미디어의 이성적 사유를 대신해 기독교를 감성적으로 받아들이게끔 만들었다. 본래 그림은 주술의 목적으로 이용되었다. 사실적 그림을 그려놓고 제의를 행했던 것이다. 중세 유럽에서 미술은 그런 기능을 했던 셈이다.

대표적으로 미켈란젤로(1475~1564)가 막강한 위세를 누렸던 교황 율리우스 2세의 요구에 따라 시스티나 성당의 천장에 가득 그려놓은 그림 중 〈천지창조〉를 보자. 그가 무려 4년 동안 조수의 도움 없이 혼자 누워

미켈란젤로(Michelangelo, 1475~1564)
〈아담의 창조〉(The Creation of Adam, 1511~1512)
프레스코 기법 벽화

서 그린 이 그림은 백만 번의 설교보다도 강력한 영향력을 발휘하는 미디어다. 미술사학자인 곰브리치는 이 그림을 이렇게 묘사했다.

> 미술가뿐만 아니라 미켈란젤로라는 이름을 한 번도 들어보지 못한 미천한 사람의 마음속에서도 수십 세대를 통해서 각인되어 떠오르는 하느님 아버지의 모습은 미켈란젤로가 그의 〈천지창조〉에서 그려 보인 위대한 비전에 직접적·간접적인 영향을 받아 형성되고 만들어졌다고 하여도 절대로 과언이 아니다(⋯) 미켈란젤로가 하느님의 손길을 이 그림의 중심에 두어 초점으로 만들고 의연하고 힘찬 창조의 모습을 통해서 신의 전지전능함을 우리의 눈으로 볼 수 있게 만든 방법은 미술의 가장 위대한 기적 중의 하나이다(Gombrich, 1995/2013: 235~236).

미술로서는 기적이겠지만, 문자를 멀리하는 민중의 이성을 마비시키는 역할을 하며 맹목적 믿음을 심어주었을 것이다. 이것은 지금까지도 영향을 미친다. 실제로 많은 미술 작품이 그런 기능을 했다. 적어도 세상과 삶에 대해 깊은 성찰을 하고 철학적 사유를 하는 길과는 다른 길로 인도했을 것이다. 유럽 중세의 미술은 오늘로 말하자면 대중문화였다. 그런 대중문화는 감성을 자극하면서 이성적 사유를 막는다.

기독교는 근대 이후 부르주아 계급의 이데올로기가 되어 민중 위에 군림한다. 그리고 민중은 감성으로 받아들인 기독교를 맹신한다. 다큐멘터리 영화 〈쿼바디스〉를 보면, 빤스 목사는 물론이고 횡령과 성추행과 세습 등으로 물의를 빚은 자기 교회 목사에 대한 기독교인의 맹목적 순종과 관대한 태도를 확인할 수 있다. 기독교인은 짝퉁 목사의 교설에 현혹되지 않고 폭넓게 책을 읽으며 이성적이고 과학적으로 사유하는 습속을 배양해야 할 것이다.

조선 후기
진경산수화와 풍속화

미술계에서는 조선 후기 양란 이후 등장한 진경산수화와 풍속화에 대해 매우 높게 평가한다. 조선 성리학이라는 고유 이념이 생겼다는 자긍심이 자기애(自己愛)를 싹트게 하고 나아가서 자기애가 민족애와 국토애를 불러와 우리 국토와 그 속에 사는 우리 민족의 풍속을 긍정적 시선으로 바라보고 그 내면의 정신성까지 묘사하기 시작했다는 것이다(간송미술관·한국민족미술연구소, 2013). 진경산수화의 대가였던 겸재 정선(1676∼1759)의 〈금강전도〉를 보자.

겸재는 전국을 주유하며 실제로 본 풍경을 그렸는데, 이 그림도 금강산을 이모저모 두루 살펴본 후 하나의 화폭에 사실적으로 담아 놓은 것이다. 따라서 부득이하게 산봉우리를 작게 그릴 수밖에 없었지만 그렇게 함으로써 금강산 전체의 모습을 볼 수 있게 한 것이다. 이는 19세기 말 사물의 본질을 그리려고 했던 유럽의 후기 인상파 작가 세잔의 그림을 연상케 한다. 겸재 이후로 강희언, 김윤겸, 최북, 김홍도 등이 진경산수화의 맥을 이어간다. 그러니 미술계의 평가가 틀린 이야기는 아니다.

중국의 화첩과 선배의 화풍을 따라, 가보지도 않은 산수를 그려왔던 시절에 비하면 격세지감을 느낄 만하다. 그러나 조금 더 시야를 넓혀 보면 꼭 그렇게 긍정적인 면만 있는 것은 아니라는 사실을 알 수 있다. 그 아름다운 산수의 풍경을 감상할 겨를이 없는 민중의 삶과는 동떨어진 상태에서 여전히 고루한 성리학의 형이상학에서 벗어나지 못했기 때문이다.

조선왕조는 성리학으로 흥하고 성리학으로 망했다. 성리학이란 성명의리지학(性命義理之學)의 줄임말로서 중국 남송시대 주희에 의해 수립된 유교 철학이다. 즉, 윤리학 차원의 전통유학을 이기론(理氣論)의 우주론 철학으로 심화시킨 것이다. 특히 주자학은 부자유친(父子有親), 군신유의(君臣有義), 부부유별(夫婦有別) 등 삼강오륜을 천륜(天倫)으로 강조함으로써 봉건적 통치 집단이 선호하는 철학이었다. 이를테면 "임금은 임금답고 신하는 신하다워야 한다"(君君臣臣: 군군신신)는 공자의 인륜(人倫) 사상을 하늘이 명한 철저한 주종관계의 움직일 수 없는 질서로 정당화했던 것이다.

고려 말 나라의 기강이 무너졌을 때에는 주자학이 지방의 사대부 집단을 묶어내는 개혁적 면모를 보이고, 조선 사회의 기강을 수립하는 데까지는 일정한 역할을 했지만 거기까지였다. 16세기에 와서는 퇴계 이황(1501~1570)과 율곡 이이(1536~1584) 이후 독자적인 조선 성리학이 성립된다. 그리고 1570년대부터는 동서붕당을 기점으로 해서 당쟁의 시대로 접어든다. 이로써 조선왕조는 통치 능력을 상실하면서 망국의 길을 걷는다. 임진년(1592)과 정유년(1597)의 조일전쟁 그리고 명(明)이 망한 이후 소중화사상에 젖어 청과 대립함으로써 화를 자초한 정묘호란(1627) 및 병자호란(1636~37)으로 국토는 유린되고 민중의 삶은 초토화되었다. 임진왜란으로 조선 사회는 이미 초토화되었었다. 인구의 1/6이 줄어들었고 경작지도 대폭 줄어들었다. 당시 한 승려는 다음과 같이 임진란 이후의 참상을 기록하였다.

金剛全圖
謙齋

謙齋 鄭敾(謙齋 鄭敾, 1676 ~ 1759)
〈금강전도〉(金剛全圖, 1734)
94.1 × 130.7㎝
지본담채

전쟁이 끝난 뒤 사람들은 사방으로 뿔뿔이 흩어졌다(…) 시체가 여기저기 벌판에 즐비하니 늘어서 있고 백골이 산처럼 쌓여 있는데 부모는 아이들 이름을 부르고 남편은 아내의 이름을 부르고 다녔다(…) 이번 전쟁이 끼친 재난의 심각함과 잔혹함은 우리나라 역사가 시작된 이래로 처음이다(주홍성·이홍순·주칠성, 1988/1993: 290).

조선의 통치 집단은 이런 참상에도 불구하고 명분을 앞세우고 이권을 추구하며 공리공론을 반복하다 민중에게 다시 두 번 더 고통을 안겨주었다. 이 거듭되는 참상에도 불구하고 봉건세력은 여전히 자리와 이권을 둘러싼 당쟁으로 날 새는 줄 몰랐다. 이 마당에 조선 성리학의 발전이 지배 엘리트 집단의 지적 유희 이상의 무슨 의미가 있는가? 그 사이 민중은 삶의 터전을 복구하면서 새로운 세상을 만들기 시작했다. 농업 생산력을 복구하고 수공업의 발전도 이루면서 상품경제와 화폐경제의 시대를 연 것이다. 잉여 생산물 교환과 상품의 생산 및 유통이 증대되면서 5일장 형태의 정기시장이 전국적으로 성행했다. 유럽식 개념의 부르주아와 임금 노동자도 등장하였다. 자연스럽게 자본주의적 생산 관계로의 진화가 진행되었던 것이다. 진경산수화와 풍속화가 등장하고 성행했던 것은 이러한 배경에서였다.

다음으로 풍속화를 보자. 풍속화의 대가는 단원 김홍도(1745~?)와 혜원 신윤복(1758~1800?)이다. 김홍도는 서민의 일상을 소탈하고 익살스럽게 표현했으며 신윤복은 서민의 모습을 담은 풍속화 외에 한량과 기생의 애정행각을 주로 그렸다. 이 그림들은 일정하게 그 시대의 상황을 반영하지만 지극히 일부의 모습을 제한적으로 표현한다. 당시 정세를 보자. 일본은 도쿠가와 이에야스가 집권하여 에도막부 시대를 연 이후 왜구의 노략질을 금했으며, 청(淸)은 조선을 제압한 이후 서북지역에 집중함으로써 조선은 외침이 없는 평화시대를 구가한다. 그 안에서 민중은 살기 위해 버둥거리는 사이 지배집단은 예송논쟁 등 공리공론과 치열한 당파 싸움으로 날이 새는 줄 몰랐다. 봉건적 지배 질서가 붕괴되고 민중의 역량이 성장하는 격동의 세기였다.

진경산수화와 풍속화는 이런 사회경제적 배경에서 나온 것이다. 따라서 일정하게 풍자적 내용을 담고는 있으나 소설이나 시가 보여주는 지배집단의 위선과 부패를 고발하는 통렬함이나 민중의 처참한 생활상은 찾아보기 어렵다. 예를 들어 박지원의 한문소설 〈양반전〉이나 〈허생전〉, 그리고 홍양호(1724~1802)의 〈유민원〉(流民怨) 등과 같은 치열함이 없는 것이다. 〈유민원〉이 표현한 한 농민의 절규를 들어보자.

> 인생이 즐겁다고 누가 말했나, 죽어 들판에 버려짐만 못하니, 아내를 끌고 어린 자식 안고, 동서로 남북으로 떠 돌아봐도, 어디를 가도 낙토는 없어, 열흘에 세끼 밥이 고작이구나(강만길, 1994: 164).

그림은 사진이 등장하기 전까지의 시대상을 시각적으로 표현하는 미디어였다. 물론 사대부 계급이나 도화서 화원으로서 표현에 한계는 있었을 것이다. 그 한계를 인식하면서 읽어낼 수도 있다. 그러나 박지원이나 홍양호와 같은 이들과 대비할 때 아쉬움은 남는다고 하겠다.

강관식은 정조 대를 전후한 진경시대 후기 화원화가의 활동이 활발해지고 화원회화가 매우 발달했던 것을 단순히 사회경제적 발전에 따른 신분제의 변동과 중인 이하 서민층의 성장 및 서민문화의 발달이라는 계급론적 틀이나 계급갈등론적 시각에서 범연하게 설명하는 것이 얼마나 일면적이고 부분적인 설명인지를 알 수 있다"고 하였다(간송미술관·한국민족미술연구소, 2013: 103).

이를 뒤집어 해석하면, 당시 회화가 사회현실을 적절히 반영하지 않았다는 의미로 읽을 수 있겠다. 그리고 그가 진경시대를 동시대 유럽 절대주의 국가의 바로크 및 로코코 시대와 대비하는 데서도 그 한계를 확인할 수 있다. 미디어는 어느 시대에서나 계급 지배의 수단이었지만 미디어의 존재는 시대정신을 가감 없이 재현함으로써만이 그 의의를 찾을 수 있을 것이다.

단원고와
단원 김홍도

부자 정권, 가난한 국민.

이번 세월호 참사는 대한민국의 맨 얼굴을 이렇게 적나라하게 드러냈다. 매년 재산이 불어나는 고위 공직자와 아이 수학여행도 제대로 보내지 못하는 서민의 대비, 이게 대한민국의 현실이다. 정몽준 씨의 아들은 피해자 가족의 절규를 이해하지 못하고 이를 지칭하여 "국민이 미개하다"라고 했고, 한 피해자 학생은 생전에 "다음 생에는 부잣집에서 태어나고 싶다"라고 했다 한다.

서울로 출퇴근하는 샐러리맨과 공단 노동자 그리고 언제 문을 닫아야 할 지 모르는 자영업자의 자식들은 비행기 대신에 돈 없는 서민이 타는 노후한 여객선을 타고 수학여행이란 걸 가다가 참변을 당했다. 그리고 정부는 흉내만 내고 국민의 눈을 속이는 형식적인 구조 활동으로 국민의 분노를 샀고 희생자 가족을 능멸했다. 안산시민은 이런 상황에도 불구하고 대통령과 국무총리에게 예의도 차리지 않았다며 미개인이란 비난을 들어야 하는가? 누가 미개한 국민인지 보자.

안산은 1991년부터 단원의 도시였다. 정조 시대 조선 최고의 화가 단원(檀園) 김홍도의 고향이기 때문에 문화체육관광부가 명명했던 것이다. 물론 안산시민에게 그런 자부심이 있었기에 정부가 그리 명명했을 것이다. 그래서 2002년 시의 인구가 많아지고 구역이 확대되면서 두 개의 구가 신설되었을 때 그 이름이 단원구가 된 것이다(다른 한 구는 상록구이다). 그리고 2005년 단원구에서 개교한 학교가 단원고등학교다. 안산시는 매년 시월에 단원미술제와 김홍도 축제를 열며, 단원미술관에는 늘 품격 높은 전시회가 열린다.

단원은 1745년 무인으로서 만호를 지낸 진창(震昌)의 손자 석무(錫武)의 아들로 태어났다. 부친은 중인계급이었을 것으로 추측된다. 외조부로부터 화원 집안인 외가에서 물려받은 그의 재능은 안산에 살던 당대 최고의 문인화가 표암(豹菴) 강세황(姜世晃)을 만남으로써 꽃을 피우기 시작했다. 단원은 진경산수화 시절 중국의 남종문인화를 응용하여 그린 산수화를 비롯하여 인물화와 풍속화 등 두루 많은 명작을 남겼다.

정조는 자신의 학문을 집대성한《홍재전서》(弘齋全書)에서 김홍도에 대해 다음과 같이 기록했다.

김홍도는 그림에 솜씨 있는 자로서 그 이름을 안지가 오래다. 삼십 년쯤 전에 나의 초상을 그렸는데, 이로부터 무릇 그림에 관한 일은 모두 홍도를 시켜 주관케 하였다.

단원은 특히 서민의 일상을 사실적으로 묘사한 풍속화에 뛰어났다. 강세황은 제자인 단원의 성품과 풍류에 대해 다음과 같이 평했다.

용모가 아름답고 속에 품은 뜻이 맑으니 (…) 성품이 음악을 좋아하여 매번 꽃 피고 달 밝은 밤이면 때로 한 두 곡을 연주하여 스스로 즐겼다.

김홍도(謙齋 鄭敾, 1745~?)
〈서당〉(書堂, 18세기 후반)
22.7×27㎝
종이에 엷은 채색

정조는 성리학을 바로 세움으로써 왕권을 강화하려는 신념을 그림에
도 투영하려고 애를 썼는데, 1789년에는 도화서 화원에게 "논밭의 새참"
이라는 풍속화 화제(畵題)를 내리면서 "모두 보자마자 껄껄 웃을 만한 그
런 그림을 그려라"라고 주문한 바 있다. 그렇게 해서 나온 것이 단원의
〈새참〉이다. 고된 농사일을 하다 아낙이 준비한 새참을 탁사발과 함께
둘러 앉아 먹고 마시는 정경에 그야말로 껄껄 웃음이 절로 나온다. 다양
한 포즈가 매우 자연스럽고 정취가 넘쳐나는 그림이다. 다른 작품인 〈행
상〉을 보자. 팔도를 돌아다니며 행상을 하는 남편을 둔 가족의 모습이
다. 낡은 벙거지에 나무통으로 된 지게를 진 남루한 행색의 남자와 아이
를 업은 채 광주리를 머리에 이고 장으로 향하는 여인, 며칠을 못 보게 되
는 서로를 걱정하고 아쉬워하며 작별의 인사와 안녕을 당부하는 듯하다.
　　무엇보다도 이번 사고와 관련해서는 〈서당〉을 떠올린다. 방건유복 차
림의 훈장이 학동에게 벌을 주는 서당의 한때를 묘사한 것으로 벌을 받고
서러움에 우는 학동과 이를 바라보는 아이들의 부산한 모습에 절로 미소
를 머금게 만든다. 단원고 학생들도 다 이와 비슷한 어린 시절을 겪었으
리라. 단원의 풍속화에 등장하는 주인공들. 엄마를 따라와 새참을 얻어
먹는 아이와 젖을 빠는 갓난아기, 〈대장간〉에서 풀무질을 하는 아이,
〈길쌈〉하는 엄마 뒤에서 훈수하는 아들과 할머니 등에 업힌 아기, 행상
을 떠나는 남편을 배웅하는 엄마의 등에 업힌 아기, 서당의 학동. 이들
이 바로 안산시 서민이고 그들의 자식들이고 단원고 학생들이다. 단원을
사랑하는 안산시민이 미개하다고? 그런 말을 하는 사람들이야말로 문화
인은 고사하고 미개인보다 뒤떨어진 야만인이다.
　　정조가 급서한 후 조선 사회는 세도정치의 전횡에 서민의 생활이 나락
으로 떨어져 1811년 '홍경래의 난' 이래 민란의 시대로 접어들었다. 단원
의 그림에서 보듯이 그때까지만 해도 서민은 어려운 살림에서도 웃음을

잃지 않고 사람답게 살았다. 그러나 그때까지였다. 조선의 마지막 철인 정치(哲人政治)가 막을 내리자 극소수 세도가 외에 99% 서민은 지옥 같은 삶을 살아야 했다. 정조는 왕권 강화에 집착한 나머지 성리학에 연연하여 새로운 학문 사조를 탄압한 한계는 있었지만 서민 생활을 보듬는 결기는 있었다.

여러 가지 한계는 있었지만 서민경제와 민주주의, 남북관계의 개선을 위해 노력한 김대중·노무현 정부가 막을 내리면서 등장한 부자정권은 부자감세와 간접세 인상 등으로 가난한 서민의 고혈을 짜며 오로지 1%의 부자를 위한 정책에 매진한다. 이번 경우도 부자를 위한 규제 완화가 아니었다면 세월호는 일본에서 20년 연한을 채우고 폐기되었을 것이고, 이러한 사고도 없었을 것이다.

정조 이후 민란의 시대였던 조선은 동학농민혁명이 일제의 잔학무도한 진압으로 마감되면서 식민지로 전락했다. 세도정치와도 같은 부자정권에 맡겨진 대한민국호는 침몰하지 않고 순항할 수 있을까? 어딜 가나 어디서나 늘 단원의 그림을 보며 살았던 안산의 문화시민은 지금 비통에 잠겨있다. 공식적 통계로는 5·18 광주의 희생자를 능가한다. 광주는 아직도 신음하는데, 안산의 깊은 상처는 언제나 치유될 수 있을까?

"그 이름도 드높은 우리 단원인, 온 누리에 등불 되어 비춰 주리라"라는 교가를 부르며 꿈을 키웠을 어린 영혼들의 명복을 빈다. 그리고 생때 같은 자식들을 비명에 보낸 부모님들과 똑같은 심정으로 끝까지 함께 할 것을 다짐한다.

우리는
어디에서 와 어디로 가는가?

우리는 어디에서 와 어디로 가는가?

원시인류 때부터 지금까지 누구나 한번쯤 생각하는 질문이다. 고갱은 자신을 이해하는 유일한 존재인 딸의 죽음에 고통스러워하며 자살을 결심하고 인간 존재의 근원을 고민하는 다분히 철학적 주제의 그림을 그렸다. 1897년에 그린 〈우리는 어디에서 왔는가? 우리는 누구인가? 우리는 어디로 가는가?〉가 그것이다. 고갱은 1898년 몽플레에게 보낸 편지에 다음과 같이 썼다.

자네에게 말해야겠는데 나는 12월에 죽을 작정이었지. 그래서 죽기 전에 줄 곧 생각했던 대작을 그리려고 했다네. 그리고 꼬박 한 달 사이 나는 밤낮없이 이제까지 한 번도 가져보지 못한 열정으로 작업을 마쳤다네. 그렇지. 이건 퓌비 드 샤반 같은 그림이지 않나. 이건 습작을 하고 밑그림을 그리고 하는 그런 그림이 아니라네. 완전히 모델 없이 매듭 투성이의 거칠거칠한 마대포 위에 직접 그린 것이네. 그렇기 때문에 얼른 보기에는 매우 거칠거칠하지. 그린 방법이 조야하다거나 마무리가 다 안됐다고 할지도 모르겠네. 분명 내 자신도 뭐라 분명한 판단을 내릴 수가 없네. 하지만 나는 이 작품이 지금까지 그린 그 어떤 작품보다 뛰어나며 앞으로도 이보다 더 나은 작품을 그릴 수 없을 것 같네. 나는 죽기 전에 나의 모든 에너지를 여기에 쏟아 부은 거야 ….

고갱(Paul Gauguin, 1848∼1903)
〈우리는 어디에서 왔는가? 우리는 누구인가? 우리는 어디로 가는가?〉
(D'où Venons Nous? Que Sommes Nous? Où Allons Nous?, 1897)
374.7×139㎝
캔버스에 유채

그렇게 해서 이 작품은 그의 대표작이 되었다. 그림을 자세히 보면 오른편 아래 갓 태어난 아이에서부터 맨 왼편의 죽음을 앞둔 노인에 이르기까지의 과정을 잘 묘사하는 것을 알 수 있다. 단원고 아이들은 이와 같은 한평생을 경험하지도 못하고 어른들에 의해 죽임을 당했다. '우리는 어디에서 왔는가? 우리는 누구인가? 우리는 어디로 가는가?' 종교에서 말하는 좋은 세상이란 게 있을까? 윤회론처럼 다시 태어날 수 있을까?

물리학과 생물학, 화학, 지질학 등 자연과학은 우리가 어디에서 왔는지를 생생하게 알려준다. 138억 년 전 빅뱅으로 우주의 역사가 시작된 이후 45억 6천 년 전 행성이 결합하여 지구가 만들어지고, 35억 년 전 바다에서 최초의 단세포 생명체가 탄생하고, 최종적으로 5백만 년 전 인류의 조상이 등장했다. 지구의 생명은 우주의 무기물 원소로부터 비롯되었다. 현생 인류는 20만 년 전 호모사피엔스라 불리는 종(種)의 한 여성으로부터 시작되었다. 궁극적으로 동식물을 망라한 모든 생명은 무기물에서 진화한 생명체로부터 비롯되었다. 처음엔 동식물의 구별도 없었다.

화학은 '우리는 누구인가?' 라는 고갱의 두 번째 질문에 답을 준다. 우리 인간의 몸은 산소 56.1%, 탄소 28%, 수소 9.3%, 질소 2%, 칼슘 1.5%, 염소 1%, 그리고 나머지 1.1%는 황, 철, 아연, 요오드, 불소, 구리, 마그네슘, 칼륨, 나트륨, 셀레늄, 코발트 등으로 이루어졌다는 것이다. 이 원소의 작용으로 생명은 탄생하고 유지된다.

그렇다면 '우리는 어디로 가는가?' 라는 세 번째 질문의 답은 자명해진다. 석가모니가 깨달은 것도 이와 비슷한 것이었으리라. 모든 생명은 귀한 것이다. 지구에 생명이 존재한다는 것은 기적이다. 이를테면 태양으로부터 적당한 거리를 유지함으로써 물이 존재하기 때문에 생명이 존재할 수 있는 것이다. 적어도 태양계에서 생명이 존재하는 유일한 행성이 지구다. 생명이 존재할 수 있는 지구가 만들어진 것 자체가 기적이다.

이 지구에 사람으로 태어나 한 세상 산다는 것도 또한 기적이요 축복이다. 누구나 평등하게 이 축복을 누려야 할 권리가 있다. 누구도 다른 사람의 생명을 해치거나 한 번뿐인 인생을 짓밟을 권리는 없다. 불교에서 살상을 금하는 것도 같은 이치다.

그러나 우리는 그 현장을 목도하고 말았다. 선장과 선원이 승객들을 대피시키지 않고 저들만 살겠다고 빠져나왔고 국민의 생명을 지켜야 할 정부는 단 한 생명도 구조하지 않았으며 자본가는 돈을 위해 앞길이 구만리 같은 어린 생명들을 죽였다. 사실상 정부와 기업이 '집단학살'을 자행한 것이다. 국민은 방송을 통해 그 현장을 생생하게 목격했다. 세상에 이런 나라는 없다. 부처님 오신 날 행사에서 생명을 소중하게 여겨야 할 불자들은 대통령이 왔다고 무슨 구경거리나 생긴 듯 소란을 피우고, 정부가 잘했다고 생각하는 국민이 40%나 된다. 도와 덕이 땅에 떨어졌다. 다음은 공자의 충고다.

나라에 도가 있으면 가난하고 비천한 것이 치욕이지만, 나라에 도가 없으면 부귀영화가 치욕이다.

가난해서 자식을 잃은 부모의 심정을 고위 관리와 부자는 모를 것이다. 부(富)와 귀(貴)를 모두 누리는 정몽준 류(類)와 그의 자식들은 도가 없는 나라에서 부끄러움을 모르는 야만인이다. 이런 형편없는 나라에서 가난은 치욕이 아니다. 가난해도 행복했는데 자식을 잃고 나니 가난만 남았다는 말이 가슴을 짓누른다. 그러나 가난을 부끄러워 할 필요는 없다. 가난해도 행복한 나라를 만들어야 한다. 대통령이 뭘 그리 잘못했냐고 헛소리하는 사람을 제외하고 부귀를 치욕으로 생각하는 사람을 포함해 모두 나서서 땅에 떨어진 도와 덕을 바로 세워야 할 것이다.

피카소의
미디어

그림(회화)을 포함하여 미술은 원래 미디어였다. 그러나 근대에 이르러 역사를 기록한 미술사가들은 미술사를 주로 예술의 관점에서 기록했고, 언론사 연구자들은 커뮤니케이션 및 미디어의 역사에서 미술을 거의 다루지 않았다. 이 점에 대해서는 차차 이야기하기로 하고 우선 피카소에게 미술의 표현과 기록의 미디어로서 수행하는 방식이 어떠한가에 대해 살펴보기로 한다. 곰브리치는 미술에 대한 피카소의 생각을 이렇게 정리했다.

오래전부터 우리는 사물을 눈에 보이는 그대로 재현하기를 포기했다. 그것은 추구할 가치가 없는 도깨비불과 같은 것이다. 우리는 순간순간 변하는 가상적 인상을 캔버스에 고정시키기 원치 않는다. 세잔처럼 가능한 한 소재가 가진 확고하고 변함없는 모습을 포착하여 그려보자(…) 단 한순간의 스냅 사진이나 꼼꼼하게 묘사된 종래의 그림보다 이상스럽게 뒤죽박죽된 형상이 '실재'(實在)의 바이올린을 더 잘 재현할 수 있다.

그렇다. 피카소는 "나는 보이는 대로 그리지 않고 생각하는 대로 그린다"고 말한 바 있으니 정확한 평가다. 르네상스 이후 원근법을 이용하여 보이는 대로 그리고자 했던 전통을 파기한 입체파(*Cubism*)의 경향으로서 이는 사물의 본질을 그리고자 했던 세잔의 방식을 계승한 것이었다. 이것은 그리스 철학자 파르메니데스의 존재론과 플라톤의 이데아론을 생각하면 쉽게 이해할 수 있다.

파르메니데스는, 인간을 포함하여 시공(時空)의 변화에 따라 바뀌는 사물은 '비존재'이며, '존재'는 시공을 초월하여 변화하지 않는 관념의 세계에 있다고 했다. 플라톤은 그것을 이데아(*idea*)의 세계라고 했다. 관념 속에 있는 이상적인(*ideal*) 세계가 실재(*reality*)라는 이야기다. 플라톤에게 기하학이 중요했던 까닭이기도 했다. 그래서 후기 인상파 화가인 세잔은 인상파의 그림처럼 순간적으로 변화하는 색과 형태만을 쫓아 그리면 본질을 잃어버린다는 생각에 어떤 상황에서도 변화하지 않는 본질적 형태를 그리고자 했다. 그래서 세잔은 모든 형태를 구(球)와 원통으로 표현했다. 기하학적 세계였다.

피카소는 세잔의 방식을 이어받아 하나의 시점에 고정해 보이는 대로 그리지 않고 사면팔방으로 관찰하여 머릿속에 그린 입체적 사물을 종합적으로 화폭에 옮겨놓았다. 그럼으로써 사물의 본질을 표현하고자 했던 것이다. 피카소의 〈게르니카〉를 보자. 스페인 내전이 격화되던 1937년 4월 26일 오후, 극우 세력을 배경으로 한 프랑코가 불러들인 독일 공군의 폭격기와 전투기가 스페인 북중부의 작은 마을인 게르니카를 무차별 폭격하고 기관총을 난사해 장날을 맞아 모인 1,654명을 죽게 하고 889명을 다치게 한 사건이 일어났다. 피카소는 이 천인공노할 만행을 775 × 349㎝의 대형 캔버스에 그렸다. 그는 이 그림에 대해 이렇게 썼다.

스페인의 내분은 국민, 즉 자유에 맞서는 반동적 투쟁이다. 예술가로서의 나는 일생을 보수에 맞서고, 예술의 죽음에 대항하며 싸워왔다(…)지금 그리는

〈게르니카〉라는 제목을 달 이 그림에서 나는 지금 스페인을 불행과 죽음의 바다 속으로 가라앉게 하는 군부에 대한 내 혐오감을 명명백백히 표현한다.

이렇게 그림은 예술이기에 앞서 시대의 진실을 기록하고 표현하는 미디어다. 독점자본이 소유하고 통제하는 신문·방송이 외면하거나 왜곡하는 진실을 자유로운 개인은 한 폭의 그림에다 자신의 예술적 기능을 아낌없이 발휘하여 진실을 전달하고 분노를 표현할 수 있다. 이것이 생각하는 대로 그리는 피카소의 철학이기도 하다.

내 생각이 이런 결과를 낳으므로 나는 이렇게 그리는 것이다. 나는 수년간 이런 결과를 얻기 위해 일해 왔다.

이런 방식으로 표피적 현상에 해당하는 감각적 사실(facts)의 나열이 아닌 그 사실의 이면에 감춰진 본질, 즉 객관적 실재(實在)를 입체적으로 구성하여 기록하는 것이다.

자본주의 사회의 언론은 현상적 측면의 사실에 대해 주관적으로 전달하는데 그칠 뿐 결코 객관적 실재를 전달하지 않는다. 스페인 언론은 프랑코를 지지하는 독점자본의 대변자일 뿐이었다. 프랑코의 집권으로 내전이 종료되었을 때 미국·영국·프랑스 등은 바로 스페인 정부를 승인했다. 그리고 그 후 그들이 지원했던 독일 파시스트 정권과 무려 5천만 명이 사망한 참혹한 제 2차 세계대전을 치러야 했다. 게르니카의 학살을 자행한 독일의 군사력은 소련을 견제한다는 명목으로 미국과 영국이 키워준 소산이었다. 물론 그 배후에는 군산복합체라는 독점자본이 있었다. 이러한 객관적 실재에 대해 독점자본 및 파시스트의 언론은 침묵하거나 방조하였다. 심지어 애국심을 조장하며 전쟁을 미화하기도 했다. 그러나 크랄리 등의 화가들은 전쟁의 본질과 참상을 그림이라는 미디어에 적나라하게 담아냈다.

　피카소는 한국전쟁도 소재로 삼아 미군의 민간인 학살을 통렬하게 고발했다. 1951년작 〈한국에서의 학살〉이 그것이다. 로봇 같은 군인에 의해 학살당하는 부녀자 무리의 공포에 질린 모습을 묘사한 이 그림도 미술이기에 앞서 미디어다. 어찌 사람이 사람을, 그것도 무장군인이 비무장 상태의 양민을 이토록 잔혹하게 학살할 수 있겠는가. 그들은 사람이 아닌 군산복합체에 의해 제조된 로봇일 것이다. 군산복합체에게 전쟁은 상품을 소비시키는 시장일 따름이다. 그리고 신문·방송 등 전통적 미디어는 그들의 소유이거나 통제 아래 있다.

　한국전쟁 역시 이른바 언론이 아무런 역할도 못하고 본질을 파헤치지 않는 가운데 화가들은 참혹한 진실을 그림으로 남겨놓았다. 김원의 〈38선〉, 이쾌대의 〈군상 IV〉, 전화황의 〈피난행렬〉 등이 그것이다. 해방과 더불어 독립국가 건설을 기대했던 우리 민족의 의지와 관계없이 그어진 38선이 동족상잔 비극의 근원이라는 사실, 그로 인한 참상을 예견한 군중의 불안심리 그리고 고난의 피난행렬 등을 담아놓은 것이다.

　그림이야말로 실재를 확인할 수 있는 미디어가 아닐까? 사진, 동영상은 사회적 성격 이전에 미디어 특성으로 보아도 현상(現象, *appearance*)의 기록 이상을 담아내기에는 한계가 있다. 그러나 문학을 포함하여 예술은 그 한계를 극복할 수 있다. 보이는 대로 그리지 않고 생각하는 대로 그린 피카소의 그림이 확인해준다.

　미디어가 메시지다. 미디어에 대한 고정관념부터 깨야 할 것 같다.

혁명과
미술

막스 베버는 1910년 독일 사회학자 대회에서 연설하면서 "신문은 사회의 거울"이라고 했다. 사회에서 일어나는 일이 신문에 비추어지기 때문에 신문을 분석하면 사회를 알 수 있다는 것이었다. 그다지 통찰력 있는 식견은 아니다. 그 당시 독일 사회는 후발 제국주의 국가로서 식민지를 얻기 위한 전쟁 불사의 분위기가 고조되던 때였다. 당연히 독일 신문은 전쟁을 준비하는 독점자본의 소유로서 현실을 호도하면서 그런 분위기를 조장하였다. 베버는 제 1차 세계대전에 참전까지 했으니 그의 관점에서는 그것도 사회의 반영이라면 반영이겠다. 어쨌건 그 이후로 신문이 사회를 반영하는 거울이라는 수사(rhetoric)가 통용되었다.

설사 그렇다고 하더라도 비단 신문만이 사회의 거울인 것은 아니다. 미술은 신문 이전에, 신문이 등장하기 훨씬 이전부터 사회를 반영하는 거울이었다. 신문보다 훨씬 더 정직한 거울이었다. 미술을 분석하면 그 사회를 알 수 있다. 물론 지금도 그러하다. 회화와 조각 등 미술뿐만 아니라 시를 비롯한 문학과 노래, 연극, 공연예술 그리고 현대에 들어와 영화와 방송도 모두 기본적으로 사회의 거울이요 미디어다.

3·1운동 기념일이 다시 찾아왔다. 3·1운동을 반영하는 미술은 있는

가? 없다. 하긴 운동이냐 혁명이냐의 규정도 안 된 현실이다. 2014년 2월 26일에 '3·1혁명 100주년 기념사업 추진위원회'가 결성되었다. 95년 전 그 날의 함성은 운동인가? 혁명인가? 당연히 혁명이어야 할 것이다. 왜 그런가?

3·1혁명은 동학농민혁명의 1차 결실이라고 본다. 주지하다시피 동학농민혁명은 '인내천' 사상으로써 반제·반봉건을 목표로 내건 혁명이었다. 굳이 서양사에 비견한다면 '사람이 곧 하늘'이라는 인내천 사상은 신본주의(神本主義)를 부정하는 인본주의(人本主義) 휴머니즘에 해당한다. 이로써 데카르트처럼 근대의 문을 열었다고 볼 수 있다. 그리고 동시에 봉건 체제에 저항하면서 무능한 봉건 세력을 대신하여 제국주의에 맞서 싸운 반봉건·반제국주의 혁명인 것이다. 실제로 집강소를 개설하여 근대적 자치를 실시하기도 했다.

3·1혁명 역시 반제·반봉건의 성격을 지닌다. 을사늑약을 전후로 하여 전개된 유림 중심의 의병 활동은 복벽운동(復辟運動), 즉 조선왕조 내지는 대한제국을 다시 회복하는 것을 목표로 하였다. 역사를 거꾸로 거슬러 올라가는 퇴행적 운동이었던 것이다. 그 복벽운동은 3·1혁명에 즈음하여 사멸하고 공화제 국가를 지향하는 "독립선언서"의 내용을 기초로 하여 비록 임시정부지만 대한민국이라고 하는 근대 국가의 틀을 갖춘 정부를 탄생시켰다. 이것이 혁명이 아니고 무엇이란 말인가? 동학의 정신을 이어받은 자유민주주의·반제국주의 혁명이었다.

그러면 당시 조선 사회를 반영하는 미술은 있었는가? 전무했다. 미술은 일본을 통한 서양 미술의 접목을 시도하는 유아기로서 무슨 시대를 반영하는 미술이 나올 수 있는 여건이 아니었다. 장승업은 진경산수화에도 못 미치는 산수화에 취했었고, 조석진이나 안중식 등도 전근대적인 사고방식에서 벗어나지 못했다. 1915년 일본에서 서양화를 익히고 돌아온

들라크루아(Eugène Delacroix, 1798~1863)
〈민중을 이끄는 자유의 여신: 1830년 7월 28일〉
(Le 28 juillet 1830: la Libertè guidant le peuple, 1830)
260×325cm
캔버스에 유채

고희동이나 김관호에게 3·1혁명을 반영하는 미술을 기대하기는 어려웠다. 유럽에서 서양 미술을 익히고 돌아온 나혜석도 마찬가지였다. 역사는 있으되 미디어로서의 미술은 없는 시대였다. 동학농민혁명에 대한 미술도 마찬가지였다.

그것은 어쩔 수 없는 일이었는가? 1789년의 프랑스 대혁명을 반추해보자. 프랑스 대혁명은 부르주아가 주도하고 노동자, 농민이 가세한 전형적인 자유민주주의 시민혁명이었다. 그 혁명은 근 1백 년 가까이 엎치락뒤치락 우여곡절을 겪은 후에라야 비로소 봉건 세력을 일소하고 근대 국가로서 뿌리를 내릴 수 있었다. 그 사이 혁명을 반영하고 묘사하는 수많은 미술 작품이 등장하였다. 대표적으로 들라크루아의 1830년작 〈민중을 이끄는 자유의 여신〉을 들 수 있겠다. 절대왕정을 이어가려는 샤를 10세에 저항하여 봉기한 7월 28일의 상황을 상징적으로 그린 것이다. 군주제를 혐오하며 근대적 자유 국가를 열망했던 들라크루아는 "나는 조국을 위해 직접 싸우지는 못했지만, 최소한 조국을 위해 그림을 그릴 수는 있다"라고 술회했다. 이 그림으로 마리안느는 프랑스 대혁명과 공화정을 상징하는 이미지로 정착되었다. 혁명가 마라의 피살 상황을 묘사한 다비드의 1793년작 〈마라의 죽음〉도 기념비적인 작품이다. 왜 우리 역사에는 이런 미술이 없었을까?

3·1혁명을 기화로 하여 총독부의 정책이 바뀌어 1920년 조선인 신문이 등장한다. 이때 등장한 〈동아일보〉와 〈조선일보〉는 애국계몽운동과 실력양성운동으로 포장된 친일적 개량주의의 성격으로서 민족과 민중의 현실을 반영하기에는 한계가 있었다. 그리고 미술과 문학 등 예술은 이른바 순수예술의 그늘에 숨어버렸다. 진경산수화나 풍속화는 시대의 변화에 맞게 진화하지 못했고, 고희동 이후 일본풍이 들은 서양화가들은 민족의 현실을 외면하였다.

총독부가 주도하던 선전(鮮展)은 해방 후 독재정권에 의해 국전(國展)으로 계승되었다. 화가들은 국전에 연연하고 현실에 안주하며 기득권을 지키기에 급급했다. 순수예술론은 그들을 가려주는 병풍이었다. 이러한 상황은 광주항쟁을 겪고 난 후인 1980년대에 와서야 숨통이 트이기 시작했다. 이후 미술은 민족분단의 상황을 묘사하고 민중의 처지를 본격적으로 화폭이나 걸개그림 등에 거침없이 담아냈다. 그러나 이들 대부분은 당시의 상황을 담았을 뿐 이전 시기의 혁명은 소홀히 하였다. 그것만 해도 대단한 발전이지만 광주항쟁과 6월 항쟁 등 민주화운동이 동학농민혁명과 3·1혁명의 정신을 이어받는다는 점에서는 아쉬운 대목이라 하지 않을 수 없다. 미완의 반제·반봉건혁명은 3·1혁명과 대일무장투쟁, 반독재투쟁, 민주화운동으로 이어짐으로써 완성을 향해 진행 중이다.

프랑스 대혁명은 100년 가까이 진통을 겪었다. 동학농민혁명은 이제 120주년을 맞는다. 반제·반봉건 민주주의 혁명이 단판승부일 수는 없다. 더 많은 동학농민혁명 미술과 3·1혁명 미술이 나와야 한다. 그 기반 위에 민족·민중미술이 더욱 더 풍성해져 역사의 소임을 다해야 할 것이다.

〈세상의 기원〉과
예술에 대한 단상

프랑스의 사실주의(*realism*) 화가 쿠르베(1814~1875)의 대표작이랄 수 있는 〈세상의 기원〉이 전시된 오르세 미술관에서 해프닝이 벌어진 바 있다. 드보라 드로베르티스라는 벨기에의 행위예술가가 〈세상의 기원〉 앞으로 걸어와 앉아 자신의 성기를 보여주는 퍼포먼스를 한 것이다. 그녀는 "근원의 거울"이라고 명명한 이 퍼포먼스를 벌인 이유에 대해 "여성의 성기를 그리는 것은 예술이고 보여주는 것은 왜 외설이냐"는 질문을 던지기 위해서라고 했다. 미술관측은 미술관 규칙을 어겼다며 중단을 요청했지만 아랑곳하지 않았고, 관객은 박수를 치며 찬사를 보냈다. 이 행위는 예술일까, 외설일까?

〈세상의 기원〉은 마지막 소장자였던 정신분석학자 자크 라캉의 부인 실비아가 죽고 난 후 1995년 오르세 미술관에 기증되어 전시될 때까지 130년을 숨어 지내야 했다. 여성의 누드를 이렇게 생생하고 적나라하게 묘사한 그림이 화가의 손에 의해 그려진 것은 전무후무한 일이었기 때문이다. 쿠르베는 이 그림을 1866년에 그렸다. 이때는 미술의 사조가 사실주의에서 인상주의로 넘어가는 과도기에 해당한다. 사진이 등장하기까지 미술의 사조는 사실상 모두 사실주의였다. 구석기시대 동굴의 벽화는 실물을 정밀하게 그린 사실주의의 원조였다. 종교화나 역사화나 주제는 달라도 기본은 사실주의였다. 이 사실주의에 종지부를 찍고 인상주의로 전환하게 만든 것은 다름 아닌 사진의 등장이었다. 그림이 아무리 정밀한들 사진만큼은 될 수 없었기 때문에 화가들은 사실주의를 포기하고 빛과 색의 묘사에 치중한 그림을 그리기 시작했던 것이다. 아직은 흑백사진이었기에 착안했던 새로운 사조였다.

쿠르베는 실제로 사실주의 그림을 많이 남겼다. 그는 눈에 보이는 것을 있는 그대로 그렸고 신앙심이나 애국심을 불러일으키는 허구의 형상 따위는 창조하지 않았다. 그는 "나에게 신을 보여 달라. 그러면 그리겠다"라고 할 정도로 사실주의에 철저했다. 당시 프랑스에서 산업혁명이 진행되면서 변화된 현실을 그림이라는 미디어로써 사실적으로 전달하는 데 충실했다. 물론 사진이 발명되기 전의 일이다. 부르주아의 유희 장면과 노동자의 일하는 장면을 있는 그대로 그렸다. 그는 1871년 파리 코뮌에 참여했다가 투옥된 후 석방되어 스위스로 망명했다.

미술 사조에서 사실주의는 철학에서 실재론(realism)과 같은 이름을 갖지만 내용은 전혀 다르다. 미술의 사실주의는 사실(fact)에 충실하자는 것이다. 그래서 기록의 미디어로서 의미를 갖는다. 그러나 철학에서의 실재론은 보이는 것은 실재의 진실이 아니며, 기저에 감춰져 오감에 의해 감지되지 않는 실재를 확인해야 한다는 것이다.

그렇다면 세잔 이후 사물의 본질(실재)을 표현하려고 했던 고흐와 고갱 등 후기 인상파와 야수파, 표현주의, 그리고 피카소의 입체파 등이 실재론 철학을 반영한 진정한 사실주의라고 할 수도 있겠다. 피카소가 "나는 보이는 대로 그리지 않고 생각하는 대로 그린다"라고 했던 말이 그런 뜻이다. 미술계에서 세잔을 '예술을 위한 예술' 세계의 문을 연 화가로 평가한 까닭이기도 할 것이다. 기독교 미술이나 자본주의 사회의 풍속을 정밀하게 묘사한 렘브란트 이후 사실주의 회화에서 벗어나 처음으로 예술다운 예술의 길을 열었기 때문이다. 어쨌건 쿠르베는 사실을 충실히 표현함으로써 시대의 진실을 기록하고 알리려 했던 것은 분명하다. 오늘의 한국 언론이 사실의 전달에도 충실하지 못하다는 점에서 본받을 점이 있다.

지금 쿠르베의 〈세상의 기원〉을 두고 외설이라고 치부할 사람은 없을 것이다. 그러면 벨기에 여성의 퍼포먼스는 예술인가, 외설인가? 국어사전에는 예술을 "아름다움을 표현하고 창조하는 일에 목적을 두고 작품을 제작하는 모든 인간 활동과 그 산물을 통틀어 이르는 말" 또는 "학예(學藝)와 기술(技術)을 아울러 이르는 말"로 정의한다. 《브리태니커 사전》은 "다른 사람들과 공유할 수 있는 심미적 대상, 환경, 경험을 창조하는 과정에서 기술과 상상력을 동원·발휘하는 인간의 활동과 그 성과"로 정의한다. 공자는 뭐라 했을까? 공자는 예술로서의 시와 노래를 즐겼다. 악기 연주도 뛰어났다.

> 도에 뜻을 두어 힘쓰고, 덕을 굳게 지키며, 인을 한 치도 어기지 않으며, 예와 함께 노닌다(志於道, 據於德, 依於仁, 遊於藝: 지어도, 거어덕, 의어인, 유어예).

여기서 예(藝)란 예(禮), 악(樂), 사(射), 어(御), 서(書), 수(數)의 6예를 가리키며, 핵심은 예와 음악이었다. 이 점에서 보면 예술이란 "학예와 기술을 아울러 이르는 말"이라는 정의가 더 어울리겠다. 학문의 깊이와 더불어 예(藝)의 경지에 이르러 창작을 할 때 기술도 뛰어나야 하는 것이다. 본래 미술가란 미적인 표현에 재능이 있는 기술자였다. 그것이 르네상스 이후 독립된 영역을 확보하기 시작했고, 19세기에 이르러 예술가로서의 지위를 얻었다.

이와 같이 공자의 기준으로 보면 예술이란 기술에만 능해서는 안 된다. 두루 학문에 힘쓰고 덕을 쌓아 어진이의 경지에 이르러 6예에 능한 가운데 창작하는 것이 예술이다. 기본적으로 그런 경지에 오르도록 노력하는 가운데 미적 표현의 창작이 가능한 것이다. 《논어》 "술이편"에서 공자는 순 임금 시대의 음악인 소(韶)에 대해 "지극히 아름답고 좋다"고 했지만, 주나라 무왕 시대의 음악인 무(武)에 대해서는 "지극히 아름답지만 그다지 좋지는 않다"라는 평가를 내렸다. 태평시대의 음악과 혁명을 겪은 후의 음악이 달랐을 것이다. 무왕도 순 임금만큼 훌륭한 인물이지만 어쩔 수 없이 전쟁을 치르고 살상을 했으니 좋은 음악이 나오지 못했다는 것이다. 이렇게 예술은 아름답고 선해야 한다. 아름답고 좋은 예술은 6예의 도에 뜻을 두어 힘쓰고, 덕을 굳게 지키며, 인을 한 치도 어기지 않는 가운데 완성될 수 있는 것이다. 그것이 바로 예와 함께 노니는 경지인 것이다. 공자는 예술을 즐겼다. 예에서 노닌다는 건 예술을 즐긴다는 의미다.

> 선생은 사람들과 더불어 노래하는 것을 좋아했는데, 노래를 잘 부르는 사람이 있으면 반드시 그 노래를 다시 부르게 하고는 마치면 함께 따라 불렀다(子與人歌而善, 必使反之, 而後和之: 자여인가이선, 필사반지, 이후화지).

얼마나 노래를 좋아하고 즐겼는지를 짐작할 수 있는 장면이다. 무릇 예술이란 이래야 하지 않겠는가? 적어도 이런 경지에 도달하기 위해 끊임없이 정진해야 할 것이다. 그래서 나는 역사의식과 철학이 배어 있는 〈세상의 기원〉은 예술로서 즐거이 감상할 수 있다. 그러나 벨기에 여성의 퍼포먼스도 아름답고 또 좋은 예술로서 함께 노닐 수 있을까? 그 당당한 모습을 보면 생각 없이 불쑥 저지른 행동 같지 않다는 생각은 든다.

홍성담의 〈세월오월〉과
광주비엔날레

결국 홍성담 화백의 〈세월오월〉은 2014년 제 20회 광주비엔날레 특별전 "달콤한 이슬, 1980 그 후"에 걸리지 못했다. 홍 화백이 8월 24일 기자회견을 가지고 전시 포기를 발표한 것이다. 그는 이 자리에서 "전문가는 자신의 책임을 다하지 못하고, 광주시장은 자신이 비엔날레 이사장인 줄 모르는 이 황당한 현실은 '세월호'와 판박이처럼 닮았다"고 비판했다. 이어서 "책임 회피와 19일 대토론회 등의 모호한 결정 뒤편에 행정당국의 더 큰 음모가 도사리며, 이것은 곧 파탄의 상황을 불러올 것임을 경고하며, 죽어버린 광주에서 앞으로 절대 작품을 전시하지 않겠다"고 말했다.

무슨 일이 있었던가? 홍 화백은 우연히도 안산 단원고 바로 옆에 작업실을 마련하고 작업을 했다. 작업실에서는 단원고 학생 둘이 아르바이트를 했는데, 그중 한 여학생이 세월호에서 희생되었다고 한다. 1980년 광주항쟁에서 시민군으로 싸웠던 그에게 세월호는 남달리 애절하게 다가왔을 것이다. 그래서 그린 것이 〈세월오월〉이다.

그런데 광주광역시가 광주비엔날레 특별전에 초대된 〈세월오월〉이 박근혜 대통령을 비난한다면서 전시를 거부하고 수정을 요구하는 등 몰상식한 처사를 거듭함으로써 작가가 결국 포기한 것이다.

오형국 광주광역시 행정부시장이 "광주시 예산 지원으로 개최되는 광주비엔날레에서 국가원수인 박근혜 대통령을 희화화하는 작품을 전시하는 것은 적절치 않다. 작품 수정이 이뤄지지 않으면 작품을 전시하게 할 수 없다"라고 말한 결과다.

세상에 대통령을 풍자한 그림을 전시할 수 없다니 말이 되나? 대통령이 성역인가? 대통령의 그림은 전체 그림에서 극히 일부다. 다음은 홍화백이 〈뉴스타파〉에서 밝힌 소회다.

진도 팽목항과 실내체육관을 왔다 갔다 하면서 이건 정말 어마어마한 국가폭력에 의해서 물속에서 아이들과 승객들이 천천히 아주 천천히 3일간에 걸친 물고문으로 죽어간 대학살극이라고 생각했습니다. 80년 5월 광주에는 민주주의를 저해하는 신군부 세력이 시민을 학살했습니다. 그런데 이번 세월호 학살 사건은 한국의 천박한 자본주의가 최소 비용으로 최대 이익을 내야 하는 정글식 자본주의의 법칙과 부패한 관료, 무능력한 정권이 3자 카르텔을 형성해서 맺어진 학살사건입니다(…) 이따위의 국가 시스템에서 이런 정도의 풍자도 허락하지 않을 만큼 이 시스템이 허약하다는 이야기입니다. 저는 민중미술 1세대로서 그리고 광주항쟁을 겪었던 화가로서 우리 시대에 주어진 또 다른 광주, 국가 폭력과 내 목숨이 다할 때까지 싸우는 게 제 인생의 목표이고 목적입니다(…)80년 5월 현장에서 살아남은 사람으로서 당시에 죽은 내 동지와 약속한 사안입니다.

그림은 예술이기에 앞서 미디어로 기록과 소통의 수단이다. 인류가 문자를 사용하기 전에는 수만 년 동안 그들의 생활과 생각을 그림으로 남겼다. 그 기능을 나중에 문자가 보다 효과적으로 수행하기는 했지만 여전히 그림은 미술이자 동시에 기록과 소통의 미디어다. 미술이란 미적 표현의 '기술'이다. 미술이 예술을 위한 예술로서 독립한 것은 19세기에 접어들어서였다.

르네상스 시기부터 미술은 독자적인 예술로서의 입지를 확보했지만 여전히 왕실과 교회의 지원으로 유지되었으며 상업 자본주의의 발달과 더불어 부자(부르주아)의 주문에 의해 그림을 그리는 새로운 풍조가 생겼다. 그리고 산업 자본주의 시기, 특히 사진의 발명과 더불어 미술은 예술을 위한 예술의 입지를 굳혔다. 당시 유행하던 사실주의란 것은 바로 현실의 기록이라는 목적에 충실했던 것이다. 역사화도 마찬가지다.

사진의 등장 이후 미술사조는 인상파로 넘어가면서 기록의 기능은 사진에 맡기고 순수예술로 바뀌는데 그럼에도 불구하고 여전히 남아 있는 미술의 한 가지 기능은 미디어로서의 기록 기능이다. 현대 미술 중에서 특히 민중미술은 시대정신을 표현하는 강력한 미디어다. 전통적인 미디어에서 온갖 허위 · 날조 · 왜곡보도가 난무할 때 민중미술은 진실을 기록하고 전달하며 공유할 수 있는 미디어인 것이다. 그런데 정부가, 그것도 광주광역시가 그 민중미술의 언론 표현 자유를 짓밟은 것이다. 홍 화백으로부터 들어보자.

작가가 그림을 그리는 중에 수정 요구를 한다는 건 있을 수가 없는 일입니다. 큐레이터가 와서 그런 요구를 한다는 건 현대 미술사에서 최초의 일(…) 큐레이터는 박근혜 얼굴만 고쳐 달라. 그래서 좋다, 하겠다. 두 가지를 제시할 테니 당신이 골라라(…) 그래서 닭으로 교체해 달라. 박근혜의 별명이 닭 아닙니까. 그런데 닭으로 교체해도 되겠습니까? 괜찮다고. 알았습니다. 그래서 닭으로 교체했습니다(…) 관료의 요구 조건은 이랬습니다. 이걸 닭으로 고치려면 그 뒤에 있는 모자의 별도 떼고 선글라스도 벗기고 김기춘 실장도 빼고 이건희 회장도 빼고(…) 이것이 요구였습니다.

이건 정말 모독적인 요구요, 언론 표현 자유에 대한 심각한 침해다. 그것도 성이 차지 않았는지 광주광역시는 아예 전시 불가 입장을 발표했다. 홍 화백의 작품 설명이다. 지금 상황에서 꼭 필요한 그림이 아닌가.

물속에 가라앉은 세월호를 그대로 들어 올려서 세월호에 갇힌 아이들과 승객들이 탈출하고 바다 한가운데로 새로운 땅이 돋아나고 길이 생겨서 그 길을 따라 아이들이 우리들 품으로 되돌아오는 식으로 국민을 치유하고 위로하는 그림이 되길 원했습니다.

박근혜 대통령이 이 집단학살에 책임이 있다는 것은 주지의 사실이다. 그래서 그런 표현을 했을 텐데, 대통령이라고 해서 허수아비나 닭으로 묘사했다고 전시를 못하게 한 것이다. 다른 나라는 어떨까? 독일에서 작품 활동을 했으며, 이번에 전시에 참가했다가 광주광역시의 처사에 항의하며 자신의 작품 전시를 철회했던 정영창 화백이 〈뉴스타파〉에서 한 이야기다.

메르켈 총리 같은 경우 작가들이나 일반 시민들이 히틀러로 표현하지 않습니까. 히틀러가 누굽니까. 예전에 수많은 유대인을 학살한 사람인데 그 사람과 비교하는 그림이 돌아다녀도 언론에서나 정권에서나 메르켈의 비서실이나 거기에 대해 전혀 이야기가 없습니다. 표현의 자유, 언론의 자유 모든 것이 보장되는 거 아닙니까. 그게 왜 우리나라에서는 안 된다는 거예요.

윤장현 광주광역시장의 답변이 가관이다.

지원하되 간섭하지 않는다는 게 내 기본적인 생각입니다.

광주광역시의 몰상식한 처사가 간섭이 아니란 이야기다. 치졸한 유체이탈적 발뺌이다. 광주문화도시협의회(공동대표 김병기)는 13일 성명을 내고 "이번 사태의 단초가 예술가의 창작과 표현의 자유에 대한 광주시의 과도한 간섭으로부터 촉발됐음을 상기하면 모든 책임은 후진적이고 비민주적인 광주시의 문화행정에 기인한 것이며, 광주광역시장도 도의적인 책임에서 자유로울 수 없다"고 강하게 비판했다.

이 사태에 대해 미술계는 조용하다. 창작 표현의 자유를 수호하려는 의지는 없고 잿밥에만 관심이 많으며 속으로 반목과 갈등이 깊다. 이번 광주비엔날레의 책임 큐레이터이자 미술평론가인 윤범모는 그의 저서 《미술본색》에서 미술계에서 스타가 되려면 다음과 같은 십계명을 지켜야 할 것이라고 꼬집은 바 있다.

    1조   역사의식 같은 것은 쓰레기통에 버려라
    2조   무조건 대국(大國)의 유행을 따르라
    3조   무표정의 장식 그림만이 살 길이다
    4조   무슨 짓을 해서든 유명해져라
    5조   패거리를 이뤄 인맥을 관리하라
    6조   경력을 관리하라
    7조   전업작가보다는 대학교수 쪽을 택하라
    8조   책을 읽지 마라
    9조   그림 값은 멋대로 불러라
   10조   작가정신과 속물근성을 맞바꾸라

천안함과
〈메두사 호의 뗏목〉

2014년 3월 26일은 천안함이 침몰한 지 4주년이 되는 날이다. 고인들의 명복을 빈다. 그런데 천안함은 과연 정부의 공식 발표대로 북한의 잠수함 공격을 받아 '폭침'된 것일까?

인간은 언어를 만들어 소통을 하면서도 한편으로는 언어의 지배를 받기도 한다. 이미 구조화된 언어의 세계 안에서 사고하고 소통하기 때문이다. 그러면 인간의 상상력이 만든 신이 인격화되어 인간을 지배하듯이 언어도 신과 같은 존재인가? 물론 아니다. 현상적으로는 그렇게 보일 수 있지만 실제는 언어를 컨트롤하는 존재가 있어서 그들이 나머지 인간 대중을 지배하는 것이다. 바로 천안함 '사건'을 '폭침'이라고 딱지를 붙인 자들이다. '침몰'과 '폭침'은 천지간의 차이만큼이나 크다.

〈메두사 호의 뗏목〉이라는 기념비적인 그림이 있다. 낭만주의 화가 제리코(1791~1824)가 1819년에 그린 작품이다. 제리코는 승마 마니아로서 말에 대한 묘사가 뛰어났고, 그리스 독립전쟁이나 노예제 반대 등 미술을 통한 사회적 발언에서 돋보였다. 그는 33세의 아까운 나이에 낙마 사고로 죽었다.

당시는 철학이나 예술사조에서 신고전주의가 퇴조하고 낭만주의가 유행하던 때였다. (신) 고전주의는 그리스의 이상향을 추구하며 인간의 이성을 신뢰하는 경향인데 반해 낭만주의는 그에 대한 반발로서 인간의 감성과 욕망을 강조하는 경향을 띠었다. 중상주의 시대를 거쳐 산업혁명이 진행되면서 온갖 사회 문제가 분출하면서 이성의 장막에 가려졌던 아름답지 않은 욕망이 충돌하는 현실을 반영하는 것이었다. 회화에서 제리코는 그 선봉이었으며 〈메두사의 뗏목〉은 낭만주의 확립의 기초가 되었다.

그러면 먼저 메두사 호는 무엇인가? 메두사 호는 괴물의 이름만큼이나 끔찍한 비극을 가져왔다. 나폴레옹의 몰락이 가져온 부르봉 왕조의 복위로 왕좌에 오른 루이 18세 시기에 해당하는 1816년 메두사 호는 392명의 승객을 태우고 프랑스의 식민지 세네갈로 향했다. 세네갈은 1444년 포르투갈인에 의해 처음 유럽에 노출되어 무역의 대상이 되었다. 중상주의 시대 무역을 통해 부를 확보하여 왕실과 국가의 재원으로 삼던 시기의 산물이다. 중상주의는 노예무역도 수반했는데, 세네갈에는 이 무렵부터 3백 년 동안 아메리카 대륙으로 노예를 실어 나르던 노예무역의 중심지인 고레(Gorée)라는 이름의 노예섬이 있다.

중상주의의 논리는 간단하다. 장차 정치경제학(political economy)이 태동하는 배경이기도 하는 무역차액설이다. 국내 생산을 독려하여 수출을 많이 하고 수입을 제한하는 한편 무역을 독점하는 식민지를 확보하는 것이다. 당연히 국가 사이에 충돌이 빚어진다. 포르투갈이 독점하는 세네갈 무역은 네덜란드, 프랑스, 영국의 위협을 받는다. 그리고 결국 1816년에 세네갈은 프랑스의 차지가 되었다. 그 해에 프랑스 정부는 식민(植民)을 위해 정착민을 태우고 세네갈로 향했던 것이다. 그리고 중상주의의 핵심적 목적 중 하나인 금의 탈취를 위해 귀족이 메두사 호를 지휘했다. 프랑스는 이에 앞서 1636~1659년 사이에 세네갈 강 어귀에 있는 작은 섬을 점령하여 루이 14세의 이름을 따 '생 루이' 섬이라고 명명하고 프

제리코(Théodore Géricault, 1791~1824)
〈메두사 호의 뗏목〉(Le radeau de la Méduse, 1819)
491×716㎝
캔버스에 유채

랑스군의 요새를 건설한 바 있다. 메두사 호의 목적지는 바로 이 생 루이 항이었다.

메두사 호의 함장은 왕당파 귀족 출신으로 항해 경험이 없는 쇼마레라는 자였다. 그는 암초지대를 무리하게 질러가다 결국 얕은 바다의 모래톱에 걸려 좌초하고 말았다. 쇼마레는 장교와 귀족을 구명보트에 태우고, 가로 7m, 세로 20m의 뗏목에 올라탄 149명을 따돌리고 줄행랑을 쳤다. 쇼마레는 함께 출항했던 소형 범선 아르구스 호를 좌초 지역으로 보냈는데, 사람들을 구조하려는 게 아니라 9만여 프랑의 금화와 은화를 되찾기 위한 것이었다. 뗏목이 15일간 표류하는 사이 대부분의 사람들이 죽고 생존자 15명은 나중에 아르구스 호에 의해 구조되었다. 그러나 그중 5명은 생 루이에 도착하자마자 사망했고, 살아 돌아온 두 사람이 증언한 15일간의 참상이 신문에 보도됨으로써 프랑스 사회를 충격에 빠뜨렸다.

제리코는 증언을 듣고 시신들을 확인하고, 뗏목을 만들어 사건을 재구성하는 등 치밀한 준비와 습작 과정을 거쳐 그림을 완성했다. 그림에서 보면 이미 생존자가 몇 남지 않은 상황에서 죽은 사람들, 죽은 아들을 껴안은 노인, 인육을 먹는 데 사용된 도끼, 멀리 아르구스 호의 돛대를 발견하고 옷을 벗어 흔드는 사람들, 살 수 있다는 희망에 몸을 일으키는 사람들 등을 적나라하게 묘사했다.

부(富)를 추구하는 인간의 이기심은 발전의 원동력이며, 인간은 이성적 존재이므로 이기심이 충돌하지 않고 모두가 평안하고 행복하게 살 수 있다는 자유주의와 공리주의는 그칠 줄 모르는 탐욕의 충돌로 시대착오적 철학이 되었다. 이것이 낭만주의의 한 배경이며, 제리코는 그러한 인간의 욕망이 폭발하는 감성의 측면을 포착했던 것이다.

〈중앙일보〉는 조사가 이루어지기 전 천안함 침몰 사건이 발생한지 며칠 지나지도 않은 시점에 증거도 없이 북한의 소행으로 단정하고 '폭침'으로 몰고 갔다. 이어서 〈조선일보〉와 〈동아일보〉가 가세했고, 신중하던 이명박 정부와 미국 정부가 동조하면서 북한의 참여 의사를 묵살하면서 정부 주도의 조사로 '추측보도'를 사실로 인정했다. 여기에 합리적 인간의 이성이 개입할 여지는 없었다. 황금을 쫓는 현대판 귀족의 탐욕만이글거릴 뿐이었다. 지금도 변한 것은 없다.

제리코는 〈메두사 호의 뗏목〉을 그리고 나서 "시나 그림은 결코 이 뗏목에 탄 사람들의 두려움이나 고통에 대해 정당한 보상을 하지 못한다"고 했다. 천안함도 마찬가지다.

동학과 미디어,
《동경대전》

이스라엘이 팔레스타인을 무차별 포격함으로써 어린 아이들까지 희생당하는 비극이 벌어진다. 도대체 신을 믿는다는 나라가 이럴 수 있는가? 이스라엘과 팔레스타인은 같은 조상에 같은 신을 믿는 나라가 아닌가? 심지어 이스라엘인은 박수를 치고 엄지손가락을 치켜세우며 폭격 장면을 구경한다고 한다. 도무지 알 수 없는 일이다.

무릇 모든 종교는 경전을 가진다. 경전이란 성현의 가르침이다. 《성서》와 불경, 《코란》, 《사서삼경》이 그런 것이다. 기독교, 불교, 이슬람교 그리고 유교다. 우리 민족에겐 《동경대전》(東經大全)이란 경전이 있고, 동학이 있다. 그러나 종교를 가진 사람들이 한결같이 남의 신과 종교를 믿는 상태에서 동학의 존재감은 너무나 미미하다. 동학이 다른 종교보다 그 내용이 뒤떨어져서 그런 것일까? 한 번 꼼꼼하게 살펴볼 일이다.

문화체육관광부의 〈2011년 한국의 종교 현황〉에 따르면 불교 22.8%, 기독교 18.32%, 천주교 10.94%, 원불교 0.28%, 유교 0.22%, 천도교 0.1%, 증산교 0.07%, 대종교 0.01%, 기타 0.35% 그리고 무종교가 46.48%로 나타났다. 한국리서치가 2014년 4월 4일부터 11일까지 실시한 설문조사에 따르면 우리나라 국민이 믿는 종교는 기독교 36.7%(개신교 22.5%, 천주교 14.2%), 불교 18.1%, 무종교 42.2%로 나타났다. 대부분이 외래종교이고 토착종교는 다 합해야 0.18%에 지나지 않는다. 일반 조사에서는 통계도 잡히지 않는다.

세계종교란 게 있다. 전 세계 많은 사람들이 믿는 종교라는 것이다. 기독교, 불교, 이슬람교 등이 그것이다. 우리 민족은 불교를 받아들여 호국종교로 삼았고 유교를 받아들여 지배 이데올로기로 삼았다. 그러나 불교는 타락했고 유교는 민중의 종교적 열망을 외면했다. 그 결과 조선시대 후기 천주교에 대한 '폭풍흡입'을 초래했던 것이다. 그 맥락에서 출현한 것이 동학(東學)으로서 민중 사이에 넓고 깊게 수용되었다. 그러나 지금은 존재감이 없고 수많은 사람들이 기독교에 맹목적으로 열광한다.

동학은 흔히 이야기하듯이 단순히 서학(천주교)에 대한 안티테제로 생긴 것이 아니다. 물론 역사적 맥락은 그런 측면이 있지만 내용을 보면 그렇게 단순하지 않다. 수운 최제우(1824~1864)는 "우주만물이 운행하는 본질은 하나로서 도는 같지만 서학의 이치는 내용이 실하지 않고 틀렸다"고 하면서 "나는 동에서 태어나고 깨달음을 받았으니 도는 비록 천도지만 학은 동학"이라고 하여 독자적 성격을 강조하였다.

우리 민족이 처음으로 가진 종교다운 종교가 동학이다. 인류 역사에서 어느 민족이나 신을 섬기고 종교를 가졌지만 동학은 차원이 다르다. 석가모니, 예수, 공자, 소크라테스 등 4대 성현의 말씀은 모두 제자가 기록한 것이지만 동학은 최제우 자신이 남긴 기록을 토대로 한다. 따라서 가공이나 왜곡은 있을 수 없다. 최제우에게서 전달받은 목판본을 해월 최시형(1827~1898)이 1880년 인제에서 찍은 《동경대전》(東經大全)이 그것이다.

동학은 서양식 개념의 종교가 아니다. 조선의 유교가 고달픈 인생을 신에게 의존하고자 하는 욕망을 억눌렀기 때문에 막판에 천주교에 열광한 것을 보고 미신적 요소를 삽입했지만 그것은 본질이 아니었다. 《동경대전》에서 기독교의 "주기도문"과 같은 주문(呪文)을 보면 그 깊이를 알 수 있을 것이다. 《동경대전》의 핵심 부분으로서 "侍天主 造化定 永世不忘 萬事知"(시천주 조화정 영세불망 만사지)라는 주문이 그렇다.

최제우가 이처럼 깨달은 진리를 문자로 남긴 것을 최시형이 인쇄하여 남긴 《동경대전》은 동학농민혁명의 정신적 지침이 되었다. 거듭 강조하건대 동학은 단순히 서학에 대한 반작용으로 나온 것이 아니다. 그보다는 차원이 훨씬 다른 철학이 있다. 위에서도 언급했듯이 우주의 운행하는 도(道)는 같지만 천주교는 그 이치(理)가 틀렸다면서 도는 비록 천주교와 같은 천도이지만 학은 동학이라고 했던 것이다. 천주교를 전면 부정하지 않으면서 비판적으로 수용하니 그래서 동학이다.

동학의 천주는 하늘님이요, 그 하늘님은 따로 있는 것이 아니라 사람이 곧 하늘님이다(人乃天: 인내천). 밖으로 느끼는 신령한 기운은 사람의 형상을 한 인격신으로 따로 존재하는 것이 아니라 마음을 닦고 기운을 바르게 하여 나의 마음속에서 스스로 터득하고 듣는 것이다(外有接靈之氣 內有降話之敎: 외유접령지기 내유강화지교). 무한하게 팽창하는 우주의 밖에 우주를 창조했다는 유한자란 것이 논리적으로 있을 수가 없다. 그래서 최제우가 득도할 때 마음의 울림으로 들었다는 천주의 마음이 나의 마음(吾心汝心: 오심여심)이며, 하늘님의 마음이 나의 마음이니 선과 악이 있을 수 없는 것이 되는 것이다(天心則人心則何善惡也: 천심칙인심칙하선악지).

동학은 동양의 유불선과 서학을 아우르는 큰 가르침이다. 배타적 신을 앞세워 다른 믿음을 악으로 규정하고 핍박하는 따위의 생각은 할 수 없는 것이다. 동학은 신을 믿는 종교(religion)가 아니라 스스로 깨우치는 선현의 밑둥이 되는 가르침(宗敎)이다.

2014년은 반제·반봉건의 기치를 높이 들었던 갑오년 동학농민혁명 120주년이었다. 거의 모든 민중이 의지하고 따랐던 동학이 일제(日帝)에 의해 탄압받고 친일파 정권에 의해 배제됨으로써 지금은 존재감마저 미미해졌지만 우리 민족이 지켜야 할 소중한 자산이요, 교훈이다.

《성서》를 읽고 불경을 외우듯이 《동경대전》을 한번쯤 읽어야 조선 민족이라 할 수 있지 않겠는가. 동학은 신을 섬기거나 내세를 믿지 않기 때문에 다른 종교에 대해 배타적이지 않다. 종교가 아닌 학문으로 접근하면 될 것이다. 동학을 필요로 했던 그 시절처럼 나라의 운명이 풍전등화와 같은 지금도 마음을 닦고 기를 바르게 하여(修心正氣: 수심정기) 국가폭력을 제거하고 백성을 구제하는 데(除暴救民: 제폭구민) 필수 불가결의 각성제가 될 것이다.

⟨존 레논 컨피덴셜⟩
그리고 ⟨Imagine⟩

소치 올림픽의 갈라쇼에서 김연아의 연기를 본 사람들은 에이브릴 라빈이 부른 ⟨Imagine⟩이라는 노래를 들었을 것이다. 존 레논이 비틀즈 해체 이후 미국에서 반전평화운동을 할 때 발표한 곡이다. 존 레논은 이 노래에서 천국과 지옥이 없는 현실, 국경도 종교도 없어서 죽고 죽이는 일이 없는 평화로운 세상을 상상해보라고 한다. 이러한 세상을 꿈꾸는 자신은 몽상가가 아니며 혼자만의 생각도 아니어서 너도 나도 연대하여 모두가 하나 되는 세상을 만드는 일이 어렵지만은 않다고 호소한다. 또 사적 소유가 없어서 탐욕과 굶주림이 없고, 인류에 대한 사랑으로 나눔을 실천하는 세상을 상상해보라고 한다. 감동적이지 않은가? 피아노를 치며 감미로운 목소리로 애잔하게 부르는 모습을 한번 감상해보기 바란다.

Imagine there's no Heaven/It's easy if you try
No hell below us/Above us only sky
Imagine all the people/Living for today
Imagine there's no countries/It isn't hard to do
Nothing to kill or die for/No religion too
Imagine all the people/Living life in peace

You may say that I'm a dreamer/But I'm not the only one
I hope someday you'll join us/And the world will be as one
Imagine no possessions/I wonder if you can
No need for greed or hunger/A brotherhood of man
Imagine all the people/Sharing all the world

존 레논은 영국 왕실로부터 받은 훈장을 반납하며 다음과 같이 말한 적이 있다.

나는 영국이 나이지리아-비아프라 내전에 개입한 것을 반대하고, 미국이 벌인 베트남전에 대한 영국의 지지 표명에도 반대하고, 저의 〈Cold Turkey〉 차트 순위가 내려간 것에 반대하는 뜻으로 이 훈장을 돌려 드립니다.

멋있지 않은가? 운명적으로 만나 레논을 혁명가로 변신하게 만든 일본의 의식 있는 행위예술가 오노 요코와의 신혼여행에서는 그 유명한 침대시위 퍼포먼스로 베트남전쟁 반대 의사를 표시하기도 했다. "전쟁이 아니라 사랑이 필요하다. 전쟁터가 아니라 침대로 가라!" 이들은 또 "War is Over!"라는 구호를 자비로 전 세계 11개 도시의 옥외광고로 올리기도 했다. 노동자 집회에서 부를 수 있도록 〈Power to the People〉이란 노래를 작곡했으며, 〈Give Peace a Chance〉는 베트남전쟁을 반대하는 시위 군중의 주제가가 되기도 했다. 존 레논은 1980년 12월 8일 밤 11시 뉴욕 맨해튼에 있는 자신의 집 앞에서 한 정신병자로부터 저격을 받아 사랑하는 아내 오노 요코의 품에서 숨을 거두었다. 오노 요코의 회상도 심금을 울린다.

존은 나를 감싸는 커다란 우산이었어요. 나는 아직 그를 향한 감정이 살아 있는 것을 느낍니다. 나는 이제 그를 그리워하는 모든 사람을 사랑합니다. 혼자서 꾸는 꿈은 그저 꿈에 불과해요. 하지만 함께 꾸는 꿈은 현실이 됩니다.

이에 더해 "레논은 영국에서 적어도 10대에게는 예수보다 비틀스가 영향력이 있다"라며 그 대중적 영향력을 활용하여 전쟁 반대와 평화 옹호를 위해 헌신하겠다고 했다. 언론은 이 말을 "우리가 예수보다 낫다"로 왜곡 보도해 기독교계의 반발을 샀지만 굴하지 않고 언론과 싸우기도 했다.

미국에서의 존 레논과 오노 요코의 반전평화운동은 〈존 레논 컨피덴셜〉로 알려진 데이비드 리프와 존 셰인펠드 감독의 영화 〈The U. S. vs. John Lennon〉에서 확인할 수 있다. 이 영화는 여러 가지로 작금의 우리 현실과 겹친다. 전국적인 대규모 반전시위에 기름을 붓는 것과 같은 레논이 당시 대통령이었던 닉슨에게는 눈엣가시였을 것이다. 닉슨은 FBI를 통해 레논을 감시하게 하고 기밀서류를 만들어 보고받았다. 레논이 굴하지 않고 시위현장에 나타나는 등 활동을 이어가자 닉슨 정부는 급기야 강제 출국을 시도한다. 출국통지서를 받은 레논과 요코는 소송을 진행하며 버틴다. 결국 닉슨은 재선에 성공하지만 워터게이트 사건으로 탄핵을 앞두고 사임하고 레논은 승소한다.

노래는 감성에 호소함으로써 대중을 조직하고 동원할 수 있다. 우리에게도 민중가요라는 게 있지만 레논의 노래에 미치지는 못한다. 왜냐면 레논은 비틀즈 시절부터 대중적 노래로 명성을 얻은 후 감미로우면서도 의미 있는 가사의 노래와 혁명적 참여로 대중에게 영향력을 발휘했기 때문이다. 레논은 가수로서 얻은 부와 명성 그리고 생명까지도 인류 평화를 위해 바쳤던 것이다.

닉슨 행정부 이상으로 국민의 호소에 귀를 막고 국정원과 경찰을 동원해 민주주의를 모독하고 집회의 자유를 억압하며 국민을 감시하는 정부. 국민을 전쟁의 공포로 위협하는 국방부와 사이비 언론. 이것이 우리의 현실이다. 과도한 부와 명성을 얻어 누리는 연예인이여, 강남의 수십억 빌딩을 자랑하지 말고 레논에게 배워라.

구텐베르크에서
레이디스 코드까지

노령화사회로 접어든 한국 사회에서 젊은이들의 죽음이 이어진다. 그런 가운데 걸그룹 '레이디스 코드'의 멤버 은비(본명: 고은비)와 리세(본명: 권리세)가 2014년 9월 3일 일어난 교통사고로 세상을 떠났다. 특히 중상을 입고 수술을 받던 리세의 죽음은 더욱 더 많은 사람들을 안타깝게 하였다. 여타의 걸그룹과는 달리 음악을 존중하고 노래의 품위를 지킬 줄 아는 아이들이었던 같다. 리세를 가르쳤다는 가수 이은미의 눈물이 이를 말해준다.

사람들은 왜 음악에 빠져들까? 노래 없는 생활과 사회는 생각할 수도 없다. 음악도 커뮤니케이션을 매개하는 미디어다. 원시인류가 말을 하기 전 목소리의 크기·길이·높낮이를 구별하여 소통하던 것이 음악의 기원이라고 할 수 있을 것이다. 먹거리를 조달하기 위해 공동노동을 하면서 자연스럽게 부르는 노래는 힘든 노동을 즐겁게 했다. 그리고 노동이 없는 날과 시간에는 놀이를 하며 노래를 불렀다.

음악은 이렇게 노동과 생활을 반영하였다. 그리고 특히 음악은 원시종교의 제례의식에서 필수적 존재였다. 그래서 사람들은 음악과 예술 등을 담당하는 신 뮤즈(Muse)도 만들었을 것이다. 음악은 언어로, 미술은 문자로 진화했던 셈이다.

피타고라스는 만물의 원리를 수(數)로 표현했는데, 음향이 현의 길이에 비례한다는 사실을 밝혔다. 그래서 수와 음악적 조화를 결합시켜 두 음정의 관계를 수의 비율인 배음(overtone)으로 나타냈는데 1:2의 비율은 8도 음정인 옥타브, 2:3은 완전5도 음정인 퀸트, 3:4는 완전4도 음정인 카아르트로 정립했다. 이 이론은 오늘날까지도 서양음악사에 남긴 위대한 업적으로 인정된다(홍세원, 1995: 27).

유럽 사회가 로마제국 붕괴 이후 중세로 접어들면서 모든 음악은 기독교에 종속된다. 특히 '그레고리 성가'(Gregorian chant)가 완성되면서 음악은 오로지 기독교 신앙의 표현으로서 종교음악으로서만 존재했다. 그레고리 성가는 오랫동안 구전(口傳)으로 전해오던 것을 9세기경에 오늘날 악보에 해당하는 기보법에 의해 기록되어 연주되었다. 물론 구전되던 것이기 때문에 기보화된 것도 음정이나 리듬이 고정적이지 않았다. 기보법은 고대 그리스에서 음의 높이를 문자 형태로 기록한 것이었는데 정확하지 못하고 알아보기도 어려워 4세기경 소멸되었다가 '그레고리 성가'를 수집 및 기록하면서 다시 등장했다. 그 동안에 성가대는 악보 없이 선창자가 선율의 진행을 손동작으로 리드하면서 연주되었다.

음악이 종교 일변도였던 서유럽에서는 십자군 전쟁 이후 이탈리아를 중심으로 상업이 번성하고, 장원경제가 무너지기 시작하면서 세속음악이 등장한다. 이때 다른 분야의 장인(匠人)처럼 각지를 유랑하며 시를 노래하고 연주하며 생활을 하는 음유가인인 종글뢰르(Jongleur)라는 집단이 나타났다. 이들은 대부분 귀족에게 고용되었다. 물론 이때도 악보는 없었고 구전되던 음악을 암기하여 연주를 하였다.

르네상스 시대가 본격적으로 열려 음악도 교회의 울타리에서 벗어나 인문주의로 기울었다. 폐쇄적인 장원경제의 질서가 붕괴되고 화폐경제가 성행하고 부르주아의 성장이 두드러지면서 음악도 그 영향을 받았다. 그리고 구텐베르크가 발명한 인쇄술이 등장함으로써 극소수가 전유하면서 제한적으로 연주되던 음악이 전 유럽으로 확산되어 넓게 공유되는 획기적 전환을 맞았다. 무엇보다도 부르주아의 후원을 받은 음악은 대중화되는 전기를 맞이했다. 자본주의의 발전을 선도한 네덜란드는 악보를 인쇄하여 전 유럽으로 확산시켰으며 작곡가는 스타가 되었다.

구텐베르크의 인쇄술은 이렇게 음악에서도 혁명적 변화를 이끌었다. 교회 밖의 다양한 계층의 사람들에게 음악을 접할 수 있는 기회를 폭넓게 제공함으로써 많은 음악 애호가가 나타났으며, 궁정이나 상류 계급은 물론 부르주아 시민 계급에서도 음악의 후원자가 늘어났다. 또한 음악 입문서나 연주가를 위한 교본, 음악 이론서, 음악 평론을 하는 저널 등이 출판되어 보급됨으로써 음악은 학문적으로도 발전하였다(홍세원, 1995: 137). 그 후 음악은 자본주의의 발전과 더불어 대중문화의 꽃으로서 이윤을 추구하는 상품으로 변신했다. 이것은 발전인 동시에 퇴보이기도 하다. 교회와 궁정의 상류 계급이 독점하던 음악이 대중화되고 평준화된 반면에 자본의 도구로 전락한 것이다. 대중문화는 인민 대중의 주체에 의한, 대중의, 대중을 위한 문화가 아니라 자본의 필요에 의해 생산되어 유통되는 상품이 되었다.

레이디스 코드가 지방 공연을 마치고 새벽의 빗길에 무리하게 차를 타고 올라오다 사고를 당한 것도 자본주의의 문제라고 할 수 있다. 음악으로써 그들의 삶을 표현하려고 했던 순수한 열정이 이익을 앞세운 자본의 논리 앞에 허무하게 산화된 것이다. 구텐베르크의 인쇄술은 인터넷 시대에 음원으로 바뀌었다. 그리고 그 수입은 대부분 제작사와 유통사가 가져가고 작곡자와 작사자 및 편곡자에게 10%, 가수에게 6%가 배정된다. 레이디스 코드처럼 그룹인 경우 개인의 수입은 더욱 더 미미하다.

레이디스 코드의 노래 가사를 음미해본다.

오늘 하루만 I cry, 영원히 행복하길 Good bye,
가끔은 내 생각에 웃어도 좋아, I'm fine thank you.

또 다른 은비와 리세들이 피타고라스까지는 아니어도 철학을 가지고 자유인으로서 편안하고 여유 있게 음악을 이해하며 노동과 생활을 반영하는 노래를 부를 수 있게 되기를 기대해본다.

서태지와 문화대통령

2014년 10월 〈소격동〉을 타이틀곡으로 한 서태지의 9번째 앨범이 나왔다. 그동안 사실 이미 오래전 호칭이지만 '문화대통령'으로 불린 데 대해 서태지는 기자회견에서 이렇게 말했다.

과분하고 족쇄 같은 양면성이 있는 수식어다. 어떻게 하다 보니 내가 장기집권을 하는 모양새가 됐다. 독재자 같은 느낌이다. 누군가 빨리 가져갔으면 좋겠다. 나는 이제 뒤에서 흐뭇하게 바라보고 싶다.

그렇다. 왜 20년이 지나도록 후임 문화대통령은 나오지 않는 것일까? 현실과 타협하거나 안주하지 않고 도전하는 정신, 자신이 경험한 현실의 모순을 노래로 표현하며 공감을 이끌어내는 솔직함, 이 두 가지를 겸비한 가수가 나오지 않았다는 이야기다. 서태지 자신의 이야기로는 사회문제에 대해 대단한 식견을 가진 것도 아니란다. 자신의 경험을 시적 감수성과 함께 노래와 춤으로 풀어내는 것이다. 〈소격동〉도 그런 노래다.

공자는 말년에 공을 들여 노래를 모아 《시경》을 편찬했다. 공자는 "애들아, 어찌하여 시를 배우지 않느냐? 시란, 흥을 북돋아주고, 사물을 관찰할 수 있게 하고, 사람들과 잘 어울려 지내게 하고, 세상에 대한 원망도 드러낼 수 있게 한다"라고 했다. 그리고 공자는 시를 현악기에 맞추어 노래로 불렀다. 공자 자신뿐 아니라 인민도 그랬다.

> 공자가 무성에 갔을 때, 현악기와 노래 소리가 들렸다(子之武城, 聞弦歌之 聲: 자지무성, 문현가지성).

이렇게 사람들은 시와 음악을 곁들여 세상을 노래하며 인격을 도야했던 것이다. 공자가 서태지의 노래를 들었다면, 무성의 면장쯤 되는 자유 (子游)를 칭찬했듯이 감명을 받지 않았을까? 다음은 서태지와 아이들이 1994년에 3집 앨범으로 〈발해를 꿈꾸며〉와 함께 발표한 〈교실 이데아〉란 곡의 가사다.

> 됐어 (됐어) 이제 됐어 (됐어)
> 이제 그런 가르침은 됐어
> 그걸로 족해 (족해) 이젠 족해 (족해)
> 내 사투로 내가 늘어놓을래
>
> 매일 아침 일곱 시 삼십 분까지
> 우릴 조그만 교실로 몰아넣고
> 전국 구백만의 아이들의 머릿속에
> 모두 똑 같은 것만 집어넣고 있어
> 막힌 꽉 막힌 사방이 막힌
> 널 그리고 우릴 덥석 모두를 먹어 삼킨
> 이 시꺼먼 교실에서만
> 내 젊음을 보내기는 너무 아까워
> 좀더 비싼 너로 만들어 주겠어
> 네 옆에 앉아있는 그 애보다 더
> 하나씩 머리를 밟고 올라서도록 해

좀더 잘난 네가 될 수가 있어

왜 바꾸지 않고 마음을 조이며 젊은 날을 헤맬까
바꾸지 않고 남이 바꾸길 바라고만 있을까
(⋯⋯)
국민학교에서 중학교로 들어가면
고등학교를 지나 우릴 포장센터로 넘겨
겉 보기 좋은 널 만들기 위해
우릴 대학이란 포장지로 멋지게 싸버리지
이젠 생각해봐 '대학' 본 얼굴은 가린 체 근엄한 척
할 시대가 지나버린 건 좀 더 솔직해봐 넌 알 수 있어

좀더 비싼 너로 만들어 주겠어
네 옆에 앉아있는 그 애보다 더
하나씩 머리를 밟고 올라서도록 해
좀 더 잘난 네가 될 수가 있어
(⋯⋯)

학생을 가르치는 나로서는 지금도 절실하게 다가오는 가사다. 현악기가 전자기타로 바뀌었을 뿐 《시경》에 수록되어도 부족하지 않을 시요, 문학이요, 노래다. 노래의 가사란 원래 노동과 삶의 현장을 반영하는 내용이었다. 멜로디는 중요하지 않았다. 일을 하며, 놀이를 하며 감정에 따라 흘러나오는 대로 흥얼거리면 그만이었다. 서태지는 JTBC 〈뉴스룸〉에 출연하여 〈교실 이데아〉는 자기 경험을 표현했을 뿐이라고 했다.
어릴 때 살았던 동네를 추억하는 〈소격동〉도 그렇단다. 그는 〈소격동〉을 만들 때는 예쁜 한옥 마을에 대한 추억과 상실 정도를 표현했는데 뮤직비디오를 찍으면서 그곳이 보안사가 있던 곳이고, 민방위훈련을 할 때면 탱크가 지나가는 곳이라는 서슬 퍼런 시대를 설명하지 않고는 노래

를 표현하기 힘들다고 생각해서 그런 분위기가 뮤직비디오에 들어갔다고 했다. 손석희 앵커가 음악평론가의 말을 빌려 '혁명적 존재'라는 칭호에 동의하냐고 물었을 때는 그것은 과찬이며, 그냥 음악 하는 사람이고 음악으로 이야기를 만드는 게 자기 일이라 생각한다고 말했다.

그렇다. 음악에는 이야기가 있어야 한다. 그러나 요즘 음악에는 이미지만 있고 이야기가 없다. 그래서 아직도 많은 사람들이 그의 노래를 기억하고 여전히 서태지를 좋아하는 까닭일 것이다.

서태지가 〈교실 이데아〉에서 적나라하게 묘사했던 학교의 모습은 지금도 그대로다. 아니, 더 나빠졌다. "대학! 본 얼굴은 가린 체 근엄한 척 할 시대가 지나"가지도 않았다. 여전하다. 그때는 그래도 신자유주의 초입이라 대학이 '진리 탐구의 전당'이라는 '이데아'라도 있었다. 지금은 완전히 시장에 편입되어서 그런 이데아도 없다. 일개 신문사가 하는 대학 평가라는 놀음에 놀아나 대학 당국과 교수와 학생이 모두 쩔쩔맨다. 그렇게 해서 대학은 죽었다. 라이머(Everett Reimer)가 1971년에 쓴 책 《학교는 죽었다》(School is Dead)에서 한 주장이다. 지금도 똑같다.

> 학교는 어린이를 사고하지 못하게 하려면 그들을 매우 바쁘게 몰아대면 된다는 것을 오래전부터 알았다(…) 학교 교육에 관한 이론 체계는 학습에 효율적 효과를 거둘 수 있다는 가정에 그 기초를 둔다. 근본적인 변화가 없는 한 생산하고 소비하는 방법이나 배울 것이다. 변화하는 환경에 적응하는 방법을 배우기 위해서 생산 방법을 도입한다는 것은 우스운 짓이다. 우리는 학문적 의식(儀式)에 참가함으로써 이러한 두 가지 종류의 학습을 구별해야 한다는 것을 깨닫지 못하고 지내왔다(Reimer, 1971/1982: 71).

대학생들도 무지 바쁘다. 이른바 '스펙 쌓기'에 여념이 없는 가운데 학교에서는 효율적인 효과만을 중시하는 교육에 길들여져 학점벌레가 되었다. 취직을 위해, 남이 다 가니까 가는 대학에 와서 학문적 의식에 참여할 뿐이다. 예산 절감을 위해 대학이 과목을 줄여 선택의 여지가 없는 가운데 강의실 규모를 기준으로 수강인원을 정하고 신청을 받기 때문에 원하는 강의를 듣지 못하는 경우가 비일비재하다. 이런 상황에서 학생들은 구조적·집단적으로 문제를 해결하려 하지 않고 혼자 살 궁리만 한다. 비싼 등록금 마련을 위해 알바를 뛰면서도 말이다. 이 암울한 현실을 교수들은 알면서도 모른 체 한다. 대학은 이미 교육기관이 아니라 기업이 되었다. 교수는 오너에게 충직한 직원이 되었고 학생들은 소비자일 뿐이다.

그럼에도 불구하고 〈교실 이데아〉 이후 현실을 반영하는 노래는 하나도 없으니 서태지는 살아 있는 전설 속 '문화대통령'으로 여전히 군림하는 것이다. 이데아를 꿈꾸며 근본적인 변화를 모색해야 한다.

찌라시와
국정원

새누리당 김무성 의원이 2012년 대선 당시 이른바 남북정상회담 회의록 유출 사건을 수사 중인 검찰에 출두하여 조사를 받은 후 '노무현 전 대통령의 NLL 포기 발언'의 근거를 묻는 기자의 질문에 대해 찌라시를 출처로 밝힌 바 있다. 비밀로 분류되어 공개할 수 없는 내용을 한낱 찌라시가 다루었고, 그걸 믿고 대선 유세에서 공개했다는 이야기다. 국민을 바보로 알지 않고서야 할 수 없는 말이었다.

증권가의 음지에서 암약하는 믿거나말거나 정보지와 신문에 삽입되어 배달되는 광고지를 찌라시라고 한다. 찌라시를 배달하는 일부 신문을 찌라시라고 하는 사람들도 있다. 워낙 믿을 수 없는 기사와 궤설이 난무하기 때문이다. 찌라시(ちらし)는 원래 '지라시가키'(散らし書き)의 준말로서 삐라를 의미한다. 국어사전에서의 정의는 '주의, 주장이나 사물의 존재 가치 따위를 여러 사람에게 널리 전하거나 알리기 위해 만든 종이쪽지를 속되게 이르는 말'이다. 한마디로 신뢰하기 어려운 정보나 일방적인 주장을 담은 종이쪽지라고 할 수 있겠다. 따라서 가까이 하지 않거나 중요한 의미 부여를 하지 않으면 그만이다. 그러나 이 찌라시의 거짓 정보를 사실인 것처럼 포장하여 확산시키면 생사람을 잡는 등 엄청난 파괴력을 발휘하기도 한다.

영화 〈찌라시: 위험한 소문〉은 찌라시를 둘러싼 음모와 그로 인한 피해를 흥미진진하게 보여준다. 이 영화에서 거짓 정보의 진원지는 대기업 홍보 담당자와 부도덕한 정치권력 내부의 인격 파탄자다. 그로 인해 스타의 꿈을 키워가던 무고한 생명이 희생을 당한다. 살인을 저지른 청와대 비서관은 이를 은폐하기 위해 자살로 위장하고 진실을 파헤치는 미진의 매니저 우곤(김강우)을 해결사를 앞세워 무자비하게 제압하고 급기야 그마저 죽이려 한다.

역사에서 찌라시는 늘 있었다. 허위 문서나 악의적 소문으로써 정적을 음해하고 제거하는 데 주로 이용되었다. 미디어는 양날의 칼과도 같다. 잘 쓰면 건강한 사회를 만들지만 악용하면 사회적 흉기가 된다. 조선 중종의 신임을 받던 실세 조광조를 무너뜨린 나뭇잎 한 장도 찌라시라면 찌라시였다. "주초위왕"(走肖爲王), 즉 조 씨가 왕이 된다는 뜻이다. 지나친 도덕군자의 생활에 염증을 느낀 중종은 이 허무맹랑한 이야기를 믿어 조광조를 사사한다.

국정원이 서울시 공무원으로 근무하는 탈북자 출신 화교를 간첩으로 만들기 위해 중국 정부의 문서를 위조한 것이 드러남으로써 나라꼴이 말이 아니게 되었다. 〈한겨레〉2014년 3월 10일자 기사에 따르면 건국대 법학전문대학원 교수인 이재승은 "예전에는 영사가 만든 '찌라시'(영사증명서)를 증거로 냈는데 이제는 증거를 훨씬 공식적인 틀로 갖춰서 내야 한다. 형식적으로 진화한 증거를 내다보니 '위조'라는 더 큰 위험에 직면한 것"이라고 말했다고 한다. 국정원 직원이 만든 이 찌라시로 얼마나 많은 사람들이 억울한 옥살이를 했던가?

위에서 언급했듯이 찌라시 수준의 신문이 있다. 〈동아일보〉가 2013년 1월 21일 이 사건을 처음 보도한 이후 〈조선일보〉와 〈중앙일보〉가

뒤를 이어 유우성 씨를 간첩으로 단정하는 기사를 썼다. 재판과정에서 허위 자백과 증거 조작이 드러났는데도 이를 외면하고 국정원을 감쌌다. 그러다가 국정원 협조자의 자살 소동이 일어난 후 국정원의 작태가 만천하에 드러나자 태도를 돌변하여 국정원을 맹비난하며 남재준 국정원장의 책임을 거론하기에까지 이르렀다. 이런 신문을 언론이라고 할 수는 없다. 찌라시가 여론을 좌지우지하고 국정을 들었다 났다 하는 세상이 된 것이다.

이 사건 역시 국정원의 대선 개입 및 부정선거의 연장선에 있다. 대선 후 1년이 넘도록 주말마다 열리는 촛불집회는 물론이고 말없는 국민의 의혹의 시선과 특검 및 국정원 개혁 요구에도 불구하고 그 당사자는 눈 하나 깜짝하지 않고 또 다른 선거 개입을 자행했던 것이다. 이번 지방선거 판을 뒤흔들기 위해 간첩이 필요했고, 없는 간첩을 조작하기 위해 무리하게 밀어붙이다보니 들통이 난 셈이다.

한국 사회는 다시 유신시대로 되돌아가느냐, 민주화를 진전시키느냐의 중요한 갈림길에 서 있다. 대통령 직속의 국정원을 필두로 하여 이 정권이 추구하는 것이 유신시대로의 회귀일 것이다. 이와 관련하여 의미 있는 그림이 있다. 선관위에 의해 선거법 위반 혐의로 수사 의뢰를 받은 검찰에 의해 무혐의 처분을 받은 홍성담 화백의 그림 〈골든타임: 닥터 최인혁, 갓 태어난 각하에게 거수경례를 하다〉가 그것이다. 홍 화백은 〈미디어오늘〉과의 통화에서 선글라스를 낀 박정희를 닮은 갓난아기에 대해서는 "최인혁이란 의사마저도 막 태어난 아기가 권력자와 각하를 닮았으니까 거수경례를 하는 것은 유신시대를 살았던 우리의 트라우마"라고 말했다.

그러나 지금은 다르게 읽힌다. 2012년 11월 10일에서 25일까지 "유신 40주년 공동 주제기획 6부작 전시"를 주관한 사단법인 평화박물관의 미술 전시공간인 '스페이스99'는 전시회의 전체 주제를 유체이탈(維體離脫)이라고 하여 유신체제에서 벗어났다는 의미였다고 설명했지만, 대선이 끝나고 1년여의 세월이 흐른 지금 보면 유신체제의 재탄생으로 읽힌다.

　새누리당 정권은 영구 집권을 위해 수단과 방법을 가리지 않을 것이다. 백일하에 드러난 명명백백한 사실이다. 방송을 완벽하게 장악하고, 찌라시 수준의 사이비 언론이 동조하는 마당에 국정원이 못할 일은 없을 것이다. 국정원장이 바뀐다 해도 달라질 것은 없다. 관권·부정선거를 차단할 수 있는 확실한 장치를 마련하지 않는 한 선거는 하나마나일 것이다.

〈또 하나의 약속〉,
언론 그리고 기자

삼성의 광고인 "또 하나의 가족"을 보며 역겨웠던 기억이 있었다. 그러나 뭇 사람들의 헌신과 정성으로 만든 영화 〈또 하나의 약속〉이 삼성왕국의 위선적인 가족 이미지를 깼다. 〈변호인〉에 이은 또 하나의 쾌거다.

영화를 종합예술이라고 한다. 영화는 또한 대중음악과 더불어 대중문화의 꽃으로 불린다. 그리고 영화는 매스미디어다. 먼저 대중문화의 정체에 대해 살펴보기로 한다. 대중문화는 대중에 의한, 대중을 위한, 대중의 문화인가? 아니다. 대중문화는 상품이다. 상품은 자본에 의해 이윤추구의 동기로 생산되어 시장에서 판매된다.

아담 스미스는 《국부론》에서 이기심에서 비롯된 이윤추구 동기를 부(富)의 원천으로 칭송하고 북돋운다. 자본가는 "오로지 자신의 이득만을 기도 하지만, 보이지 않는 손(an invisible hand)에 이끌려 그가 전연 의도하지 않았던 한 목적을 촉진한다"고 한다. '의도하지 않았던 목적'이란 '사회공공의 이익'을 말한다. 개인의 이익 추구가 결과적으로 사회의 이익을 증진시키므로 상품 생산 활동을 자유롭게 보장해야 한다는 것이다. 이것이 바로 자유(방임)주의 시장경제의 사상이요 이론이다.

상품으로서의 영화는 공공의 이익을 증진시키는가? 스미스의 주장이

틀린 것은 아니다. 그 시대에는 맞는 이야기였다. 그러나 산업혁명이 완료되는 19세기에 들어서면 '보이지 않는 손'은 작동하지 않는다. 보이지 않는 손 대신에 자본의 탐욕이 발동하면서 스미스도 반대하고 경계했던 독점과 빈부차가 만연했다. 그리고 자본의 탐욕을 대변하는 근대 경제학이 등장하여 윌리엄 페티로부터 연유하여 스미스를 거쳐 리카도와 존 스튜어트 밀에 이르기까지 정설로 굳어진 노동가치설을 부정하기 이른다. 알프레드 마셜의 한계효용론이 그것이다. 고전경제학, 즉 정치경제학(political economy)이 경제학(economics)으로 변질된 것이다. 그리고 그 정치경제학은 마르크스의 비판을 통해 계승 및 유지된다. 근대 경제학은 이렇게 독점자본의 이해를 대변하면서 등장했다. 물론 지금도 그러하다.

대중문화란 독점자본에 의해 생산되는 상품이고, 대중은 소비자일 따름이다. 대중음악에 대중의 목소리가 담기지 않듯이 영화도 마찬가지다. 대중문화는 그냥 상품이 아니라 지배 이데올로기를 대중의 머리에 각인시키는 첨병이다. 이를테면 할리우드 영화는 단순한 오락물이 아니라 미국의 세계 지배를 정당화하는 도구다. 그래서 독일의 철학자 호르크하이머와 아도르노는 영화가 대중의 사고력을 마비시킨다고 비판한다.

반대의 관점도 있다. 독일의 철학자 벤야민은 영화에 대해 긍정적인 시선을 보낸다. 영화는 인간의 지각을 확장하고 예술 작품을 수용하는 태도와 가치를 긍정적으로 변화시킨다는 것이다. 물론 그런 면이 없는 것은 아니다. 문제는 어느 기능이 지배적인가 하는 점이다. 당연히 전자가 지배적이다. 다만 지배 이데올로기에 저항하며 대중의 애환을 담은 영화를 많이 만드는 노력은 필요하다. 그러기 위해서는 대중의 각성과 실천이 절대적으로 중요하다.

〈또 하나의 약속〉은 그 가능성을 보여주었다. 삼성의 만행에 분노하는 대중의 지원으로 만들어졌고 대중에 의해 지켜졌다. 자본의 이윤추구 동기로 만들어진 상품이 아니라 노동자의 목소리를 담은 미디어로 제작된 것이다.

이 영화를 보며 언론과 기자를 생각했다. 그것을 생각하게 하는 영화다. 언론이 제 역할을 했다면 황유미와 같은 희생자가 발생하지 않았을 것이다. 언론은 왜 당연히 해야 할 역할을 하지 않은 것일까? 기자들은 왜 침묵했을까? 언론도 19세기 중엽 이후 독점자본에 의해 소유되고 통제되는 기업이요 상품이 되었기 때문이다. 기자는 그 마름이다. 언론은 삼성의 만행을 알리지 않았을 뿐만 아니라 지금도 삼성을 위해 이 영화의 확산을 방해하는 작태에 대해 침묵으로 일관한다. 그러고도 부끄러운 줄도 모른다. 그들을 탓할 일도 아니다. 영화가 오락물을 가장하여 대중의 사고력을 마비시키려고 해도 보지 않으면 그만이다. 좋은 영화를 골라 본다면 자본은 기본적으로 이윤을 추구하기 때문에 대중이 원하는 영화를 만들게 될 것이다.

그래도 영화는 나은 편이다. 대중의 정서와 애환을 담은 영화는 많이 생산되는 편이다. 벤야민이 영화를 긍정적으로 보게 만드는 요인이다. 앞으로 〈변호인〉이나 〈또 하나의 약속〉과 같은 영화가 계속 만들어질 것이다. 대중이 원하기 때문이다. 대중이 더 적극적으로 그렇게 만들어야 한다. 문제는 언론이다. 언론은 대중의 애환을 외면하면서 자본의 목소리만 주지시키느라 여념이 없다. 영화나 드라마 심지어 코미디 프로그램보다도 못하다. 왜 그런가? 대중이 그런 언론을 선택하기 때문이다.

문제의 핵심은 자본주의다. 자본주의가 인간의 생활을 풍요롭게 만들기도 했지만, 브레이크가 고장 난 자동차처럼 인간성을 파괴하고 지구환경을 파괴하는 길을 질주하게 만들기도 한다. 그래서 뉴욕대 교수인 루비니는 "자본의 수익이 임금에 비해 지나치게 많이 늘어나면 소비가 부족해지고, 결국 자본주의 스스로 파멸할 것이라는 마르크스 이론을 떠올리게” 한다면서 “마르크스의 통찰이 1백 년 전 못지않게 지금 유효하다”라고 했던 것이다(〈프레시안〉, 2014. 1. 28).

마이클 무어의 영화 〈자본주의: 러브 스토리〉는 언론이 보도하지 않은 자본주의의 맨 얼굴을 적나라하게 파헤친다. 그리고 이렇게 대중의 각성과 실천을 강조하며 끝을 맺는다.

무언가 해야 한다! (*Do Something!*)

왜 지금
《징비록》인가?

서애 류성룡(1542~1607)이 조일전쟁의 참상을 기록한 《징비록》이 KBS
에서 드라마로 방영되어 새삼 주목을 끌고 있다. 드라마에 앞서 2003년
이후 여러 권의 《징비록》이 출간되었으며, 올해 들어 세 군데의 출판사
에서 소설 형식의 《징비록》을 내놓았다.

'징비'(懲毖)라는 단어는 《시경》 끝부분에 나오는 〈소비〉(小毖)라는
제목의 시의 서두에 해당하는 "엄혹한 일을 당하니 다가올 환란을 삼가 경
계하려 한다"라는 구절에서 따왔다고 한다. 이러한 경계에도 불구하고 조
선 조정은 위기에 대비하지 않아 곧바로 병자호란을 겪었고, 그 후로도
환란을 삼가지 않아 결국 나라가 망했다. 이렇게 거들떠보지도 않았던
《징비록》이 4백여 년이 지난 지금 새삼스럽게 주목을 받는다. 왜일까?

1995년 501명이 사망한 삼풍백화점 붕괴사고와 2003년 192명이 사망
한 대구 지하철 참사, 그리고 앞길이 구만리 같은 295명의 사망자를 내
고 아직도 9명이 차가운 배 안에 갇힌 세월호 참사의 현실 등을 비추어보
자는 의미일 것이다. 더불어 침체의 늪을 벗어나지 못하는 서민경제의
현실에서 부자감세와 서민증세를 강행하는 정부의 처사가 복기되었을
것이다. 여기에 보도참사가 곁들여진다. '이게 나라냐' 하는 탄식이 나오

는 현실인 것이다. 율곡 이이는 전쟁이 터지기 10년 전 상소로써 아래와 같이 나라의 꼴을 질타한 바 있다. 오늘의 현실과 하나도 다르지 않다.

오로지 날로 더 썩어서 붕괴할 날만 기다리는 그 집과 오늘의 나라꼴이 무엇이 다르다 하겠습니까? 이러지도 저러지도 할 수 없다 해서 방치한다면 100가지 폐단이 날로 더하고 하는 일은 날로 실패해서 백성들의 삶은 날로 힘들어지고 마침내 나라는 망할 것입니다. 지금 나라의 저축은 1년을 지탱할 수가 없습니다. 이야말로 나라가 나라가 아닙니다.

드라마 〈징비록〉에도 소개되었던 사화동에 대한 심문 기록도 없는 벌이에 세금, 건강보험료로 뜯기고, 견디다 못해 스스로 생을 마감하는 세 모녀와 같은 서민의 심정과 닿아 있다.

어찌해 나라의 은혜를 저버리고 왜구의 앞잡이가 되었느냐?

나는 나라의 은혜를 입은 적이 없다. 나는 어려서부터 먹고살기 위해 바다에 나가 고기를 잡았다. 도미도 잡고 전복도 잡았다. 돈이 될 만한 것들은 잡기만 하면 공물이다 진상이다 해서 다 뺏겼다. 종당엔 왜구에게 붙들려 일본까지 끌려갔다. 끌려가는 동안 나를 위해 어느 한 놈 나타나 주지도 않았다. 불쌍한 내 마누라는 어떻게 되었는지 아느냐? 너희 놈들이 사람이더냐? 역적의 여편네라고 너희 놈들이 못살게 굴어 어린것을 업은 채 바다에 뛰어들어 죽고 말았다. 그래, 이게 나라의 은혜란 말이냐? (이번영, 2015: 278)

《징비록》은 전쟁의 근인(近因)에 대해 밝혀놓았지만 보다 구조적이고 역사적인 원인이 있었다. 태종 이후 강력한 왕권을 유지하던 조선은 세조 때 계유정란 공신인 훈구파가 왕권을 등에 업고 득세한다. 그러던 것이 성종 시기에 이르러 훈구파의 세력이 약화되고 사림파가 등장한다. 도학정치를 실현하려 했던 성종이 사림파를 등용하여 훈구파를 견제함으로써 왕권을 강화하려 한 결과였다.

사림파는 지방의 중소지주 출신으로서 사헌부, 사간원, 홍문관 등 언로(言路)를 담당하는 3사에서 활동하였다. 연산군 때의 무오·갑자사화, 중종 때 조광조가 제거된 기묘사화를 겪으며 흔들렸으나 선조 때에 이르러 부활하여 중용된 후 이른바 붕당정치의 주역이 되었다. 이는 외척 중심의 척신정치를 종식시키고자 했던 선조의 선택이었다. 선조가 율곡 이이의 개혁 요구를 수용하지 않고 전란을 맞은 후 왜군을 피해 도성을 버리고 도망가는 등 비판받을 요인은 제공했지만, 전쟁의 주요 원인을 선조 탓으로 돌리는 것은 정당하지 않다. 국내외의 구조적 요인이 중첩된 가운데 적절히 대처하지 못한 것에 총체적 원인이 있는 것이다.

조선은 고려 시대 권문세가가 토지를 사유화하던 것을 몰수하여 과전법을 시행한 후 양인농민의 지위가 향상되고 농업 생산력이 발전하는 등 성종 때까지는 전반적으로 안정적인 모습을 보였다. 그러나 농민의 생활이 다시 어려워짐에 따라 도적이 되거나 집단적으로 저항하는 사태까지 악화된다. 명종 때 임꺽정의 난이 일어난 것도 그러한 배경에서다.

사림파의 붕당정치는 장차 서로 견제하며 정권이 교체되는 정당정치로 발전할 수 있는 씨앗이었다고 볼 수 있다. 그러나 서양의 경우에서 보더라도 그것이 하루아침에 이루어질 수는 없는 노릇이다. 아직 익숙하지 않은 붕당정치가 시동을 건 시점에서 외침을 당했다. 사림파가 담당했던 언로의 역할도 성리학의 명분론에 집착해 왕권을 견제하는 데 국한되어 경세제민에 이르지 못한 것도 중요한 요인이었다. 결국 율곡 이이도 포기할 수밖에 없었고, 퇴계 이황과 남명 조식이 관직을 마다하고 초야에 묻혀 산 까닭이 아니었겠는가?

일본은 유럽의 봉건제와 매우 유사한 조건에서 봉건영주 사이에 100년간의 전쟁을 치르다 오다 노부가나와 도요토미 히데요시에 의해 유럽

116

의 절대왕권국가와 같은 통일국가를 이룩하였다. 그 사이 유럽은 대항해 시대에 접어드는데 포르투갈이 가장 먼저 일본과 교류하였고, 가톨릭과 더불어 조총이 유입되었다. 경제력과 군사력(육군)이 앞선 일본은 도요토미 히데요시의 정치적 야심과 봉건귀족에 해당하는 다이묘의 경제적 욕구가 결합하여 조선 침략은 기정사실이 되었다.

이에 비해 조선은 성리학에 입각한 내성외왕(內聖外王)의 도학정치와 걸음마 단계의 붕당정치가 일본 정세에 대한 판단력과 경세제민에 대한 감각이 부재한 가운데 군사적 대비를 전혀 하지 않았다. 왕이나 선비가 성리학과 중화사상에 취해 있으니 일본과 청을 오랑캐로 여기며 얕잡아 본 상태에서 당할 수밖에 없었다. 성리학은 최고 수준에 도달했지만 나라의 기강은 이미 무너졌던 것이다. 그리고 언론 3사라는 게 오늘날의 언론기관과는 달랐기 때문에 이른바 환경감시 기능을 발휘할 수도 없었다.

당시의 상황을 오늘에 대입하면 정부는 부패한 가운데 경세제민의 능력이 전혀 없는 것은 물론이고 국민의 생명을 보호하고 구할 능력도 의지도 없고, 서민들의 생활고는 심화되는 가운데 개선의 희망이 없고, 군의 기강은 무너져 내리고, 일본은 호시탐탐 한반도에 대한 군사적 개입을 노리며, 강대국 사이에 끼어서 아무런 지혜도 발휘하지 못하는 답답한 상황이라고 할 수 있다.

이 와중에 지금의 언론은 조선 시대 사헌부나 사간원만도 못한 모습이다. 류성룡 같은 기개 있는 선비나 이순신 같은 믿음직한 장수도 없고, 전란을 당했을 때 의병으로 나설 사림파나 농민도 없을 것이다. 그야말로 나라가 나라가 아니다. 소설이나 드라마라도 '징비'의 역할을 해주기를 바랄 뿐이다.

언론이 지배계급의 이데올로기를 대변하는 것은 당연한 것?

2014년 국무총리 후보자였던 문창극 씨는 이 나라 기득권 지배계급의 지적 수준과 속내를 적나라하게 드러냈다. 매우 고마운 일이다. 지금까지 어느 누가 창피를 무릅쓰고 자신의 비밀과 치부를 이렇게 속속들이 드러낸 일이 있었던가. 이를 한마디로 정의하자면 지적 열등감에서 온 반지성주의라고 할 수 있다.

그 연원은 친일(親日)에 있다. 문 씨가 민족성이 게으르고 무의미한 5백 년이라고 비하했던 그 조선은 적어도 지적으로는 게으르지 않았으며 윤리만큼은 최고의 수준이었다. 비록 성리학이 고루해지기는 했지만 조선 건국을 이끈 개혁적 학문이었으며, 율곡과 퇴계에 이르러서는 주자에 못지않을 정도의 경지에 이르렀다. 그리고 조정은 《삼강행실도》를 정성스럽게 제작하여 백성의 윤리적 실천을 선도하였다. 그에 비해 1930년대 이후 친일파의 지적 태만과 무지, 윤리적 타락은 극에 달해 오로지 '반공' 하나만을 붙들고 살아남아 지금까지 기득권을 누리는 실정이다. 친일파에게 지적 성실은 오히려 전혀 도움이 되지 않는 것이었다. 지식은 오히려 양심의 갈등만 초래할 뿐이었다.

문 씨는 2013년 3월 22일 고려대 미디어학부의 "언론정보특강" 강의

118

도중 "언론이 지배계급의 이데올로기를 대변하는 것은 당연한 것이라며 이를 비판하는 언론학자가 이상한 것"이라고 주장했다 한다. 2학기 "미디어와 여론" 강의에서도 "민주주의가 작동이 제대로 되지 않는 이유는 대다수의 민중이 무지하기 때문이며 대중은 우매하고 선동, 조작되기 쉬우므로 엘리트가 여론을 이끌어야 한다", "대중민주주의는 믿을 수 없으므로 강력한 엘리트가 통치해야 한다"라고 역설했다고 한다.

문 씨가 이야기한 지배 이데올로기란 반공이다. 자유주의나 민주주의 또는 자유민주주의 따위의 고상한 이론이나 사상이 아니다. 그런 것은 모른다. 왜? 공부를 하지 않았기 때문이다. 혹여 민주주의를 들먹거린다고 해서 지적 탐구의 소산으로 가진 신념이라고 오해해서는 안 된다. 이들에게 민주주의란 그저 반공과 동의어일 뿐이다. 민주주의가 뭔지 공산주의가 뭔지는 도통 모르지만 반공만 외치면 지켜지는 이데올로기인 것이다. 물론 이데올로기가 무엇인지에 대해서도 공부하지 않았을 것이다. 우리가 덩달아 같이 무식해질 필요는 없으므로 문 씨의 인식 수준과는 별개로 언론이 지배 이데올로기를 대변해도 무방한지를 따져보자.

자본주의 사회의 언론은 대부분 지배계급인 독점자본의 소유이므로 그들의 이데올로기를 대변할 수도 있다. 다만 그럴 때는 지배계급의 이데올로기를 대변한다는 사실을 공표해야 한다. 그래야 우리가 그 정체를 모른 채 중립적이고 공정한 언론이라 믿으며 구독하고 시청하지 않을 것이기 때문이다. 여기서 문 씨에게 고맙게 생각하는 면도 있다. 친일파의 문제를 이슈로 제기한 것과 마찬가지로 우리가 '언론'이라고 신뢰하는 것들이 실제는 지배계급의 이데올로기를 대변한다는 '비밀'을 폭로했기 때문이다. 문 씨가 몸담았던 재벌신문 〈중앙일보〉를 비롯해서 민족의 표현기관을 자임한다는 〈동아일보〉와 불편부당(不偏不黨) 하다는 〈조선일보〉가 실제로는 지배계급의 표현기관이요, 편당(偏黨) 짓는 사이비 언론이라는 엄청난 비밀을 폭로한 것이다. 고마운 일이 아닐 수 없다. 이제 피지배계급은 이 신문을 끊어야 할 것이다.

원래 서양에서 신문은 지배계급의 대변지였다. 신문은 부르주아 계급의 대변지로서 시민혁명을 이끌었으며, 혁명 이후에는 지배계급의 후원을 받으며 그들의 정치적 입장을 대변했다. 이른바 19세기 중반까지의 정론지(政論紙)라고 하는 정파신문이 그것이다. 19세기 전반부에서는 노동계급의 입장을 대변하는 노동자 신문도 등장하여 보수 신문을 압도하며 여론을 선도하였다. 그러나 산업혁명은 언론계에 일대 전환을 가져온다. 대량생산의 시대로 접어들면서 기업이 신문에 광고를 하기 시작했고, 이에 따라 신문은 정파적 성격을 탈피하여 정치적 중립을 선언하면서 상업적 대중지(大衆紙)로 변신하였다. 이때 광고의 혜택을 누리지 못한 노동자 신문은 도태되고 보수 신문만 살아남아 오늘날까지 형식적으로 불편부당과 객관보도를 표방하는 저널리즘이 구축되었던 것이다. 서양의 언론은 이후 모든 계급과 계층을 망라한 독자를 확보하기 위해 나름대로 계급성을 불식시키기 위해 노력했다. 그래서 세계적으로 권위지로 인정받는 신문이 존재하는 것이다. 그러나 한국의 사정은 다르다. 한국의 신문은 일제강점기 친일 신문과 해방 후 친미 신문에 뿌리를 두고 '반공투사' 역할을 자임했다. 겉으로는 중립과 불편부당을 표방했지만 실제는 반공이라는 레드오션으로 대중의 각성을 방해해 기만적으로 지배계급의 이익에 복무했다. 그 내면의 진실을 문 씨가 폭로한 것이다.

반공의 뿌리는 일본 제국주의에 있다. 만주를 지배하면서 본토 공격을 준비하는 일제에 가장 성가신 존재가 중국 공산당의 동북항일연군, 그중에서도 김일성이 리드하는 조선인 유격대였다. 일제는 만주에서 이 공산당 부대를 소탕하느라 무진 애를 썼다. 해서 일제강점기 조선에서 총독부와 친일파에게 반공은 절체절명의 과제였다. 그 반공 이데올로기는 냉전시대로 전수되면서 대한민국 친일파 기득권집단의 유력한 버팀목이 되었던 것이다. 여기에 지성이 발붙일 여지는 없었다.

이 나라는 친일파의 나라다. 친일파의 지배를 유지하는 버팀목은 지적 성찰이나 지성의 그림자라고는 찾아볼 수 없는 반공이라는 허위의식이다. 친일파 지주의 정치적 결사인 한민당의 적통을 이은 새누리당과 그들의 대변지를 자임한 조중동, 그리고 신사참배도 마다하지 않았던 개신교 교파가 반공, 요즈음에는 종북주의로 무장하여 지배하는 것이다.

조선시대 지배계급은 지적 성실함에서는 타의 추종을 불허했으며 그들의 이데올로기를 백성에게 교화하는 일에서도 진솔하고 정성을 다했다. 그럼으로써 글을 모르는 백성에게 군위신강(君爲臣綱), 부위자강(父爲子綱), 부위부강(夫爲婦綱) 등의 내용을 담은 《삼강행실도》를 책으로 제작하여 널리 보급한 것이다. 지금은 시대착오적인 내용이지만 당시로서는 철학적 논리를 갖춘 지적 노력의 소산이었다.

문 씨는 조선 민족이 게으르다고 했는데, 사실은 부지런히 일을 하지 않으면 먹고 살기 어려웠으며, 그런 가운데서도 삼강오륜을 지키는 데 조금도 소홀함이 없었다. 공부는 않고 반공만 알며 모든 것을 하나님의 뜻이라고 여기는 문 씨야말로 게으름의 표본이다. 《삼강행실도》에 나오는 한 대목을 소개한다.

유석진은 고산현의 아전이다. 아버지 유천을이 나쁜 병을 얻어 매일 한 번씩 발작하고, 발작하면 기절하여 사람들이 차마 볼 수 없었다. 유석진이 게을리 하지 않고 밤낮으로 곁에서 모시면서 하늘을 부르며 울었다. 널리 의약을 구하는데, 사람들이 말하기를 "산 사람의 뼈를 피에 타서 마시면 나을 수 있다" 하므로, 유석진이 곧 왼손의 무명지를 잘라서 그 말대로 하여 바쳤더니, 그 병이 곧 나았다.

미생물의 세계
현미경의 힘

미디어가 인간의 확장이라고 할 때, 망원경은 너무 멀리 떨어져 있어 눈으로 확인할 수 없는 우주를 볼 수 있게 한 반면 현미경은 너무 작아서 볼 수 없는 미생물의 존재를 확인하게 했다. 현미경은 망원경과 더불어 종국에 생명의 비밀을 풀어주었다. 물리학과 화학 및 생물학의 업적이기도 하다.

망원경과 현미경이 등장하기 전까지는 고갱처럼 "우리는 어디에서 와서 어디로 가는가?"라는 형이상학적 의문을 갖는 것에 그칠 수밖에 없었지만 아직도 이런 의문을 풀지 못한다면 그것은 지적 태만일 것이다. 이런 지적 태만이 맹목적이고 광신적인 믿음과 몰상식한 행동으로 이어지는 법이다. 물리학자 호킹이 교황을 만났을 때를 회고한 이야기다.

교황은 우리에게 말했어요. 우리가 대폭발 이후의 우주의 진화를 연구하는 것은 괜찮지만 대폭발 그 자체를 연구해서는 안 된다는 것이었어요. 왜냐하면 그것은 창조의 시기이므로 하느님이 하실 일이기 때문이라는 것이지요. 나는 내가 방금 학회에서 했던 강연이 우주에는 시초나 창조의 시기가 없었을 가능성에 관한 것이었음을 교황이 몰랐다는 사실을 다행으로 여기고 기뻐했습니다(Hawking, 1991/1995 : 149).

138억 년 전 빅뱅 이후 45억 6천 년 전 지구가 생성되었고, 지구에서 생명은 30억 년 전부터 생기기 시작했다. 그리고 인간의 조상은 대략 5백만 년 전, 현생 인류의 조상은 20만 년 전에 나타났다고 한다. 생명은 어떻게 시작되었으며, 그것은 무엇일까? 우리 인간의 몸은 산소, 탄소, 수소, 질소, 칼슘, 철 나트륨 등의 원소로 이루어진다. 그리고 이 화학 물질의 화학작용이 생명이다. 숨 쉬는 것을 비롯해서 우리 몸은 갖가지 화학작용이 쉴 새 없이 일어나는 공장이다. 동물이나 식물이나 모든 생명이 마찬가지다.

그러면 이 원소는 어디에서 왔을까? 빅뱅 당시 형성된 수소와 헬륨을 비롯해서 초신성의 폭발로 만들어진 원소가 지구로 날아와 정착한 것이다. 우주에서 온 것이다. 이 원소는 맨눈으로는 보이지 않을 만큼 작아서 볼 수 없으며 실험과 현미경을 통해 확인된 존재다. 아주 오랜 옛날, 지금으로부터 2천 5백 년 전 그리스의 철학자 데모크리토스는 우주 만물이 원자로 이루어졌을 것이라는 탁월한 통찰을 한 바 있는데, 그것은 사유를 통한 추측이었고 19세기 초엽에 영국의 화학자 돌턴(1766~1844)에 의해 재론된 이후 그 비밀이 벗겨지기 시작했다.

그 후 수많은 화학적 실험과 현미경을 통한 관찰을 통해 지구상에 존재하며 모든 물질의 근원을 이루는 원소가 확인된 것이다. 지금까지 100여 개의 원소가 발견되었다. 이 원소가 결합하여 분자가 되고 생명의 요소를 이룬다. 이를테면 수소와 산소가 2:1로 결합하여 물이 되는바 우리 몸은 60%가 물이다. 이 물 분자가 몸의 모든 세포에서 일어나는 화학작용의 용매가 됨으로써 생명이 유지되는 것이다(Fischer et al., 2005: 19).

이 세포를 발견한 것이 현미경이다. 이것은 서양철학의 근간을 이루는 고대 그리스의 존재론 철학의 성과라고 할 수 있다. 눈에 보이는 현상의 배후에는 드러나지 않은 실재의 세계가 있을 것이라는 존재론 철학이 근대과학을 낳았고, 그 실재를 확인하려는 노력이 망원경과 현미경을 만듦으로써 우주와 생명의 비밀을 벗겨냈다는 사실이다.

현미경은 망원경과 더불어 광학 기술의 2대 발명으로 17세기 생물학 분야에서 가장 큰 영향을 끼친 사건으로 일컬어진다. 훅(1635~1703)은 네덜란드인이 두 개의 렌즈를 이용하여 사용하던 초보적인 현미경을 개량하여 많은 생명체를 현미경으로 관찰하여 1665년 《현미경의 세계》(*Micrographia*)라는 책을 펴냈다. 이 무렵 네덜란드는 자본주의가 가장 일찍 발전하여 철학과 과학과 미술이 융성하던 때였다. 철학자 스피노자(1632~1667)와 화가 렘브란트(1606~1669)가 이 시대 네덜란드에서 활동했다. 훅은 당시 발달한 여러 기구가 인간의 감각기관을 더 확대·연장한다는 생각으로 현미경을 이용해 사람의 눈이 미치지 못하는 미세한 세계를 들여다 본 것이다(박성래, 1997: 140~141). 그 과정에서 훅은 작은 코르크의 조각을 현미경으로 관찰하여 무수히 많은 칸막이를 발견해 이를 세포(*cell*)라 명명했다. 역사적인 발견이었다. 현미경의 위력은 계속 이어져 역시 네덜란드인으로 배율을 5백 배까지 높이는 등 419대의 현미경을 만들어 현미경학파의 시조로 불리는 레벤후크(1632~1723)는 박테리아를 발견했고, 물속에 존재하는 원생동물과 선충 등 미생물의 세계를 확인하였다. 네덜란드의 스밤머덤(1637~1680)과 이탈리아의 말피기(1628~1694)는 적혈구를 찾아냈다.

이후로 광학현미경은 전자현미경에 이어 1980년대에는 원자현미경까지 개발되어 마이크로미터($\mu m = 10^{-6}m$)를 넘어 나노미터($nm = 10^{-9}m$)까지 확인할 수 있었다. 세포는 $10\mu m$, 박테리아는 $5\mu m$이며, 바이러스는 $0.1\mu m$, 염색체는 $0.2\mu m$, 아미노산은 $0.5nm$, 그리고 탄소 원자는 $0.3nm$인 것이다. 이렇게 해서 세포 안의 염색체와 DNA 등을 속속들이 들여다보면서 유전의 비밀 등 생명의 비밀을 대부분 밝혀냈다.

124

인간은 시각, 청각, 촉각, 후각, 미각 등 감각기관을 통해 외부의 정보를 얻는다. 그 중에서도 시각을 통해 얻는 정보가 압도적으로 많다. 그러나 인간의 무한한 정보 욕구는 너무 작아 맨눈으로 얻을 수 없는 정보를 확인하기 위한 노력을 통해 현미경이라는 미디어를 만들었다. 미디어의 기본 기능은 정보의 전달이다. 정보가 있어야 소통이 되는 법이다. 다시 말해 인간은 미디어를 통해 정보를 얻으려 하는데 감각기관의 한계를 초월하고 극복하는 미디어를 개발함으로써 훨씬 더 많은 정보를 가지게 되었다. 그리고 그 정보는 인식의 지평을 무한대로 넓히면서 소통의 폭을 넓힌다.

흔히 생명을 동식물로 구분하곤 했는데 현미경은 동식물 외에 존재하는 미생물의 세계를 확인했다. 그 결과 동물도 식물도 아닌 미생물의 원조인 원핵세포로부터 생명이 시작되어 비로소 각종 동식물이 번성했다는 사실도 알게 되었다. 동식물 모두 세포로 이루어져 있으며 한 뿌리로서 생명 현상은 똑같다. 따라서 우리는 모든 생명이 똑같이 소중하다는 사실도 알게 되었다. 과학과 미디어의 힘이다.

시간의 역사
망원경의 힘

미국 UC버클리대 연구팀의 조사에 따르면, 부자는 시간이 천천히 흐르는 것으로 느끼는 반면에 가난한 사람들은 빠르게 흐르는 것으로 느낀다고 한다. 또 권력을 가진 사람은 시간을 활용할 수 있는 재량권이 크기 때문에 시간을 더 많이 누리는 것처럼 느낀다고 한다. 우리가 보통 느끼는 것과 비슷한 조사 결과다. 나이가 들수록 시간의 흐름을 빠르게 느낀다고도 한다. 시간이란 무엇일까? 이러한 사례는 느낌일 뿐이고 실제 시간은 절대적일까? 문명 비평가 맥루언은 1964년에 내놓은 《미디어의 이해》라는 책에서 이렇게 말했다.

> 기계 시대에 우리는 우리의 육체를 공간적으로 확장하였다. 전기 기술의 1세기를 지나온 오늘날 이 지구에 관한 한 공간과 시간의 쌍방을 배제하여 우리는 중추신경 그 자체를 지구 일원으로 확장시켰다.

라디오나 TV와 같은 전자 미디어의 등장이 지구촌에서 일어나는 일을 시시각각 알 수 있게 함으로써 우리 인간의 눈과 귀를 확장시켰다는 것이다. 미디어를 이렇게 정의하면 미디어 아닌 것이 없을 정도가 된다. 이를테면 맥루언은 "옷은 피부의 확장"이라고 했다. 시간을 알려주는 시계에 대해서는 "인간의 상호관계를 깊게 하고 노력을 변형하며 새로운 일과 부를 만드는 기계적 미디어"라며 인간의 모임이나 행동을 조정하고 촉진함으로써 인간 교류 활동의 양을 증대시킨다고 한다. 시계 없이 하루의 시간을 큰 단위로 뭉뚱그려 생활하던 옛날에는 확실히 시간의 낭비가 심했을 것이다. 따라서 시계는 우리 중추신경의 확장으로서 시간을 정확하게 인식하고 감지하게 하는 미디어인 것이다. 그런데 정작 시간이란 것은 무엇일까? 인간과 지구와 우주의 시간은 언제부터 시작되었을까?

이 물음은 우주의 시작에 대한 관심으로 귀결된다. 기독교 신앙으로 보면 신이 세상을 창조했다고 하는 시점에 해당되겠다. "태초(太初)에 하나님이 천지를 창조하시니라"의 그 태초, 우주가 만들어져 시작된 가장 처음이 언제냐는 것이다. 중세 시대 신학자 아우구스티누스는 그것을 5천 년 정도로 계산했다. 마태가 기록한 예수의 족보를 거슬러 올라가면 그쯤 될 것이다.

어쨌건 시간에 대한 개념은 오래전부터 있었던 셈이다. 이제는 과학에 의해 태초의 시간을 측정할 수 있다. 그 길을 열어준 것이 망원경이다. 망원경은 우리 눈을 확장시킨 미디어로서 그 결과 인식의 지평을 엄청나게 확장시켰다. 맨눈으로는 볼 수 없는 우주를 망원경으로 관찰한 결과 우주는 정지한 것이 아니라 팽창한다는 사실이 확인되었다. 지구가 속한 은하로부터 멀리 떨어진 은하일수록 더 빠르게 멀어진다는 사실을 눈으로 확인한 것이다.

이것을 처음 확인한 사람은 아인슈타인과 허블이었다. 아인슈타인은 방정식 계산으로 우주가 팽창한다는 사실을 확인했지만 그 방정식을 변형하여 우주가 정지한 것으로 바꿔놓았다. 1919년에 발표한 일반상대성이론이 그것이다. 그러나 1922년 러시아의 수학자이자 물리학자인 알렉산드르 프리드먼의 예측과 1929년 허블의 망원경 관측으로 우주는 정지하지 않고 팽창한다는 사실이 확인되었다. 1929년 허블의 확인은 현대 우주론의 출발점으로 평가된다. 스티븐 호킹은 "우주가 팽창한다는 발견은 20세기에 이루어진 가장 위대한 지적 혁명 중 하나"(Hawking, 1996/2012 :52)라고 극찬했다. 이렇게 일반상대성이론과 망원경 관측으로 우주팽창론은 사실로 확인되었다.

우주가 팽창한다는 것은 시간이 흐른다는 사실을 말해준다. 그렇다면 시간을 거슬러 올라가면 우주는 수축될 것이다. 아주 작은 밀도의 우주가 지금까지 계속 팽창했으며 궁극적으로 '태초'에는 아주 작은 단위의 점으로 모일 것이다. 그것이 원초적 입자의 빅뱅(big bang)으로 그 시간을 계산하면 137억 년, 최근에는 1억 년이 늘어난 138억 년이 된다.

호킹은 우주를 설명하는 일반상대성이론과 양자역학을 통합하는 새로운 이론을 찾는다. 고갱이 딸의 죽음에 비통해하면서 그린 〈우리는 어디에서 왔는가? 우리는 누구인가? 우리는 어디로 가는가?〉(1897)의 주제처럼 누구나 알고 싶어 갈망하는 비밀을 풀기 위함이다. 호킹의 이야기다.

> 오늘날에도 우리는 우리가 왜 여기에 존재하는지 어디에서 왔는지를 알아내고자 여전히 열망한다. 지식에 대한 인류의 깊은 욕구는 우리의 지속적 정복을 충분히 정당화한다. 우리의 목표는 우리가 사는 우주에 대한 완전한 기술(記述) 바로 그것이다(Hawking, 1996/2012: 21).

빅뱅이라는 시간의 시작이 있는데 끝도 있는 것은 아닐까? 호킹은 우주가 다시 수축해 또 하나의 무한대 밀도 상태인 빅 크런치(big crunch)가 있을 것이라고 예측했다. 그렇게 재수축하지 않는다면 붕괴해서 블랙홀을 형성하는 모든 국부의 영역에서 특이점이 존재할 것이고 이 특이점은 블랙홀 속으로 떨어지는 모든 것에게는 시간의 끝이 될 것이라고 예측했다(Hawking, 1996/2012: 232). 하나의 입자로 돌아가든지 블랙홀에 떨어짐으로써 시간의 역사가 종결된다는 것이다.

지구가 속한 은하수(미리내 은하)는 각각 수천 억 개의 별을 가진 수천 억 개의 은하 중 하나에 불과하다. 은하수에는 3천억 개의 별이 있다. 이런 우주에는 경계도 없고 안팎의 구분도 없다. 지대무외(至大無外). 이렇게 무한대로 큰 우주를 신이 창조했다면 그 신은 우주의 밖에 있어야 한다. 그런데 우주처럼 지극히 큰 것은 밖이 없다지 않은가. 호킹이 주장하듯이 경계가 없는 것이다. 지구와 태양의 거리는 1억 5천만㎞로서 초속 30만㎞의 빛의 속도로 8분이 걸린다. 은하수의 직경이 약 10만 광년이고 두께는 2∼3만 광년이며 은하수의 중심에서 태양까지의 거리는 약 2만 5천 광년이다. 이런 규모의 은하가 우주에 수천 억 개가 있다는 것이다. 우리가 사는 은하에서 가장 가까운 안드로메다은하까지는 2백만 광년의 시간이 걸린다. 그리고 이 우주는 지금도 빠른 속도로 팽창한다는 사실이다. 호킹은 이런 이야기도 했다.

나는 우주가 어떻게 시작하였는가를 발견하는데 성공하게 될 것입니다. 그러나 왜 우주가 시작했는지는 나도 아직 몰라요(Hawking, 1991/1995 : 150).

망원경이라는 미디어는 인간의 중추신경을 지구 일원이 아니라 우주로까지 확장시켰다. 그리고 시간의 시작을 분명하게 밝혀냈다. 수학과 망원경이 밝혀낸 시간의 역사. 우리는 정말 찰나의 시간을 산다. 부와 권력이 없어도 시간을 길게 사는 지혜를 찾아보자.

2

미디어 연구의
새로운 시선

미디어 연구의 방법

철학, 정치경제학

1. 문제의 제기

사회과학의 한 분야로서 언론학은 과학으로서의 면모를 갖추었는가? 과
학이란 무엇인가? 사회과학과 자연과학은 어떤 관계이며 사회과학에게
정치경제학은 무엇인가? 우선 근원적으로 이 물음들에 대해 생각해보기
로 한다. 그래야 우리가 사회과학의 한 분야로서 언론 현상을 연구하는
학문의 자세를 바로 가질 수 있을 것이기 때문이다.

　　과학(science)은 원래 라틴어로 스키엔티아(sciéntia), 즉 지식(知識)이
었다. 서양학문의 연원인 철학(philosophy)이 추구한 것이 바로 지식
(science)이었으며, 그 지식은 철학 속에 일체화되어 학문 체계의 전체를
지칭하였다(최동희·김영철·신일철·윤사순, 1997: 24). 지식체계로서의
학문(science)이 곧 철학이었다는 것이다(최동희·김영철·신일철, 1990:
27). 근원적으로 과학은 출발점부터 철학과 완전히 일치했다(김영식·박
성재·송상용, 1994: 15). Science는 독일어로는 지식(wissen)의 학, 즉
학문(wissenschaft)이다. 지식의 학문인 것이다.

　　고대 그리스의 이오니아에서 시작된 철학은 곧 에피스테메(epistēmē)

였다(김내균, 1996: 18). 그리스어로 에피스테메는 지식이고 진리이고 학문이었다. 탈레스와 아낙시메네스 등의 자연철학자들은 신화적·종교적 세계관에서 벗어나 처음으로 철학적 사유로써 자연의 원질(archē)을 규명하려 했다. 에피스테메는 감성에 바탕을 둔 억견(臆見, dóxa)에 대비되는 것으로 이성에 의해 파악되는 참의 지식(眞知)이었다. 학문이란 신화와 감성이 아닌 이성의 사유에 의해 파악된 지식이었다.

신화적·종교적 세계관에서 벗어나 합리적 사유로써 만물의 근원인 원질(原質)을 규명하려는 자연철학이 과학의 시원이었으며, 그 자연철학이 근대에 와서 실험과 관찰을 동원함으로써 자연과학으로 발전한 것이다. 그리고 19세기 산업자본주의 시대에 이르러 자연과학의 눈부신 발전과 더불어 자연과학의 분야를 추종하는 사회과학 분야가 철학의 분과 학문으로 등장했다. 이때까지도 제반 과학을 총괄한 것은 철학이요, 철학자들이었다. 근대 과학을 정립한 뉴턴(1642~1727)과 라이프니츠는 물론이고 아담 스미스를 거쳐 존 스튜어트 밀과 마르크스에 이르기까지 경세제민(經世濟民)의 저서를 남긴 저자들은 모두 철학자였던 것이다. 이 경세제민의 학이 바로 정치경제학이며 사회과학의 기초였다.

이즈음 서양 학문을 접한 일본의 지식인들이 서양 학문의 개념을 한자로 번역할 때 서양의 학문(science)이 동양과 달리 분과(分科)로 나뉜 것을 보고 '여러 가지 학문 분과의 학'을 의미하는 '과학'으로 번역해 사용하기 시작했다(최동희·김영철·신일철·윤사순, 1997: 24). 우리도 그 영향을 받아 science를 과학으로 지칭한 것이다. 그리고 사회 분야 학문을 사회과학으로 지칭하게 되었다. 그러니 과학이란 지식과 동의어이고, 과학적이라는 것은 지식적, 즉 '지식의' 또는 '지식에 부합하는'이란 의미가 된다.[1] 따라서 과학적 방법, 과학의 방법이란 지식을 얻는 합리적 방법을 의미한다.

지식은 경험의 영역만 들여다 볼 것이 아니라 주로 실재의 영역에서 찾으려 해야 한다. 이때 지식을 얻는 과학의(적) 방법으로 경험의 영역에서 사실들의 관계를 설명하려고 하는 실증주의만 고집해서는 안 된다. 고대 그리스의 자연철학과 인문주의 철학 및 동양의 사변철학도 과학이었다. 거기에 지식과 지혜가 있었기 때문이다.

《잠부론》(潛夫論)의 저자 왕부는 "덕과 의를 이룬 것이 지혜(智)요, 밝은 지혜를 구하는 것이 학문이라"고 했다. 지혜를 사랑한다는 Philosophy와 같은 의미다. 서양에서 철학이라고 하는 것이 동양에서는 학문이었던 것이다. 그러면 '학문'은 어떻게 정의했을까?

공자의 뛰어난 제자였던 자하(子夏)는 학문하는 자세에 대해 "널리 배우고 그 뜻을 돈독히 하며, 절실하게 묻고 가까이서 생각하라"고 했다. 폭 넓게 배우고(學) 절실하게 묻는(問) 것이 학문이라는 것이다. 가까운 데서 생각하라는 것은 서양의 고대 철학과는 다른 차원에서 경험론에 가깝다고 할 수 있다. [2] 이 말은 공자가 노(魯)나라 마지막 군주 애공(哀公)에게 설파한 "널리 배우고 깊게 물으며, 신중하게 생각하고 명백하게 변별하여 돈독하게 실천하라"는 말을 반복한 것이다. 이는 학문의 방법론을 강조한 것이기도 하다. 넓고 깊게 배우고, 사변적(思辨的)으로 이치를 깨우쳐 실천에 이르러야 한다는 것이다.

지금의 사회과학은 좁게 배우면서 그것을 전문성이라고 하기 때문에 넓지 않은 것은 물론이고, 깊은 것 같지만 깊지 않으며 사변철학(思辨哲學)을 형이상학이라고 하여 방법론에서 제외함으로써 지식에서 멀어진 우를 범했다. 자연과학을 형식으로만 모방한 실증주의 영향 탓이다. 깊

---

1   한자 적(的)은 형용조사로서 '의'의 뜻이다.
2   이는 동양철학과 서양철학의 근본적인 차이이기도 한데, 동양철학이 이상보다는 현실세계의 문제에 치중했기 때문에 근대에 들어 자연과학을 앞세운 서양에 뒤진 것이다.

게 파기 위해 넓게 파 들어가야 한다는 상식에도 미치지 못한다.

그리스 자연철학의 다음 단계는 소피스트의 인문학이었다. 소피스트는 철학의 목표를 삶의 유용성이나 진리 인식에 둠으로써 인간 중심의 경험철학과 이성이 주축이 되는 사변철학의 기틀을 닦아놓았다. 그래서 소피스트는 프로타고라스의 유명한 말인 "인간은 만물의 척도"라는 경험주의와 상대주의를 낳았으며, 소크라테스와 플라톤은 상대주의를 배격하면서 합리주의와 이성 중심의 철학을 구축했다(김내균, 1996: 21). 이것은 중세를 거쳐 근대에 이르러 영국의 경험론과 대륙의 합리주의로 나타난다. 영국의 경험론 철학은 그리스 자연철학처럼 기독교적 · 신적(神的) 세계관에서 벗어나 인간의 경험을 중시한 바, 공통점은 자연현상의 실재를 추구했다는 점이고, 다른 점은 수학의 힘을 빌렸다는 것이다. 수학의 힘을 빌렸다는 것은 소피스트와 다르게 이성을 중시했다는 점이다. 이것이 나중에 광학기구의 발명과 더불어 실증에 의해 뒷받침되는 자연과학으로 발전했고, 사회과학은 방법론으로서의 자연과학의 실증주의를 모방하여 상대주의에서 한걸음 진전하여 확률에 의한 개연성으로 현상을 보다 과학적으로(지식에 가깝게) 설명하고 예측할 수 있게 되었다.

여기서 사회과학의 문제는 자연과학과 달리 현상의 본질, 즉 드러나지 않은 기저의 실재를 확인하는 철학적 탐구의 정신의 결여다. 결국 주관적 상대주의에서 완전히 자유롭지 않게 되었으며 경험론이 실증주의와 결합해 객관적 실재의 세계를 학문과 과학의 대상에서 제외했다. 나중에 언급하겠지만 이는 객관성을 포기하고 간주관성(intersubjectivity)으로 피해가는 궁색함을 낳는다. 이는 프로타고라스가 "사람은 그의 동료의 공감에 의하여 승인된 대상 내지 의견을 각각 실재 내지 진리로 인정해야 한다"라고 했던 인식과 다르지 않다(Lamprecht, 1955/1990: 49). 간주관성과 다르지 않음으로서 지식으로서의 가치는 떨어질 수밖에 없다. 철학에서는 사견을 실재의 지식으로 보지 않는다.

요약하자면 서양이나 동양이나 학문은 모든 분야를 총체적으로 다루는 것이었다는 사실이다. 19세기의 사회과학은 사회진화론의 관점을 채택한 한편 물리학과 생물학의 실증적 방법으로 사회현상을 연구하려 했으며, 이런 분위기에서 분과학문이라는 의미의 과학이라는 용어가 철학이라는 용어와 구별되어 쓰이기 시작했고, 동양에까지 영향을 미쳤다는 것이다. 그 이전에는 과학과 철학의 구분이 없었으며, 현상으로부터 원리와 이론을 도출하는 작업을 흔히 철학이라고 지칭했다(김승현·윤홍근·정이환, 2005 : 14).

이것은 고리타분한 의식이 아니라 망각하거나 왜곡해서는 안 되는 과학, 즉 학문의 본령이다. 이 원칙을 포기하는 것은 지식을 포기하는 것이다. 철학은 총체적 조망이 결여된 채 부분에 대한 분석에 몰두하는 분과학문에 대한 비판의 역할을 한다. 이 논문은 특히 분과적 성격이 강한 언론학이 철학적 성찰을 통해 사회'과학'의 면모를 일신하는 한편 사회과학의 기초가 되는 정치경제학의 학습이 필수적임을 강조하고자 한다.

2. 과학 또는 사회과학으로서 언론학의 성향

철학은 현상(*appearance*)이 아닌 실재(*reality*)의 세계를 규명한다. 지식은 현상이 아닌 실재의 세계에 있다. 코페르니쿠스와 뉴턴이 찾아낸 법칙이나 마르크스의 연구나 모두 실재의 세계, 즉 현상의 본질을 규명하여 설명하는 것이다. 그러나 대부분의 사회과학 분야나 언론학은 경험세계의 '현상'만을 대상으로 삼는다. 자연과학 연구자들이 실재를 확인하기 위해 고군분투하는 현재에도 사회과학은 경험세계를 대상으로 편협한 실증적 연구에 집중한다.

그러나 자연과학은 실재론(*realism*)에 입각하여 관찰 가능한 세계를 기술할 뿐만 아니라 현상 뒤에 놓인 지각되지 않는 세계에 대해서도 기술한다(Charmers, 1999/2003: 309). 자연과학은 실재의 구조를 밝히려 하였고, 실재의 구조를 성공적으로 점점 더 정확하게 밝혔다면 진보한 것으로 실재론적인 것이다(Charmers, 1999/2003: 332).

반면에 사회과학은 자연과학과 달리 실재의 규명을 포기하고 현상에 치중하면서 과학의 본래 정신에서 이탈하였다.[3] 학문의 근원을 이루는 철학의 정신을 상실함으로써 학문 발전을 지원하는 자양분의 공급을 스스로 끊은 것이다. 서양의 근대 과학은 철학의 성과다. 뉴턴과 보일 등 과학자로 알려진 사람들 모두 철학에 조예가 깊었으며, 데카르트나 라이프니츠와 같은 철학자들은 과학에 조예가 깊었다(김영식, 2009: 13~14).

일본 최초의 노벨물리학상 수상자인 유카와 히데키는 "현실은 그 근저에서 항상 간단한 법칙에 따라 움직인다"면서 범인(凡人)은 현실의 배후에 보다 광대한 진실의 세계가 펼쳐진 것을 깨닫지 못한다고 지적한 바 있다(湯川秀樹, 1976/2012: 158). 히데키는 또한 17세기에서 19세기 말까지 물리학이 순조로운 발전을 이룩했던 까닭은 과학자가 물질세계에 대한 꾸밈없는 실재론적 견해를 세상 사람들과 여전히 공유할 수 있었기 때문이라고 평가했다(湯川秀樹, 1976/2012: 38). 히데키와 같은 물리학자들의 성과는 실재론 철학을 바탕으로 한다는 사실을 알 수 있다.

물리학자 스티븐 호킹의 이론도 "우리는 어디에서 왔고 왜 여기에 있는가?"라는 철학적 질문에서 시작되었다(Hawking, 2013: 124). 그는 우주의 시작과 끝을 실험으로 검증되지 않은 상태에서 이미 관찰된 이론을

---

3   고등학교에서 문과와 이과를 나누는 것도 해괴한 일이다.

토대로 수학 방정식을 동원해 증명했다. 대다수 이론물리학자들은 호킹의 블랙홀 이론을 인정한다. 그는 실험으로 입증되지 않지만 중요한 이론적 발견을 이룬 사람에게 수여되는 기초물리학상을 받았다(Hawking, 2013: 152). 훌륭한 이론이 관찰에서만 나오는 것이 아니다. 그래서 호킹은 비약적인 상상력과 같은 "직관적 도약을 할 수 있는 능력이야말로 훌륭한 이론물리학자의 특징"이라고 했던 것이다(Ferguson, 2011/2013: 28). 호킹의 이론이 실험에 의해 입증되지 않았다고 해서 과학이 아니라고 할 사람은 없을 것이다. 실증적 관찰은 그 다음의 과제다. 이렇게 자연과학은 실재론 철학을 바탕으로 지식을 발전시키는 데 비해 사회과학은 경험세계의 현상(phenomena)을 설명하는 데 머문다. 지각될 수 있는 현상은 아직 지식이 아니다. 사람마다 감각이 다르고 시공의 변화에 따라 변하기 때문이다. 개인의 의견이나 혹은 여론 또는 사실과 같은 정보가 바로 지식이 될 수는 없는 것이다.

과학에 대한 인식은 언론학자들이 가장 낙후되었다. 언론학은 사회과학으로서 언론이라는 사회현상에 대한 체계적인 서술·이해·설명·예측을 통해 이론을 구축하는 게 목표라고 한다(한국언론학회 편, 2005: 30). 그리고 과학적 방법론의 구비를 언론학이 과학으로 성립될 수 있는 가장 중요한 조건으로 꼽는다(차배근, 1992: 16). 그 과학적 방법이란 주로 실증주의 방법론을 일컫는다. 그래서 차배근은 1980년대에 유행했던 "비판커뮤니케이션 연구는 방법론적이나 논리적으로 비과학적"이라고 비판한다. 마르크스주의를 맹목적으로 신봉하면서 무조건 반실증주의적 입장과 태도를 보이며, 측정에 의한 관찰방법을 일부러 회피했다는 것이다(차배근, 1989: 188~189). 비판이론은 실증주의 방법론이 없으니 과학이 아니라는 이야기다. 이것은 고정관념에 입각한 편견이다. 비판커뮤니케이션 연구도 실증주의 방법론을 배제하지 않는 대신 실증주의 방법론으로 접근할 수 없는 실재의 규명을 위해 다양한 방법론을 동원한다.

　오택섭은 "사회과학이란 과학적 방법을 통하여 사회현상을 연구하는 학문 분야"라고 하면서 "어떤 물체나 사건의 속성이 관찰 가능한 그 모두가 현상이라고 볼 수 있다. 다시 말해서 관찰될 수 있는 실체(reality)의 모든 부분은 현상이라 할 수 있는데 이러한 현상을 흔히 변인(variable)이라 부른다"라고 했다(오택섭, 1986: 15). [4] 최현철은 "사회과학이란 사회현상을 과학적 방법을 통해 연구하는 학문 분야로서 사회 내에서 일어나는 다양한 현상을 객관적·체계적으로 기술·설명·예측하는 것을 목적으로 한다"고 했다. 여기서도 과학적 방법이란 것이 대부분 현상(변인)에 대한 양적 분석을 위주로 하는 실증주의다(최현철, 2013: 23).

　김영석은 "어떤 학문 분야가 독립적인 과학으로 인정받기 위해서는 그 학문 고유의 연구대상과 보편타당한 이론을 이끌어낼 수 있는 과학적 연구방법이 있어야 한다"면서 그 방법으로 논리적 체계성, 경험적 실증성, 상호주관성, 계량성 등을 들었다. 과학적 방법은 객관적이며 근원적으로 수학의 논리에 부합해야 하므로 분석 절차나 방법이 계량적일 수밖에 없다는 것이다. 대상에 편협하게 선을 그었으며 과학적 방법을 실증주의로 제한하는 것을 알 수 있다. 수학을 계량적 학문으로 파악하는 것도 문제다. 김영석은 또한 상호주관성과 관련해서는 "과학적 방법은 경험적 수준에서 실증되어야 할 뿐만 아니라 객관적인 수준에서 인정받아야 한다"면서 그러나 "연구자마다 가치판단 기준이 조금씩 다르기 때문에 완전한 객관성을 획득하기란 사실 불가능하다"고 했다(김영석, 2002: 12~14). 철학이 본래 기하학과 수학의 방법으로 객관적 실재의 세계를 규명하려 했다는 철학의 근본 정신을 무시하는 주장이다. 객관성은 불가능하지 않은

4 　실체를 관찰될 수 있는 것이라 했는데 이에 대한 문제는 뒤에 논할 것이다.

과학의 목표다.

간주관성은 당연히 객관적 실재가 아니다. 객관성의 획득이 불가능하다면 그것은 과학도 지식도 아니다. 실증주의의 결정적 결함이 여기에 있는바 이것을 언론학자들은 아무렇지 않게 넘어간다. 이들에게는 실증주의 경험과학이 "사회 구성의 과정과 구조를 현상적 수준에 그치지 않고 본질적 수준에 이르기까지 파악·인식한다는 노력을 중도에 포기한다"는 비판이 무의미할 것이다(박영은, 1995: 66). 실증주의로는 본질에 해당하는 지식에 도달할 수 없다는 이야기다. 사회과학의 방법이 어찌 실증주의만 있단 말인가? 실증주의는 일부의 지식만을 검증할 수 있을 뿐이다. 과학적 방법에 대한 인식이 이러하니 언론학 논문의 절대 다수는 실증논문이다.

경험세계의 현상은 원천적으로 주관적이다. 철학자들은 그 현상의 본질을 규명하기 위해 기하학과 수학을 동원했다. 코페르니쿠스의 작업도 그런 것이었다. 갈릴레이가 망원경으로 확인하기 전에 태양이 중심이라는 객관적 사실을 확인했던 것이다. 코페르니쿠스는 새 우주 체계 위에서 행성의 위치가 어떻게 결정되는가를 수학적으로 풀어갔다(김영식·박성래·송상용, 1994: 68). 뉴턴도 중력 등의 힘을 다룬 그의 기념비적인 저서 《프린키피아: 자연과학의 수학적 원리》의 머리말에서 "나는 이 책을 수학 원리의 철학이라고 부르겠다"고 했다(Newton, 1687/2012). 이들이 수학으로 밝혀낸 새로운 사실이 바로 객관적 실재로서의 지식인 것이다. 기하학과 수학은 본래 실재에 해당하는 관념세계를 다루는 학문적 방법이었다는 사실을 잊어서는 안 된다.

사회과학의 다른 분야 연구자들은 그렇게 편협하지 않다. 정치학자인 김승현 등은 과학적 절차를 통해 알 수 없는 것이면서도 인간에게 필요한 지식은 많다면서 철학이 그러한 지식을 많이 제공한다는 점을 인정한다.

철학과 과학의 경계가 흔히 생각하는 것처럼 그리 뚜렷한 것은 아니라는 점도 밝혔다(김승현·윤홍근·정이환, 2005: 456). 그리고 실증주의의 한계를 지적하며 현상의 밑바닥 또는 배후에 있는 어떤 구조를 밝히려는 실재론(實在論)을 소개하기도 한다(김승현·윤홍근·정이환, 2005: 467).

경제학자 이정전은 오늘날 주류 경제학자들은 수학적으로 생각하기 급급해서 철학적으로 생각하기를 포기했다면서 "철학을 바탕으로 경제학을 이야기한다는 점에서 마르크스는 아담 스미스를 비롯한 경제학 창시자들의 뜻을 가장 충실히 계승한 학자요, 이런 점에서 마르크스야말로 진정한 경제학자라고 할 수 있다고 평가하였다(이정전, 2011: 221).

사회학자인 김경동 등도 어떤 현상에 대해서는 직·간접적으로 실제로 보고, 듣고, 만지고, 맡고, 맛보는 등의 오관(五官)으로 관찰하여 경험적으로 인식하는 사실적 자료(*factual data*)를 우선 지식의 증거로 삼는다고 하면서도 주로 마르크스의 변증법적 유물론에서 연원하여 후일 프랑크푸르트학파로 이어지는 비판적 전통과 실재론 및 구조주의 등을 아우르는 사회과학의 패러다임을 인정한다(김경동·김여진·이온죽, 2009: 6~10).

행정학자 김광웅은 방법론이 우리가 늘 궁금하게 생각하는 사물 또는 현상의 본질이 무엇인지를 알아내려는 관심과 통한다면서 유감스럽게도 우리는 지금까지 '방법론'을 정확하게 이해하지 못한다고 지적한다. 뿐만 아니라 지식의 실체에 대한 이해도 부족하다고 비판한다. 또한 지식에는 전(前)과학적·과학적·후(後)과학적 지식이 있으며, 현대 학문의 발달로 과학적 지식의 실체를 규명하지만 그것만으로는 전·후 과학적 지식을 캐낼 수 없다는 점을 망각한다면서 지금까지 우리는 직감과 권위를 맹신하고 증빙자료도 없이 주먹구구식 논리만 전개한 때도 있었으며, 또 과학주의를 과신하여 '면도날로 고기를 썰 수 있으며' 컴퓨터의 신속성을 창의성으로 오해한 때도 있었다고 비판하였다(김광웅, 1984: 1~2). 이성적으로 신중하게 사유하여 명확하게 변별하는 사변철학도 지식을 얻는 중요한 방법론이라는 사실이다. 결국 철학적 기초와 수학적 기초에 이어서 경험연구의 평가에 이르기까지 방법론의 모든 분야를 섭렵해야 한다는 점을 강조하였다(김광웅, 1984: 16).

철학자 박이문은 우리들의 문제가 '사회현상'이라 불리는 현상에 대한 존재론적 문제로 바뀐다면서 실증주의적·현상학적 그리고 구조주의적인 방법에 의해서 오로지 서로가 보충·보완하는 가운데 다각적으로 조명될 수 있을 뿐이라고 강조하였다. 그것은 마치 인격(*person*)이 생물적·심리적 혹은 윤리적인 한 가지 차원에서만 설명될 수 없는 것과 마찬가지이기 때문이라고 한다(김광웅, 1984: 22). 철학적 처지에서 볼 때 기호가 곧 실체일 수 없고, 뿌리 없는 해석이 곧 진리일 수 없으며, 주체가 없는 정보가 곧 지식일 수 없고, 인간이 없는 정보교환이 곧 사유일 수 없다 했던 박이문의 지적도 곱씹어 보아야 할 것이다(박이문, 1996: 122). 이러한 점에서 볼 때 사회과학의 다른 분야가 철학의 젖줄을 완전히 차단하지 않은 데 비해 언론학은 그마저도 미치지 못하며 과학은 고사하고 사회과학 중에서도 가장 뒤떨어진 인식을 한다는 것을 알 수 있다.

실재론이란 고대 그리스의 철학자 파르메니데스의 존재론과 플라톤의 이데아론을 말한다. 오감에 의해 지각할 수 있는 현상은 주관의 영역으로서 지식이 아니며, 이성의 사유에 의해 규명할 수 있는 객관적 실재의 세계(*reality*)가 바로 지식이요 진리라는 것이다. 그래서 소크라테스는 감성을 억제하고 이성에 의해 진리를 깨우쳐야 한다고 강조했던 것이다. 이 실재론 철학이 근대 자연과학의 발전을 견인했다는 사실을 잊어서는 안 된다. 그러나 사회과학, 그 중에서도 언론학은 보다 더 심각하게 철학에서 이탈하여 현상을 설명하는 데 그친다. 언론학이 발전하려면 철학의 성찰과 비판을 수용해야 한다.

자본주의 사회에서 사회과학의 기본은 정치경제학이다. 사회과학의 모든 대상은 자본주의라는 토양에서 자라난 현상이다. 그 토양에 대한 지식을 멀리 하고 과학이라 할 수는 없다. 정치경제학을 성립시킨 아담 스미스나 존 스튜어트 밀 그리고 마르크스는 모두 철학자로서 실재론 철학을 기본으로 하여 자본주의의 본질을 추구하여 각각 《국부론》, 《정치경제학원론》, 《자본》 등의 저서를 남겼다. 언론학이 과학으로서의 면모를 갖추려면 정치경제학에 대한 지식을 기반으로 해야 할 것이다.

사회과학이 사회과학 분과들(social sciences)로 파편화되기 전에는 문제의식이 분명했다. 이때 사회과학은 사회적 인간에 관한 지식의 추구에 있었다. 즉, 생물학적 존재이면서 인간의 의식에서 독립적으로 존재하는 사회 속에서 살아가는 인간에 관한 과학이다. 그러므로 사회과학은 인간 행위의 사회적 관련을 대상으로 하여 사회기구의 분석에 역점을 두는 것이다(水田洋·長洲一二, 1988: 21).

사회과학은 사회생활과 사회관계 및 사회적 모순을 객관적으로 연구함으로써 사회발전의 물질적 합법칙성을 구명하는 과학이다. 이 사회의 발전 법칙은 보편적이고 추상적이며 본질적인 것이다. 개별 사회의 형태와 발전에는 이러한 보편성(본질)이 관철되며, 이와 동시에 그 보편성은 개별 사회라는 특수성(현상)을 통해서만 그 모습을 드러내게 되는 것이다(윤한택·조형제, 1987: 11). 현상은 본질의 그림자라고 할 수 있으므로 현상을 단서로 삼아 관찰하여 그 본질에 이르러야 하는 것이다.

마르크스는 사회과학을 최초로 분명하게 윤곽을 잡아서 개념화했으며, 사회과학의 방법론으로 역사적인 유물론적 변증법을 발견했고, 사회과학의 핵심 분야로 마르크스주의 정치경제학을 성립시켰다. 정치경제학은 법칙의 완성이 아니라 사회과학의 과학적 연구에 대한 출발점을 제시하며, 지속적으로 변하는 객관적 현실의 과학적 분석을 위한 방법을 포함하는 것이다(박영호·이삼열, 1990: 17~18).

사회과학은 19세기 유럽의 산업자본주의 시대에 형성되었으며, 정치경제학은 아담 스미스의 논리를 계승하여 역시 19세기 자본주의 사회를 총체적으로 분석하였다. 제반 사회과학은 자본주의를 옹호하고 지키는 것이었지만 정치경제학은 자본주의 사회의 객관적 실재를 과학적(지식적)으로 규명하려 했다. 정치경제학은 사회과학 연구의 기본인 것이다. 우리가 자본주의 사회의 미디어를 연구할 때 진보-보수의 이념적 편견을 버리고 정치경제학을 기본 바탕으로 배워야 하는 까닭이다.

3. 정치경제학의 이해

1) 정치경제학의 태동

흔히 아담 스미스를 경제학의 시조라고 하지만 그가 아무것도 없는 백지 상태에서 경제학을 창조한 것은 아니다. 중상주의 시대, 즉 자급자족의 봉건제사회 말기 절대왕정국가 체제에서 국가 재정의 원천에 대한 소박한 학설이 등장하고 변화 및 발전하던 것을 스미스가 계승·발전시킨 것이다. 그럼에도 불구하고 그가 경제학의 시조로 추앙되는 이유는 단순한 계승이 아니라 중상주의 경제를 비판하면서 자유주의 경제이론을 체계적으로 정리했기 때문이다.

절대왕정국가는 봉건적 생산 관계에서 자본주의적 생산 관계로 이행하는 과도기에 해당한다. 봉건적 생산 관계의 토양에서 자본주의적 생산이 활발하게 진행되었던 것이다. 봉건적 생산 관계에서는 작은 영지 단위에서 자급자족의 농업 생산에 의존하였으므로 경제이론이 필요하지 않았다. 그러나 수십 곳의 영지를 민족 단위로 통합하여 근대 국가의 틀을 형성하고 강력한 왕이 통치하는 절대왕정국가는 달랐다. 봉건시대에는 없던 현상과 제도가 생겨났다. 중앙과 지방의 관리가 필요했고 상비군을 두어야 했다. 관리는 과거의 기사와는 달리 월급을 주어야 했고, 대부분 용병으로 구성된 상비군을 유지하는 데도 막대한 재원이 필요했다. 이때는 이미 노동지대, 생산물지대, 화폐지대를 통과하면서 화폐경제가 활발하게 진행되었다. 이제는 땅이 아니라 화폐가 재산이었다. 이 시기 화폐는 주로 금과 은이었다.

따라서 국가와 왕실 차원의 관심은 금과 은을 최대한 확보하는 것이었다. 국가의 재정, 즉 국부(國富)의 확보와 운영이 대단히 중요했다. 한 도시가 아닌 국민국가, 사우샘프턴, 리용, 암스테르담 같은 도시를 위해서가 아니라 영국, 프랑스, 네덜란드라는 나라를 위해 국부와 국력을 증진시킬 수 있는 방안을 강구해야 했다(Huberman, 1936/2010: 151). 국가의 재정 수요를 어떻게 충분히 확보하느냐, 즉 어떻게 국가의 부를 확보하고 운영하느냐에 대한 생각이 정치경제학의 출발이다. 경국제민(經國濟民) 혹은 경세제민(經世濟民)으로서 국가와 세상을 경영하며 백성을 구제하는 일에 대해 체계를 세워야 했던 것이다. 《경제학용어사전》도 정치경제학이 원래는 나라를 경영하는 경국(經國)의 한 부문이었다고 밝힌다(Mosco, 1996/1998: 33). 경제 분야에 국한되는 지금의 경제학과는 차원이 달랐다.

절대왕정국가의 경제 정책은 중상주의와 중농주의 중에서 주로 중상주의였다. 대외무역을 장려하는 것이다. 국내에서는 산업을 장려하여 상품을 생산함으로써 수출을 많이 하는 반면 수입을 최소화하여 그 차액으로 재정 수요를 충당한다는 것이 기본 구도였다. 이른바 '무역차액설'

이 당시의 소박한 경제이론이었다. 여기에 식민지무역과 노예무역이 수반되었다. 따라서 저마다 같은 논리로 경쟁적으로 중상주의 정책을 추진하다보니 충돌이 있을 수밖에 없고 전쟁이 잦았다. 그만큼 벌어들인 것 이상으로 전비 등 지출도 많으니 절대왕정 체제는 시한부일 수밖에 없었다. 그 와중에 성장한 부르주아가 시민혁명으로 왕정을 무너뜨리고 정치 권력을 잡으니 비로소 봉건제가 붕괴되고 자본주의 사회로 이행한 것이다. 부르주아가 정치권력은 잡았지만 경제 정책은 여전히 중상주의였다. 공장제 수공업(*manufacture*)의 낮은 생산력 수준으로는 한계가 있었기 때문에 국가 주도의 대외무역이 변함없이 주요한 재정 확보의 주요 방법이었던 것이다. 이 과정에서 여러 경제학자들이 등장하였다.

먼저 영국의 경제학자 및 통계학자인 윌리엄 페티 경(1623~1687)이 있다.[5] 그는 시장가격 변동의 중심을 이루는 자연가격을 확정함과 동시에 그것이 무엇에 의하여 결정되는가의 문제를 추구하였다. 그 결과 상품의 가치를 다름 아닌 생산에 필요한 노동량에서 구하였다. 이 점에서 그는 스미스나 리카도 등이 주장한 가치론의 선구자라 할 수 있다. 한편 상품 가치와 그 표현 형태로서의 화폐 형태 즉, 가격을 구분하지 않고 가치를 화폐량, 금·은으로 해석하는 것에서 그는 중상주의적이다.

또한 그는 "노동은 부의 아버지이고 자연은 그의 어머니이다"라고 함으로써 자연과 노동을 동등한 가치의 척도로 이해하고, 토지와 노동 사이에 식량을 둘러싼 자연적 등식관계가 나타난다고 보았다. 거기서 진일보하여 투하노동에 의한 가치 규정 이외에 생활 자료의 비율이 가치의 지배적 형태로 된다고 하여, 후대의 노동가치로 상품의 가치를 결정하는

5　이하 논의는 마르크스의 《자본》 4부에 해당하는 《잉여가치학설사》를 해설한 사키사카 이쓰로(向坂逸郎)의 저서를 참고했다. 국내에서 《잉여가치학설사》는 제 2부만 번역되었다.

이론의 선구자가 되었다(向坂逸郎, 1957/1988: 20~21). 무역차액설에서 노동가치설로 이행하는 첫 출발이었다.

페티는 후에 스미스와 마르크스 등이 계승한 노동가치설의 선구자라는 사실이 중요하다. 중상주의자이면서도 노동이 부와 가치의 원천이라는 사실을 간파했던 것이다. 시장가격과 자연가격의 관계에 대한 설명도 선구적이라고 할 수 있다. 그리고 그는 나아가 화폐 소유자는 토지를 매입함으로써 지대를 취득할 수 있기 때문에 화폐도 토지와 같은 형태의 소득을 얻지 않으면 안 된다고 논하고, 이 소득을 이자라고 보았다(向坂逸郎, 1957/1988: 21). 이 부분도 스미스에 의해 계승된다.

영국의 경제학자인 찰스 데브넌트(1656~1714)는 《동인도무역론》과 《무역차액개선론》 등의 저서에서 무역차액설을 주장하고 중금사상(重金思想)을 공격했다. 중상주의자이면서 부(富)라는 것은 토지와 노동에 의해 생겨날 수 있는 유용물이기 때문에 금과 은은 유일한 부가 아니라며 중상주의에 반대하는 주장을 펴기도 했다(向坂逸郎, 1957/1988: 21~22).

철학자이자 경제학자인 로크(1632~1704)는 그의 1689년 저서 《정부에 관한 2가지론》(Two Treatises of Government)에서 물질의 자연가치 중의 일부분은 자연에 의해 주어지지만 나머지 대부분은 노동에 의해 주어진다고 하여 노동에서 재화와 토지 사유의 기초를 구하고, 또한 지대를 사유재산 집적의 결과 발생하는 토지의 불평등한 분배에서 연유한 것으로 보았다. 이자도 지대와 같이 사유재산의 불평등에서 연유하는 것으로 이해하는 한편 중상주의적 입장에 서서 순수한 무역차액을 경제 정책의 과제로 삼았다(向坂逸郎, 1957/1988: 23). 노동가치설과 무역차액설을 모두 인정하는 셈이다.

영국의 철학자이자 경제학자로서 불가지론(不可知論)으로 유명한 데이비드 흄(1711~1776)은 중상주의에 반대하면서도 보호관세의 합리성을 동시에 인정하는 철저하지 못한 자유무역론자로 평가된다(向坂逸郎, 1957/1988: 24). 흄은 아담 스미스와도 깊은 학문적 교유를 하였다.

영국의 제임스 스튜어트 경(1712~1780)은 1767년에 《정치경제학 원리》(An Inquiry into the Principles of Political Economy)를 발표했다. 그는 이 책에서 경제학 사상 처음으로 '정치경제학'(political economy)이라는 표제를 사용함으로써 종래 단편적이었던 경제 이론을 학문적 체계로 발전시켰다. 그는 생산비가치설을 설명하고, 가격의 수요・공급론을 전개하여 노동 그 자체가 생산수단의 공급을 늘리는 유일한 수단이라는 것을 강조하였다(向坂逸郎, 1957/1988: 25).

지금까지는 모두 영국의 학자들이었다. 영국이 청교도혁명의 성공 이후 자본주의적 생산이 가장 앞섰던 네덜란드를 제압해 자본주의적 생산관계에서 네덜란드를 추월해 선두주자가 되었기 때문에 학문도 역시 선도했다. 당시에는 철학이 모든 분야를 다루었기 때문에 철학자들이 두드러졌다. 앞서는 페티 등의 자산가들이 경험에서 비롯된 이론을 제시하였고, 뒤이어 철학자들이 경제 현상을 체계적으로 설명한 것이다. 스미스도 그 연장선에 있는 것이다. 이어서는 프랑스에서 자본주의가 발전하고 산업혁명이 진행되면서 프랑스에서도 학설이 제시되었고 독일과 이탈리아 등이 그 뒤를 이었다.

프랑스의 경제학자이면서 정치학자였던 튀르고(1727~1781)는 1761년 리모주 지사로 임명된 이후 경제 개혁을 단행했는데, 곤궁의 원인이 징세가 자의적이며 재산평가에 기준이 없다는 데 있다는 것을 파악하고, 순수익에 기초한 토지단일세 실시를 도모하여 순 생산고 조사를 명하는 것과 함께 이것에 부합하는 조세개혁을 단행했다. 이 밖에 상업의 자유, 독점 폐지, 구빈제도 조직, 농업 장려 등을 추진하였다(向坂逸郎, 1957/1988: 26). 튀르고는 1774년에는 루이 15세에 의해 재무대신에 임명된 후에는 극도의 재정긴축을 역설하고 보호정책적인 행정법규 폐지에 노력하는 한편 곡물 거래의 자유, 부역의 폐지, 특권계급에 대한 조세 부과를 단행하였다. 이로 인해 귀족과 승려 등 특권계급의 반발을 사 해임된 이후에는 문학이나 자연과학 연구에 몰두하면서 흄과 스미스와도 교제를 하였다. 《부의 형성 및 분배에 관한 고찰》(1766), 《가치와 화폐》(1769) 등의 저서를 남겼다.

이탈리아의 경제학자 피에트로 베리(1728~1797)는 경제에 대한 국가의 간섭, 물가 통제 및 법률에 의한 이자율 결정 등에 반대하고, 곡물 거래의 자유, 빵과 고기에 대한 과세 면제, 내국관세 철폐 등을 주장함으로써 중상주의에서 스미스의 이론으로 넘어가는 과도기적인 역할을 하였다. 역시 이탈리아 경제학자로서 중세(重稅) 경감을 위해 노력하고, 《농업론 초》(1769)와 《이탈리아 경제학의 고전》(1804) 등 저서를 남긴 페르디난드 파올레티(1717~1801)도 있다(向坂逸郎, 1957/1988: 27).

프랑스의 정치가이자 경제학자였던 자크 네커(1732~1804)는 튀르고의 중농주의 체계에 반대하고 중상주의적 원리를 보증·확정하려고 했으며, 무역차액론 추종자로서 곡물 거래의 절대적 자유에 반대하였다. 그는 사적 소유권에 대해 맹렬한 비판을 가하기도 했다. 《곡물법령과 그 거래에 대하여》(1775), 《프랑스의 재무행정에 대하여》(1785) 등의 저서를 남겼다.

프랑스의 법률가이자 신문기자였던 시몬 랑케(1736~1794)는 사회의 부정부패를 공격한 일로 법률가로서의 직업을 잃은 후 볼테르의 지원으로 신문이나 팸플릿을 통해 교회와 부자, 경제학자, 철학적 이상가들에 대해 통렬한 비판을 가하였다. 그는 국가를 다수자의 노동에 대한 청구권이나 소수자의 소유권을 보증하는 기관으로 해석하고, 사회악이 발생하는 근원을 경제적 불평등에서 구하였다. 그러나 프랑스 대혁명 시기에 절대왕정을 옹호함으로써 반혁명주의자로 단두대에서 처형되었다. 저서로는 《사법의 원리와 사회의 근본법칙》(1767) 을 남겼다.

2) 정치경제학 비판

> 공자 말하길, 내가 듣기로 나라를 소유하고 일가를 이룬 자는 백성이나 가솔이 적은 것을 걱정하지 않고 고르지 못한 것을 걱정하며, 가난을 걱정하지 않고 평안하지 못한 것을 걱정한다고 한다. 모두가 고르게 살면 가난이 없고, 화목하면 부족함이 없으며, 평안하면 기울어짐이 없다(《논어》, "편해").

사마천은 《사기열전》의 마지막 부분에 "화식열전"(貨殖列傳) 을 배치했다. 돈을 많이 번 부자에 대한 기록이다. 사회생활과 역사에서 경제의 중요성을 강조하려 했던 것이다. 사마천은 여기서 세상을 가장 잘 다스리는 방법은 자연스러움을 따르는 것이고, 그 다음은 이익을 이용하여 이끄는 것이며, 그 다음은 가르쳐 깨우치는 것이고, 또 그 다음은 백성을 가지런히 바로잡는 것이고, 가장 정치를 못하는 것은 재산을 가지고 백성과 다투는 것이라고 했다. 자연스러움을 따르는 것은 이상적인 목표이고 입고 먹는 것, 즉 경제적 능력이 다스림의 근원이라는 것이다. 그는 또한 다음과 같이 말했다.

> 사람들은 각각 저마다의 능력에 따라 그 힘을 다해 원하는 것을 얻는다. 그러므로 물건 값이 싸다는 것은 장차 비싸질 조짐이며, 값이 비싸다는 것은 싸질 조짐이다. 각자가 그 생업에 힘쓰고, 즐겁게 일하는 것이 마치 물이 낮은 곳으로 흐르는 것과 같으며, 물건은 부르지 않아도 밤낮으로 쉴 새 없이 절로 모여들고, 구하지 않아도 백성이 만들어낸다. 이것이야말로 어찌 도와 부합하고 자연법칙의 징험이 아니겠는가?

이것은 아담 스미스가 《국부론》에서 설파한 바, 이기심(*self love*)에 기초해서 이익을 추구하는 개인적 욕망이 궁극적으로 타인과 사회에 유익을 가져와 진보를 이룬다는 주장과 시장가격은 사유재산권에 기초한 시민권이 자유롭고 평등하게 행사되는 조건에서 '보이지 않는 손'에 의해 끊임없이 자연가격에 수렴된다는 논리와 유사하다. 사마천이나 스미스의 주장은 인간의 이성을 신뢰한다는 전제에서 나름대로 현상의 실체를 설명하려 한 것이다. 다음은 스미스의 생각이다.

> 그러므로 자연가격은 말하자면 모든 상품의 가격이 줄곧 그것에 이끌리는 중심가격이다. 여러 가지 우연한 사정으로 말미암아 때로는 그 가격이 자연가격보다 훨씬 높게 머물러 있는 경우도 있고 또 때로는 약간 그 이하로 떨어지는 경우도 있다. 그러한 가격이 정지와 지속의 중심에 안정되는 것을 방해하는 장애가 무엇이든지간에 그 가격은 줄곧 그 중심으로 향하는 경향이 있다 (Smith, 1776/2006 : 85).

경제가 근본을 이룬다는 것은 이렇게 동서고금을 초월하는 진리다. 역사를 움직인 원동력도 생산력과 생산 관계라는 경제의 영역이며, 당대를 이끄는 근본적 힘도 경제에서 나온다. 경제를 포함한 물질의 영역이 의식의 영역을 결정하는 것이다. 마르크스는 이 부분을 다음과 같이 설명했다.

> 인간은 자신의 생활을 사회적으로 생산하는 가운데, 자신의 의지로부터 독립된 일정한 필연적 관계, 즉 자신의 물질적 생산력의 일정한 발전 단계에 조응하는 생산 관계에 들어선다. 이러한 생산 관계의 총체가 사회의 경제적 구조, 즉 그 위에 법률적 및 정치적 상부구조가 서며 일정한 사회적 의식 형태가 그에 조응하는 그러한 실제적 토대를 이룬다. 물질적 생활의 생산 방식이 사회적 · 정치적 · 정신적 생활 과정 일반을 조건 짓는다. 인간의 의식이 그

들의 존재를 규정하는 것이 아니라 거꾸로 그들의 사회적 존재가 그들의 의식을 규정한다(Marx, 1859/1995, 477~488).

이러한 인식을 대표하는 학문으로 출발한 것이 정치경제학이다. 그러면 정치경제학이란 어떤 학문일까? 왜 경제학이 아니고 정치경제학인가? 본래 경제학은 정치경제학에서부터 출발했다. 그것을 고전경제학이라고도 한다. 고전경제학, 즉 정치경제학은 19세기 후반에 와서 자연과학처럼 정밀한 관찰을 지향하는 경제학(economics)으로 바뀌었다. 사회과학은 자연과학, 특히 물리학(physics)의 방법을 추종했기 때문에 학문의 호명도 economics니 politics니 하는 식으로 부른 것이다. 아담 스미스가 완성하고 데이비드 리카도(1772~1823)에 의해 진화된 고전경제학은 일정하게 사회과학으로서의 정체성을 가졌다. 비록 부르주아 입장에 서긴 했지만 그 당시까지는 부르주아가 진보성을 담보했다. 영국이 내전과 명예혁명의 과정을 거치면서 부르주아 시민계급이 절대왕정국가를 제압하고 국가 권력을 장악했지만 국가의 배려에 의한 상공업의 육성이라는 중상주의 정책의 기조가 유지되는 상황이었다. 도덕철학을 기반으로 하여 성립한 아담 스미스의 고전경제학은 노동가치설을 기본으로 한다. 그러나 근대 경제학은 노동가치설을 부정하면서 출발하였다. 자본주의에 대한 과학적 설명을 포기하고 철저하게 자본주의 경제를 합리화하는 데 목표를 두었다. 한편, 정치경제학을 비판적으로 계승한 것이 마르크스의 정치경제학이다. 스미스와 리카도의 성과를 계승하고 수정·보완하여 과학적 설명력을 높인 것이다. 고전경제학이 19세기 후반에 와서 정치경제학과 경제학으로 갈라진 셈이다. 이 부분에 대한 설명은 차차 하기로 하고, 미디어 산업을 과학적으로 인식하는 데 필요한 학문이 어느 것인지에 대해 먼저 판단하기로 한다.

하버드대 비즈니스스쿨의 연구원인 첸진(陳晉)은 하버드대 경제학 강의를 소개한 《하버드 정치경제학》이란 저서에서 "이 책은 사회와 일상생활에 미치는 경제학의 영향, 정치적 지형 속에서 경제학적 사유가 어떻게 펼쳐지고 제약받는지 등을 서술하는 데 초점을 맞췄다"고 했다(陳晉, 2011/2012: 8). 이 책의 역자인 이재훈은 "이 책은 미국 주류 경제학의 대지를 탐험한 한 기자의 기록"이라고 했다(陳晉, 2011/2012: 326). 이 책의 원제는 *Notes from HARVARD on Political Economics*다. 정치경제학이 Political Economics일까? 첸진은 150년 전의 경제학이 현대의 경제학과 전혀 다르다면서 경제학 교과서의 역사적 변천 과정에 대한 벤저민 프리드먼의 강의를 이렇게 요약했다.

현대 경제학 교과서의 초창기 형태는 19세기 말 영국으로 거슬러 올라간다. 현대적 의미의 '경제학'은 영국의 경제학자인 알프레드 마셜(1842~1924)이 쓴 《경제학원리》(*Principles of Economics*)에서 출발했다. 이 책은 1890년 처음 출간된 후 모두 여덟 차례 인쇄되었다. 제1쇄는 750쪽 분량이었지만 8쇄에서는 그 양이 870쪽으로 늘어났다. 1919년에 이르러 《경제학원리》는 존 스튜어트 밀이 저술한 《정치경제학원리》를 밀어내고 옥스퍼드대학에서 경제학의 표준 교과서로 자리 잡았다. 마셜은 수요, 공급, 소비자 잉여, 한계편익과 한계효용, 가격탄력성, 생산비, 규모의 경제, 단기 및 장기의 의미 등 주요 개념을 역동적 체계로 연결했다. 그는 최초로 도형을 통해 경제 문제를 설명한 사람이다. 마셜은 '한계혁명'(*marginalist revolution*) — 스미스의 혁명에 이은 제2혁명 — 의 내용을 수식으로 표현했는데, 여기서 '한계'의 개념은 경제학의 중요한 분석 도구이다. 이후 분석의 깊이가 더해져 수리경제학의 토대가 마련되었다(陳晉, 2011/2012: 196~197).

이 부분은 단순히 경제학 교과서의 변천 이상으로 정치경제학이라는 학문의 본질적 변화를 의미한다. 마셜을 기준으로 하여 정치경제학과 경제학은 분리된다. 정치경제학을 버리고 경제학이라는 새로운 학문을 성립시킨 것이다. 이는 자본주의의 위기가 심화되고 노동운동이 고조되는 분위기에서 노동가치설이라는 과학적 법칙을 폐기하고 자본주의를 지키는 논리로 창안된 것이었다. 경제학은 수요와 공급의 법칙이란 것이 주종을 이루는데, 수요-공급의 법칙에서 설명하는 수요의 욕구와 공급의 욕구가 만나는 지점 — 균형가격, 균형거래량 — 은 실제로는 존재하지 않는다(정승현, 2009: 152). 이것은 산업자본주의 사회에서 아담 스미스의 '보이지 않는 손'이라는 논리가 설명력을 상실했을 때, 자유주의적 자본주의 시장에 대한 신앙심을 지속적으로 불어넣기 위해 고안한 결과였다(정승현, 2009: 149). 노동자가 마르크스의 이론에 경도되고 사회주의 운동이 고조되는 경향에 대한 대응 논리였던 셈이다.

미국에서도 정치경제학이 있었다. 미국 최초의 정치경제학자로는 대니얼 레이먼드(1786~1849)가 꼽힌다. 그의 1823년 저서인 《정치경제학 요론》(The Elements of Political Economy)은 미국 최초의 정치경제학 교과서로서 청교도 이념과 공동체의식이 강했고 평균주의적 색채도 일부 띠었다고 한다. 그러나 레이먼드가 주창한 공동체 의식과 평균주의는 미국 경제가 19세기에 고도로 성장하면서 점차 사람들의 관심 밖으로 밀려났다고 한다(陳晋, 2011/2012: 199). 이와 같이 첸진의 책은 자본주의 경제에 대한 연구가 정치경제학에서 경제학으로 바뀐 과정을 압축적으로 설명한다. 그리고 경제학자들은 경제의 문제를 현실에서 출발하는 것이 아니라 수학에서 시작하기 때문에 연구 과정에서 도출한 결론이 공허하거나 경제와 동떨어지기도 한다는 점도 지적된다(陳晋, 2011/2012: 198).[6]

---

6   이를테면 자연과학에서 수학적 증명은 자연현상의 관찰에서 증명되지만 경제학에서는 아니라는 것이다.

주지하다시피 《국부론》의 저자 아담 스미스는 경제학의 시조라고 불린다. 《국부론》은 절대주의 국가의 성립 이래 관철된 국가 주도의 중상주의 정책을 비판하면서 자유주의 경제 이론을 정립하였다. 스미스가 시도한 학문은 정치경제학이라 했으며, 앞서 중상주의 시대 이래의 경제를 설명한 선구자들의 이론을 종합한 것이었다.

스미스의 정치경제학을 비판적으로 계승한 마르크스는 정치경제학이 17세기 말에 페티와 보아규베르로 시작해서 근대 정치경제학의 역사는 리카도와 시스몽디로 종료되었으며, 그 후의 정치경제학 문헌은 예컨대 존 스튜어트 밀의 저술처럼 절충적·혼합주의적 편람으로 귀결되거나 (…) 고전적 흐름의 시류에 영합해 과장된 것으로 귀결된다고 평가했다. 그리고 그것은 전적으로 아류 문헌, 재탕, 형식 다듬기, 보다 광범한 소재의 취합, 과장, 통속화, 요약, 세부사항의 정교화, 발전국면에서의 결정적인 비약의 결여, 한편으로는 재고목록의 수용이고 다른 한편으로는 개별적 측면에서의 성장이라고 비판했다(Marx, 1857/2000: 33~34). 하버드대 강의 내용과 대체로 일치하는 것을 알 수 있다.

하버드대 강의에서 정치경제학 교과서의 마지막을 장식했다는, 그리고 마르크스가 '얼빠진 혼합주의'라 비판했던(Marx, 1867/2008: 54) 존 스튜어트 밀의 《정치경제학원리》를 보자. 밀은 이 책의 머리말에서 자신의 작업이 《국부론》의 연장선상에서 변화된 조건을 반영하여 설명할 필요에서 시도되었다는 점을 분명히 했다. 그러면서 스미스의 업적을 다음과 같이 평가했다.

정치경제학을 추상적 사변의 한 분야로 간주할 때 거기에 포함될 수 있는 범위보다 훨씬 넓은 생각과 주제가 이것 자체만으로도 함축된다. 실천적 목적을 염두에 두면 정치경제학은 여타 많은 사회철학의 분야와 불가불리로 얽혀 있다. 단순한 세부사항을 제외하면 심지어 성격상 순전히 경제적 문제에 가장 근접하는 문제 가운데에서도 경제적 전제에만 근거를 두어 결정될 수 있는 현실의 문제는 아마도 없을 것이다. 이러한 진실을 아담 스미스는 결코 놓치지 않았기 때문에 순수 정치경제학이 제공하는 범위보다 대개 훨씬 커다란 다른 고려사항에 정치경제학을 응용하여 지속적으로 논의를 붙였기 때문에 실천 목적을 위해서 이 주제의 원리를 통솔할 수 있다는 근거 있는 느낌을 우러나게 한다. 정치경제학에 관한 여러 논고 가운데서 《국부론》만이 일반 독자에게 인기를 누렸을 뿐만 아니라 세계 인류의 마음과 입법자들의 마음에 강한 인상을 남길 수 있었던 까닭이 바로 여기에서 기인한다(Mill, 1848/2010: 12).

스미스와 밀 사이의 시기에 영국 사회는 엄청난 변화를 겪었다. 《국부론》은 산업혁명이 시작된 초입기인 1776년에 출판되었으며 《정치경제학원리》는 산업혁명이 완료된 후에 출판되었다. 《정치경제학원리》는 스미스가 강조하던대로 중상주의 시대가 막을 내리고 본격적인 자본의 시대, 즉 산업자본주의가 뿌리를 내린 시기를 배경으로 한 것이었다. 산업혁명은 사회 전반에 혁명적 변화를 가져왔다. 동력을 이용한 기계적 생산은 우선 대량생산의 시대를 활짝 열었으며, 이와 더불어 빈부 차의 심화와 노동자계급의 부상 및 노동조합운동의 시작, 중산층 형성, 대중 교육의 보급, 교통·통신의 발달 등을 가져왔다. 그리고 공황이 주기적으로 발생하기 시작했고 이와 관련하여 독점이 진행되었다. 국가는 최소한의 역할에 머물고 자유시장경제에 맡기면 국부가 창출된다는 스미스의 이상사회론은 무너졌다. 일취월장 성장하며 풍요로운 사회로 발전하는 모습을 목도하면서 낙관적으로 보이던 자본주의는 산업혁명이 진행되면서 더욱 낙관적으로 보였다. 그 시기의 철학이 벤담의 공리주의임은 주지의 사실이다. 그러나 벤담도 합리적 개인 이성이 효용(*utility*)을 추구할 때 시장이 최대다수의 최대행복을 보장할 것이라는 낙관주의가 흔들리면서 사회적 조정의 필요성을 깨달았지만 반향을 일으키지 못했고,

나중에 밀에 의해 공리주의가 수정되었다.

밀은 이렇게 기본적으로는 스미스의 관점을 수용하면서 변화된 조건을 반영하는 내용의 책을 썼던 것이다. 순전히 경제적 문제에 가장 근접하는 문제 가운데에도 경제적 전제에만 근거해서 결정될 수 있는 현실의 문제는 아마 없을 것이라는 인식을 고수하면서 정치경제학의 큰 틀을 벗어나지는 않은 것이다. 이것이 마셜에 의해 종식되었다는 것이다. 도덕철학 내지는 사회철학의 차원에서 경제를 총체적으로 설명하는 정치경제학이 막을 내리고 자연과학의 한 분야와도 같은 방법론을 동원하는 경제학이 태동했다는 이야기다. 고전경제학이 막을 내리고 근대경제학으로 이행한 것이다. 결국 철학적으로 실재의 지식을 탐구하는 정치경제학을 포기하고 현상의 설명에 머무는 길을 선택한 것이다. 그리고 정치경제학은 마르크스에 의해 발전적으로 계승되어 오늘에 이른다.

따라서 정치경제학이라고 할 때, 고전경제학을 의미하는지 마르크스의 정치경제학을 의미하는지가 분명해야 한다. 그 점에서 첸진이 소개한 하버드의 정치경제학은 정체가 불명확하다. 고전경제학과 근대경제학의 혼합인가? 신자유주의를 반영한 고전경제학의 동원인가? 그런 측면이 있는 것 같다. 마르크스는 밀의 《정치경제학원리》에 대해 자본의 경제학과 프롤레타리아의 요구를 조화시키려 한 부르주아 경제학의 파산 선언이라고 하면서 다음과 같이 비판했다.

이런 상황에서 부르주아 경제학의 대변자는 두 부류로 나누어졌다. 하나는 교활하고 돈벌이를 즐기며 실리적인 무리로 이들은 속류경제학의 옹호론자 가운데 가장 천박하고 바로 그래서 가장 성공한 바스티아(Bastiat)의 깃발 아래 몰려들었다. 다른 하나는 교수로서의 학문적인 품위를 과시하려는 무리로, 이들은 존 스튜어트 밀을 추종하면서 서로 합칠 수 없는 것을 합치려고 노력하였다(Marx, 1867/2008: 55).

상당히 원칙적이고 냉정한 비판이다. 개량적이라는 한계는 있지만 밀까지만 해도 정치경제학의 원칙을 지키려고 노력했다는 점은 인정해야 한다. 고전경제학은 밀의 마지막 '노력'에도 불구하고 마셜의 《경제학원리》에 이르러 파산했다고 보아야 할 것이다. 마셜이 내세운 것은 한계효용이론이다. 정치경제학의 근간을 이루는 노동가치설을 부정하고 상품가격은 시장에서 수요와 공급이 균형을 맞추면서 형성된다고 주장하면서 경제학의 깃발을 든 것이다. 이것이 이른바 근대경제학의 시원이다.

산업혁명의 결과 산업자본의 규모가 커진 데 비례하여 노동계급의 단결과 저항도 만만치 않게 형성되면서 자본의 편에서는 노동가치설을 부정할 필요성이 대두되었다. 상황이 바뀌면서 노동가치설은 노동자가 저항할 수 있는 명분과 이론적 근거가 되었던 것이다. 그 맥락에서 자본의 논리를 대변하여 등장한 것이 한계효용론이다. 자본가에게 이윤을 가져다주는 가치 증식의 원천이 노동이 아닌 게 되어야 노동운동을 제어할 수 있다는 생각이었을 것이다. 이 이론은 맬서스의 《인구론》과 함께 부르주아 계급에게 전폭적인 환영을 받았으며, 현재진행형의 경제학이 바로 그것이다.

정치경제학에서 근대경제학으로의 변이 과정에서 맬서스(1776~1835)의 존재도 각별하다. 맬서스의 저서는 《인구론》[7] 외에 1820년에 출판한 《정치경제학 원리》(*Principles of Political Economy*)도 있는데, 그의 기본 논리는 자본주의 사회의 불평등과 노동자 빈곤은 자연의 법칙이기 때문에 인위적으로 구제에 나설 필요가 없다는 것이었다. 정치경제학의 시대에 특권과 결부된 불평등을 반대한 아담 스미스와는 달리 맬서스는 사회

---

7 《인구론》은 1798년 익명으로 발행되었다가 자료를 보완하고 극렬한 표현을 다소 완화해 1803년에 맬서스의 이름으로 제 2판을 내놓았다.

적 불평등의 옹호자였다. 산업혁명이 진행되면서 형성된 빈민층의 대두와 더불어 프랑스혁명의 영향을 받은 사회 개혁의 요구가 제기되는 상황에서 극단적 보수주의의 입장에 선 것이다.

재미있는 것은 페인(Thomas Paine)과 고드윈(William Godwin), 콩도르세 등이 사유재산 제도를 비판하고 노동자의 처우 개선을 요구하며 개혁을 요구하는 분위기에서 맬서스는 그들에게 실증을 요구했다는 점이다(정윤형, 1994: 58~79). 인구는 제한을 받지 않을 경우 기하급수적으로 증가하지만 식량은 산술급수적으로밖에는 증가하지 않는다는 그의 주장도 사실 실증적이지 않은데 말이다. 즉, 이런 이야기다.

내 논의를 진행하면서 우선, 일체의 억설(臆說)을 문제에서 떼버릴 것을 전제하지 않으면 안 된다. 즉, 그 개연적 실현성이 정확한 이론적 근거에 기초를 두고는 추정할 수 없을 것으로 보이는 일체의 가정을 배척하지 않으면 안 된다. 어떤 논자는 내게 인간이 마침내 타조로 변할 것이 틀림없다 말할지도 모른다. 이 경우 나는 구태여 그것에 반대하려 하지 않는다. 그러나 이 논자가 상당히 사려 깊은 사람으로 하여금 그 학설을 믿게 하기 위해서는 사람의 목이 점점 길어진다 하는 것, 입술이 점점 굳어지고 커지며 다리가 매일 그 모양을 바꾼다는 것, 그리고 머리카락이 점차 깃털로 변한다는 것을 보여주지 않으면 안 된다.

경제학계에서는 경제학을 "개인이나 사회가 여러 가지 용도를 가지는 희소한 자원을 선택적으로 사용하여 다양한 재화와 서비스를 생산·교환·분배·소비하는 과정에서 일어나는 경제 현상을 연구대상으로 하는 학문"으로 정의한다. 한마디로 말해서 경제 문제를 제한적으로 다루는 학문이라는 것이다(김대식·노영기·안국신, 2004: 27). 도덕철학이나 사회철학 등 실재론 철학의 총체적 차원에서 경세제민의 문제를 다루지 않고 좁은 의미의 경제 문제, 존 스튜어트 밀이 비판적으로 지적한 순전히 경제적인 문제만을 다룬 것이다.

끝으로 하버드 경제학 강의에서 미국의 변화를 좀더 자세히 살펴보기로 한다. 오늘날까지 경제학의 큰 흐름이 잘 정리된 것을 알 수 있다.

미국의 다른 정치경제학자들은 대니얼 레이먼드보다 낙관적이어서 경제는 과학기술이 진보함에 따라 지속적으로 성장할 것이라고 믿었다. 그 이유는 하느님은 자비롭고 인간을 사랑하며 당신이 설계한 세계는 뉴턴이 발견한 세계와 마찬가지로 규칙적이고 정교하며 아름답기 때문이라는 것이다. 이들은 개인의 이익과 국가 이익의 조화를 추구했다. 이때 미국의 정치경제학자들은 모두 종교 지도자이거나 대학의 도덕철학 교수였다. 이들은 정치경제학에 대해 자신이 이해한 것을 바탕으로 일반 사람과 학생들을 계몽하는데 많은 노력을 기울였다. 존 맥비커, 프랜시스 웨일런드, 프랜시스 보언이 대표적이다. 이때 영국에서 영향력이 가장 큰 정치경제학자이자 고전 자유주의 철학자는 존 스튜어트 밀이었다. 밀이 1848년에 출간한 《정치경제학원리》는 중쇄를 거듭해 1919년 이전까지 경제학의 주요 교과서로 쓰였다.

19세기 후반에 이르자 미국에는 국부가 빠르게 축적되었다. 사회의 지적 엘리트였던 종교 지도자들은 이러한 경제 성장에 대해 두 가지 인식을 보여주었다. 그들은 당시의 경제 성장을 매우 긍정적으로 바라보았는데, 사람들은 이들의 이념을 가리켜 '부의 복음'이라고 불렀다. 이들은 가난 속에서는 문명사회가 출현할 수 없다고 말했다. 사회는 부유해야 하고 또 부를 창조하고 소유하는 사람도 있어야 한다고 강조했다. 각자 용감하게 나아가 성실하게 일하여 부자가 되는 것이야말로 모두가 지닌 사명이었다. 부는 창의력과 더불어 용감하며 인내심이 강한 품성을 상징했다. 경제적으로 넉넉해야 도덕적인 선택을 할 수 있으며 질서와 관용이 유지된다. 장기적으로 볼 때 품성, 도덕, 부는 상호보완적인 것이었다.

부에 대한 또 다른 시각은 개량주의적인 색채가 매우 강한데 '사회의 복음'이라고 불렸다. 1882년부터 1896년까지 1인당 소득은 별다른 변화가 없었다. 이때 부가 양극화하여 도시빈민의 삶이 피폐해졌다. 개량주의 입장에 선 교회는 부의 분배에 더 큰 관심을 두어 사회보장제도를 구축해야 한다고 주장했다. 예컨대 시간당 최저임금, 1일 최장 노동시간 등을 규정해야 한다고 목청을 높인 것이다. 그 후 1930년 대공황으로 케인즈주의가 탄생했다.

제 2차 세계대전 이후 미국의 대표적 경제학 교과서는 폴 새뮤얼슨이 1948년에 출간한 《경제학: 개론적 분석》(*Economics: An Introductory Analysis*) 이었다. 이 교재는 19차례나 더 출판되어 여러 세대에 많은 영향을 끼쳤다. 새뮤얼슨이 1947년에 집필해 1983년 재판을 찍은 《경제분석의 기초》(*Foundations of Economic Analysis*) 는 경제학의 거작으로 인정되어 수리경제학의 수준을 한 단계 위로 올려놓았다. 새뮤얼슨은 분명히 수학을 경제학에 도입했지만 결코 경제의 현실에서 벗어나지 않았다. 그는 늘 케인즈의 시각으로 문제를 바라보았다. 또한 시카고대의 밀턴 프리드먼을 대표로 한 통화주의 경제학자들과 팽팽히 대립했다.

그레고리 맨큐가 집필한 1998년 《경제학원론》은 새뮤얼슨의 경제학 입문 교과서를 뒤이어 점차 오늘날 경제학 교과서의 표준으로 자리 잡았다. 오늘날 경제학은 '과학의 도구'라는 성격을 상당히 띤다고 하지만 예전에는 인문학의 한 분야였다. 사람들의 사상과 신앙 그리고 직면한 도전이 변화하면서 경제학 역시 이에 따라 변화했다(陳晋, 2011/2012: 200~202).

이렇게 미국에서 정치경제학은 소멸되고 경제학만 남아 시카고학파의 (신) 자유주의와 케인즈주의로 대별된 것을 알 수 있다. 한국의 경제학도 그 구도를 반영한다. 그리고 한편으로는 스미스의 정치경제학을 비판적으로 계승한 정치경제학 비판, 즉 마르크스의 정치경제학이 정치경제학의 명맥을 잇는 것이다. 마르크스가 《자본》에 "정치경제학 비판"(Kritik der politischen Ökonomie) 이라는 부제를 붙인 까닭도 거기에 있다.

4. 정치경제학의 적용

1) 언론학의 정체성

위에서도 지적했듯이 언론학을 사회과학이라고 할 때 과학이라는 정체
성을 연구방법과 관련짓는 경향이 있다. 즉, 과학의 성격을 규정하는 것
은 무엇보다 그 연구방법의 과학성이며 과학은 '과학적인 방법론에 의해
결집된 지식체계'를 의미하는 것이라는 주장이다(한국언론학회, 2005:
100). 과학을 정의하는 데 방법론적 과학성을 전제하면 과학에 대한 정
의가 된 것일까? 그 방법론이란 것도 주로 실험과 관찰, 통계조사, 내용
분석이 전부다. 현상에 대한 설명을 하는 데 실증적 수단을 동원하는 것
을 의미한다. 이른바 경험실증주의다. 서양철학에서 지식의 원천이 경
험이라는 경험론과 실증 가능한 것만이 과학의 대상이라는 실증주의의
결합이다. 이는 자연과학의 방법론에서 형식만 차용한 결과다.

　앞서 언급했듯이 오래전에 차배근도 그의 저서에서 독립된 과학의 성
립조건으로 연구대상과 과학적 방법론을 들면서 커뮤니케이션학은 이
둘을 갖추었으므로 과학이며, 커뮤니케이션학은 커뮤니케이션 현상을
고유의 연구대상으로 삼는다는 점을 강조한 바 있다(차배근, 1992: 57~
58). 역시 연구대상을 커뮤니케이션 현상에 한정하며, 연구목적을 그 현
상에 대한 보편타당한 지식체계, 즉 커뮤니케이션 이론을 정립하는 것으
로 제시한다(차배근, 1992: 65). 이는 지각할 수 있는 현상의 영역에서
변인 간 관계를 실증주의적 방법으로 설명하는 데 그치는 것으로 참다운
지식이 될 수 없는 것이다. 이 문맥에서 보편타당한 지식체계라는 것은
실재를 의미하는 본래적 의미의 지식(science)이 아니라 현상으로서의 변
인의 관계를 실증주의 방법론으로 구축한 제한적인 이론을 의미한다. 이

이론은 부분적으로 분석적이며 철학적 차원의 총체적 설명에 이르지 못한다는 사실은 위에서 밝힌 바다. 객관적 실재로서의 지식에 미치지 못하는 것이다.

자연과학은 현상을 설명하는 데 그치지 않고 현상(現象)의 기저에 숨은 실재(實在)를 밝히기 위해 사변철학을 기반으로 하고 광학기구 등을 개발하여 관찰과 실험을 하는 등 실증적 방법을 동원한 것인데, 사회과학은 사회현상의 실재에 대한 규명은 포기하고 실증주의적 방법론만 모방한 것이다. 이것은 19세기 산업자본주의 사회의 모순을 반영한 것으로 극심해진 빈부의 차로 인한 노자갈등과 독점 등 현상의 근본적 원인인 실재를 확인하고자 하는 철학적·과학적 자세를 포기한 것이었다. 다시 말해 현상을 주관의 영역으로 간주하고 실재의 세계에 있는 객관적 지식을 확인하려는 철학 및 과학(science, 곧 지식)의 정신을 상실한 것이다.

언론학이 참다운 과학이 되려면 현상의 기저에 감춰진 실재를 밝히는 것이어야 한다. 실증주의 방법론을 부정하는 것이 아니라 그 이상이어야 한다는 것이다. 예를 들어 언론이 실증주의적 방법론으로 확인된 의제설정 기능을 방기하거나 왜곡할 때 그 근본적 원인이 어디에 있는지를 확인해야 하는 것이다. 그러나 언론학은 의제설정 기능을 확인하는 것으로 그친다. 이때 그 근본적 원인인 실재를 확인하려 할 때 유용한 이론과 방법이 정치경제학인 것이다.

근래에는 초기 연구자들의 실증주의의 경직된 태도에서 벗어나는 것 같은 분위기도 있다. 그리핀은 이론은 실재에 대한 지도이며 이론가가 묘사하는 진리는 '바깥 어딘가'(out there)에 존재하는 객관적 사실 혹은 우리 머릿속에 존재하는 주관적인 의미라고 하여 실재론적 진리관을 언급한다(Griffin, 2009/2012: 5). 그러나 "어떤 이론이 아무리 그럴듯하게 보일지라도, 그것을 실험으로 증명하기 전에는 그 이론이 옳다고 가정할 수 없다. 과학에서 하나의 이론과 이에 대한 경험적 연구는 함께 움직이는 것이기 때문이다"(Griffin, 2009/2012: 13) 라고 하여 결국 경험실증주의에 갇힌 것을 알 수 있다. 많이 발전했지만 근본적으로 실재의 지식(science) 을 추구하는 철학의 정신에는 미치지 못하는 것이다.

유럽의 풍토를 반영하는 맥퀘일은 폭이 다소 넓다. 그는 '커뮤니케이션 과학'을 미디어 생산, 상징체계의 고정과 효과와 관련한 현상을 이해하기 위해 검증 가능한 이론을 발전시키고 현상에 대한 일반화를 꾀하는 과학으로 정의한 버거와 채피의 정의를 '주류의 대표적 정의'라고 하면서 이것이 커뮤니케이션 행동의 원인과 효과를 '양적'으로 진단하는 연구에 초점이 맞춰져 있다면서 그 한계를 지적한다. 즉, 커뮤니케이션 연구는 학제적 성격을 띠며 다양한 접근과 방법론을 이용하여 수행되어야 한다는 것이다(McQuail, 2005/2011: 37~38). 그래서 정치경제학을 포함하여 이른바 질적 연구라고 규정한 다양한 이론을 소개한다.

무엇보다도 문제는 이 모든 연구가 자본주의라는 토양에서 작동하는 현상이라는 사실을 놓친다는 점이다. 이 현상의 근원은 자본주의에 뿌리를 둔다. 자본주의에서 자양분을 섭취하며 자본의 논리에 따라 작동하는 가운데 우리의 감관에 의해 산발적으로 포착되는 것이 현상이다. 따라서 과학의 본령은 감지된 현상에 내재된 지각되지 않는 실재, 즉 본질을 파악하는 것이어야 한다. 이때 자본주의에 대해 그 근원을 파악하여 철학적이고 과학적으로 설명하는 이론이 정치경제학이다. 미디어 연구를 포함해 사회과학 분야의 학문이 기본적으로 숙지해야 하는 분야라고 할 수 있다. 자본주의에 대한 이해가 선행되지 않고 자본주의 사회에서 일어나는 현상의 본질을 설명하는 것은 불가능하다. 언론 현상도 마찬가지다.

2) 미디어 정치경제학의 문제

언론학에는 '미디어 정치경제학'이라는 분야가 있다. 이름이 갖는 중요성을 감안할 때 미디어 정치경제학은 마르크스에 의해서 계승된 정치경제학 이론을 가지고 미디어 현상을 설명하는 학문이라고 판단할 수 있겠다. 1980년대에 유행했던 미디어 정치경제학의 기본 취지는 그러했다. 1983년 이상희 편저로 출판된 《커뮤니케이션과 이데올로기: 비판이론적 시각》을 신호탄으로 해서 《현대자본주의와 매스미디어》(1986, 강상호·이원락 편역), 《비판커뮤니케이션》(김왕석), 《한국언론의 정치경제학》(임동욱 외), 《비판커뮤니케이션 이론》(김지운 외), 《비판커뮤니케이션과 문화이론》(박명진 편), 《매스미디어 정치경제학》(김지운 편), 《커뮤니케이션 정치경제학》(빈센트 모스코, 김지운 역), 《정보사회 정치경제학》(김승현 편) 등 정치경제학 관점에서 미디어를 연구한 저서와 역서가 쏟아져 나왔다. 그러나 1989년 이후 동유럽 사회주의 국가가 붕괴되고 소비에트연방이 해체되면서 신자유주의가 기승을 부리자 정체경제학 관점의 미디어 연구는 자취를 감추었고, 최근에는 《비판커뮤니케이션: 비판이론·정치경제·문화연구》(김지운·방정배·정재철·김승수·이기형 외) 정도가 겨우 그 명맥을 잇는다.

최진봉은 2013년 《미디어 정치경제학》을 출판했다. 그러나 책의 제목과는 달리 내용은 정치경제학과는 거리가 멀었다. 그는 미디어 정치경제학을 미디어 산업의 생산과 소비 그리고 미디어 산업과 관련된 정책을 수립하고 운영하는 주체인 정치권력에 대한 분석과 연구를 수행하는 학문 분야로 정의하면서 미디어 정치경제학은 미디어 산업과 정치권력 그리고 경제권력이 어떤 관계를 형성하며 우리 사회에 영향을 미치는지를 분석해 밝히는 학문적 시도를 목표로 한다고 했다(최진봉, 2013: 8).

유감스럽게도 이 정도의 분석과 연구는 정치경제학을 동원하지 않더라도 수행할 수 있다. 최진봉은 이 책에서 그람시의 헤게모니 이론과 마르크스의 《독일 이데올로기》를 각각 한 차례 인용했는데, 그 밖에는 정치경제학 이론에 대한 설명이 전혀 없다. 경세제민의 학문에 비해 폭이 너무 좁다.

김승수의 《디지털 방송의 정치경제학》도 마찬가지다. 특히 김승수는 1997년에 낸 《매체경제분석: 언론경제학의 관점》의 머리말에서 필자는 고집스럽게 추구했던 미디어 정치경제학을 포기하고 언론경제학이란 새로운 방법을 찾아 학문적 전환을 시도하려 한다고 선언했다. 그 이유를 이렇게 설명했다.

지금 생각하면 그 당시 나의 학문은 젊음과 정열 그 자체였다. 20대에 박사학위를 받았고, 그 열정으로 귀국하여 미디어 정치경제학의 강인한 이론적 힘을 전파하고자 하였다. 필자는 이론을 추구한다. 그리고 우리 현실에 맞는 정치경제학을 뿌리내리기 위해 심혈을 기울였다. 그러나 미디어 정치경제학은 서구 특히 유럽에 뿌리를 둔 이론이었다는 것을 인식하는 데는 오랜 세월이 걸렸다. 미디어 정치경제학이 우리나라에 도입되던 때만 해도 상당한 반향을 일으켰다. 당시에는 그러한 이론이 필요했던 것이다. 이론적 정교함이라든지 방법론적 타당성을 따져보기보다는 언론비판 그리고 언론개혁에 더 많은 관심을 두었다. 그리고 나의 정치경제학은 비판을 받았고 견딜 수 없는 고통으로 채워졌다. 당연히 학문의 길도 그리 순탄치만은 않았다. 경제위기로 모든 국민이 공포감 같은 것을 느끼는 지금의 우리 현실은 지난 20년간 필자가 느꼈던 것과 조금도 다를 바 없다. 그런 와중에서 신화와도 같았던 정치경제학의 문제점이 서서히 눈에 들어오기 시작했다. 내가 주장했던 정치경제학적 미디어 연구는 현실성과 실용성 측면에서 비판받을 점이 많았다. 정치경제학에 근거한 연구는 비판적이었지만 현실적이지도, 실용적이지도 못했다. 이것은 두고두고 필자를 괴롭혔다(김승수, 1997: 5~6).

김승수가 언급한 미디어 정치경제학은 영국에서 형성된 것으로서 역시 정치경제학과 거리가 멀다. 정치경제학을 기반으로 하여 출발했지만 영국의 미디어 산업을 비판적으로 설명하는 데 장식으로만 이용되었을 뿐이다. 그것이 이른바 '미디어 정치경제학'이다. 영국식 미디어 정치경제학은 정치경제학을 대충 살펴보고 필요한 만큼 이용하고 생각이 다르면 비판하고 변용한다. 당연히 그 이론은 한국 사회에서는 맞지 않는다. 김승수가 벽에 부딪히는 지점이다. 그렇다면 영국식 미디어 정치경제학을 접고 정치경제학을 깊이 파고들었어야 하는데 김승수는 그 반대로 했다. 정치경제학을 포기하고 미디어 경제학을 채택한 것이다. 이것은 관점을 180° 전환한 것이었다. 그런데 김승수는 다시 정치경제학이란 타이틀을 들고 나온다. 문제는 여전히 그 안에 정치경제학이 없다는 점이다.

우리 현실에 맞는 정치경제학을 뿌리내린다는 발상에는 어폐가 있다. 우리 현실에 맞는 정치경제학이 따로 있는 게 아니기 때문이다. 정치경제학은 어느 나라를 불문하고 자본주의 사회를 분석하는 데 유용한 학문일 따름이다. 정치경제학을 숙지하는 가운데 그 틀로 한국 사회와 언론을 분석하고 설명하는 것이 중요하다. 이론적 정교함이라든지 방법론적 타당성을 따져보기보다는 언론비판 그리고 언론개혁에 더 많은 관심을 두었다는 김승수의 인식은 미국 이론과 경험실증주의에 매몰된 보수적 언론학자들의 비뚤어진 공격에 무너졌다는 것을 의미한다. 그리고 정치경제학에 근거한 연구는 비판적이었지만 현실적이지도 실용적이지도 못했다는 인식도 잘못되었다. 정치경제학은 매우 현실적인 문제의식에서 출발하기 때문에 자연스럽게 비판적이고 실용적이 된다. 반면 경제학은 실용적이기만 하기 때문에 비현실적이고 무비판적이다.

정치경제학을 바르게 숙지하면 이론적 정교함의 시비와 방법론의 안개가 걷히고, 한국 언론의 근본적인 문제가 명쾌하게 드러난다. 당연히 문제 해결의 목표와 방향을 제시할 수 있게 되기 때문에 이보다 현실적이고 실용적인 학문은 없다. 언론 산업의 현실을 직시하고 개선방향을 제시해줄 수 있음은 물론이다.

김승수는 《한국언론의 정치경제학》에서 "언론학의 방법론적 기초"를 썼는데, 사적 유물론과 변증법의 방법으로 언론 현상을 설명해야 한다고 제안했다. 유물론적 언론학의 철학적 기초는 사적 유물론이며, 정치경제학이 언론의 생산 관계, 역사의 발전 단계에서 언론의 생산 및 분배를 지배하는 법칙을 밝히는 과학인 점을 입증하려고 했다고도 했다. 이때의 문제의식이 발전하지 못한 것이 아쉽다. 다만 여기서도 정치경제학이 미디어 연구에 자연스럽게 녹아들지 못하고 미디어의 소유와 통제라는 미디어 중심의 협소한 주제로 축소되는 한계는 있었다.

맥퀘일도 간파했듯이 미디어 정치경제학의 대상은 협소하다. 정치경제학 이론은 경제적 구조와 미디어 산업의 역동성, 미디어 콘텐츠의 속성 간의 관계에 초점을 맞추는 비판적 이론으로서 주로 미디어의 소유구조와 통제, 미디어 시장이 운영되는 방식 등에 대한 경험적 분석에 주목한다는 것이다(McQuail, 2005/2011: 131). 역시 '경험적 분석'이라는 한계 설정이 있다. 현상의 설명에 국한한다는 것이다. 현상의 설명을 특이하게 접근한 변종으로 '수용자 상품론'이라는 일탈이 있기도 하다.

캐나다의 미디어 정치경제학자인 스마이스는 "대중매체의 주요 생산물은 광고주에게 판매되는 수용자"라고 주장한다. 이것이 '수용자 상품론'이다. 대중매체에서 생산하는 것은 뉴스나 프로그램이 아니라 광고주에게 판매하기 위해 생산된 수용자라는 논리다. 이를테면 뉴스나 프로그램은 수용자가 광고를 보도록 유혹하기 위해 제공하는 미끼상품에 불과하며, 대중매체의 존재 목적은 광고주에게 판매하기 위한 수용자 생산이라는 것이다(Smythe, 1981: 23~42). 이 수용자 상품론은 국내외 학자들에 의해 꽤 많이 인용되고 동의를 받는다. 그러나 이것은 한마디로 말해 노동가치론에 정면으로 위배되는 궤변이다. 정치경제학을 공부하는 학자가 학술논문으로 이런 주장을 한다는 것은 충격이다. 현실 비판을 위해 이를 상징적으로 주장할 수는 있어도 과학적 이론이 될 수는 없다. 매스미디어가 이윤(잉여가치)을 위해 생산하는 것은 뉴스와 프로그램이지 수용자가 아니다. 그리고 미디어가 광고주에게 판매하는 것은 지면과 시간이지 수용자가 아니다. 광고주가 구매하는 것도 발행부수가 많은 신문의 지면과 시청률이 높은 프로그램의 시간이지 수용자가 아니다. 한편으로는 텔레비전 시청이나 인터넷 서핑도 노동이라는 주장까지 있는데 그렇다면 백화점이 판매하는 것도 고객이며 쇼핑도 노동이 될 것이다.

한편 미디어 정치경제학은 비판커뮤니케이션 이론 중 한 이론으로 치부되는 경향도 있다. 비판커뮤니케이션 이론에는 미디어 정치경제학 이외에 프랑크푸르트학파의 문화산업론, 구조주의 기호학, 문화이론 등이 있는데 미디어 정치경제학은 미디어의 소유와 통제 등 경제 분석이나 산업 분석을 하는 이론이고 프랑크푸르트학파의 비판이론은 문화산업 비판, 구조주의 기호학은 지배 이데올로기 분석, 문화이론은 노동자의 저항문화를 다루는 이론으로 파편화된 것이다. 미디어 정치경제학은 미디어 소유의 문제에 집착함으로써 정치경제학을 비판적 경제 분석이라는 협소한 영역으로 격하시켰다. 그리고 그 이론들이 서로 배타성을 갖는 것으로 분열시켰다. 마르크스의 이론을 동원하면서도 서로 다른 주장을 했던 것이다. 정치경제학은 미디어 정치경제학을 포함하여 비판커뮤니케이션 이론 모두의 기본이다.

3) 정치경제학의 올바른 적용에 대해

(1) 무엇이 올바른 적용인가?

정치경제학의 올바른 적용을 논하기 전에 과학에 대한 인식을 재삼 분명히 하고자 한다. 철학을 자연과학 뒤에 있는 형이상학(metaphysics)으로 칭하며 과학이 아닌 것으로 내놓는 경향이 있다. 이는 아리스토텔레스의 저서에서 유래한 명칭으로 지금은 물리학(physics)의 방법을 따르는 과학과 형이상학으로서의 철학을 분리하는 것이다. 이는 대단히 잘못된 것으로 언론학 분야가 가장 심하다. 서두에서 논의했듯이 과학은 곧 지식이요 학문이요 철학이다. 이는 옛 이야기가 아니라 지금도 엄연한 현실이다. 자연과학자들이 철학에서 자양분을 얻는다는 사실을 유념해야 할 것이다.

학문에 대한 동양의 인식을 보아도 다르지 않다. 위에서 언급했듯이 공자는 배우는 자세에 대해 넓게 배우고, 깊이 있게 묻고, 신중하게 생각하고, 명백하게 분변하고, 독실하게 실천하라고 했다. 여기서 학문(學問)과 사변(思辨)이라는 용어가 나온다. 학문은 신중한 사유를 통해 보편타당한 분변을 함으로써 도(진리)를 터득하고 독실하게 실천하는 데까지 이어짐으로써 완성된다는 의미다. 이 사변철학이 곧 형이상학과 같은 것이다. 실증주의 방법론은 형이상학과 배타적이 아니라 상호보완적 관계를 형성해야 지식에 도달할 수 있다. 정치경제학은 경험적 자료를 근거로 제시하면서 현상의 설명에 그치지 않고 형이상학 즉, 사변철학으로써 객관적 실재를 확인하였다. 정치경제학이 실증주의의 한계를 지적하지만 실증을 배제하지는 않는다.

모든 분야를 종합적으로 탐구하여 진리로서의 지식을 추구하던 철학은 근대학문(과학)의 발전과 더불어 리어왕의 신세가 되었다고 비유되기도 한다. 그러나 그 후 지금의 철학은 여전히 영원한 개척자처럼 아직 불확실한 것과 미지의 세계에 도전한다. 과학적 탐구는 곧 철학이다. 따라서 철학은 과학의 본질과 방법, 개념 및 전제에 대해 비판적 성찰을 제공한다. 철학은 인간과 세계에 대한 전체적이고 근원적인 탐구요, 과학 비판인 동시에 주체적 자각의 공부(學)인 것이다(최동희·김영철·신일철, 1990: 27~29). 그래서 철학은 부분적이고 분과적 과학을 비판적으로 점검하는 역할을 한다. 따라서 사회과학 그리고 언론학은 철학으로부터 비판을 받으며 지혜를 구해야 한다. 사회과학자는 자신의 학문 분야에 대해 부단히 철학적 성찰을 해야 하는 것이다.

김동춘은 오래 전에 사회과학의 위기를 논하면서 지성의 부재가 오늘날 정보와 이미지가 지식을 대신하도록 부채질했고, 한국에서는 사회과학이 존재한 적이 없으며, 아직 우리는 사회과학을 세워야 하는 단계에 있다고 지적한 바 있다. 자본주의화 된 면모가 분명해진 80년대 말 이후에는 한국 자본주의에 대한 분석이 사라지는 기현상이 발생했으며(김동춘, 1997: 12~13) 1990년대 이후에는 현실과 실천을 출발점으로 삼지 않고 텍스트 해석만을 반복하는 구조주의와 실증주의의 당연한 귀결로서 후기 구조주의, 포스트(post)주의, 문화현상에 대한 관심의 경도로 나타났다고 비판했다(김동춘, 1997: 15).

사회과학의 문제는 그보다 훨씬 전에 역사학자 에드워드 카에 의해 지적된 바 있다. 사회과학이 기독교가 지배하던 시대의 논의가 자연과학의 연구를 가로막았을 당시의 자연과학의 수준에 머물고 있다는 것이다(Carr, 1961/1972: 123). 지금도 그 수준에서 크게 달라지지 않았다.

자연과학은 그 후로 신학의 굴레에서 벗어나 실재론의 차원에서 자연과학의 법칙을 구축하는 반면 사회과학은 경험의 세계 내에서 나타나는 현상에 대해 실증 가능한 것만이 과학의 대상이고 나머지는 신의 영역이라는 콩트의 수준에 안주하는 것이다. 정치경제학은 그 수준에서 벗어나 자본주의의 본질에 대해 철학적으로 탐구한 결과다. 따라서 사회과학을 새롭게 세우려면 정치경제학이 반드시 필요하다.

정치경제학은 그러한 철학의 정신으로 자본주의 사회의 작동 원리를 규명한 학문이다. 현상의 설명에 그치지 않고 근원적이고 객관적인 실재에 대해 설명한다. 이를테면 경제학은 공황이 발생하면 대증요법으로 그 해결책을 찾는 데 급급한 반면 정치경제학은 근본 원인을 찾아 설명하고 처방하는 것이다. 모든 사회과학 분야의 연구대상이 자본주의 경제의 토양에서 발생한 현상이니 자본주의에 대한 이해는 필수적이다. 여러 이론 중의 하나이거나 하나의 관점이 아닌 것이다.

무엇보다도 정치경제학은 실재론 철학을 기반으로 자본주의 사회의 본질을 추적한 이론 체계라는 점에 유념해야 한다. 아담 스미스와 존 스튜어트 밀이 그랬고 마르크스가 그랬다. 이들은 모두 철학자였다. 그래서 에드워드 카는 마르크스가 스미스와 헤겔의 제자로서 세계가 합리적인 자연법칙에 의해서 지배된다는 사고방식 하에서 출발했다고 했던 것이다(Carr, 1961/1972: 189). 그 점에서 마르크스의 《자본》을 경제학 교과서쯤으로 생각하는 것은 잘못이다.

흔히 미디어에 대한 정치경제학의 접근을 비판할 때 경제적 분석의 성과가 없다는 지적을 하곤 한다. 이 역시 실증주의 분석에 대한 강박관념을 갖고 정치경제학을 경제학과 혼동하는 오류인 것이다.

정치경제학은 기업의 소유와 통제 및 유통 등 경제 문제의 분석에 국한하는 학문이 아니다. 소유의 문제는 사적 소유라는 자본주의 사회 전체의 문제를 총체적으로 지적한 것이지 개개 기업의 소유 관계를 문제 삼는 게 아니다. 오히려 미디어 정치경제학이 집착하는 미디어 기업의 소유 구조보다는 이데올로기 분석 및 문화적 실천 등의 주제에 더 가깝다.

토대와 상부구조에 대한 분석 및 그 상호관계를 유기적으로 분석하는 것이다. 과거 많이 인용되었으나 지금은 거의 잊힌 《독일 이데올로기》의 다음 구절은 미디어 연구에서 정치경제학을 적용할 때 기본적 인식이 되어야 한다.

> 지배계급의 사상은 어떠한 시대에도 지배적 사상이다. 즉 사회의 지배적 물질적 힘인 계급은 동시에 사회의 지배적·정신적 힘이다. 물질적 생산수단을 제 마음대로 처분하는 계급은 이로써 동시에 정신적 생산수단도 제 마음대로 처분하며, 그 결과 정신적 생산수단이 박탈된 계급의 사상은 이로써 동시에 대체로 지배계급에 종속된다. 지배적 사상이란 지배적인 물질적 관계의 관념적 표현, 즉 사상들로써 파악된 지배적인 물질적 관계 이상의 아무것도 아니다(Marx & Engels, 1976/1997: 226).

지금도 우리 사회의 지배적 사상은 지배계급의 사상이며, 지배계급은 정신적 생산수단인 미디어를 통해 지배계급의 사상을 지배적 사상으로 만든다. 이로써 대다수 시민은 지배계급에 종속된다. 이때 경험적 자료에 대한 실증주의적 연구방법만을 과학으로 정의하는 천박한 인식에서 벗어나 변증법적 유물론의 방법론을 광범위하게 동원해야 한다. 경험론자들의 경우처럼 죽은 사실의 집적을 과학적 방법이라고 고집하는 사고를 멈추어야 한다(Marx & Engels, 1976/1997: 203).

사회과학은 다시 통합적으로 재구성되어야 한다. 자연현상을 설명하는 자연과학이 물리학과 생물학, 화학, 지질학 등으로 나뉘지만 다시 유기적으로 통섭·융합되는 것과 같은 이치다. 더 나아가 이성의 사유로써 실재로서의 지식(science)을 추구하는 초기 학문인 철학의 정신을 회복해야 할 것이다. 미디어 정치경제학의 문제는 이처럼 정작 중요한 미디어의 문화적 이데올로기적 기능을 폄하하면서 미디어의 소유와 통제 등 경제 분석에 치중한다는 점이다. 소유와 통제의 문제는 쉽게 확인되는 부분이지만 그보다 더 중요한 것은 그로 인해 발생하는 이데올로기의 효과를 검증하면서 실천적 대안을 제시해야 한다는 점이다.

간햄은 매스커뮤니케이션의 정치경제학적 연구 시각에 대해 이데올로기적 국가기구로서의 매스미디어 개념으로부터 관심을 옮겨, 매스미디어를 상품 생산과 교환을 통한 잉여가치 창출자로서의 직접적인 경제적 역할 및 다른 상품 생산 부문에서 광고를 통한 간접적 역할을 모두 수행하는 경제적 실체로 간주하는 것이라고 규정하였다(이상희 편, 1983: 100).

머독과 골딩도 커뮤니케이션 기업의 소유주가 누구이며 그들이 어느 정도로 회사의 정책과 회사의 운영을 통제하는지를 규명하는 것이 필수적이라고 하였다. 그리고 마르크스가 《독일 이데올로기》에서 했던 생산수단의 소유와 사상의 통제에 대해 언급한 부분과 관련하여 마르크스 사후에 이 같은 상호연결성의 주장은 여러 방향에서 도전을 받았고, 가장 강력한 비판노선의 하나는 소유권과 통제의 관계에 초점을 맞추었다고 주장했다(이상희 편, 1983: 176). 국내에서는 이 부분이 지나치게 강조되어 더욱 협소하게 미디어 기업의 소유와 통제에 집중했고, 이 과제가 그리 어렵지 않게 규명되면서 미디어 정치경제학은 실천적 과제와 연결되지 못하고 목표를 상실한 채 현실에서 유리되어 표류했다. 그런 가운데 경제 분석이 결여되었다는 엉뚱한 지적만 하는 현실이다. 이 시행착오를 극복하면서 미디어 정치경제학은 정치경제학에 대한 철저한 이해를 바탕으로 미디어 현상의 본질을 규명하는 총체적 연구에 매진해야 할 것이다. 이것이 오래 전에 꿈꾸었던 미디어 정치경제학 연구 및 이론의 토착화가 될 것이다.

(2) 몇 가지 사례

범지구적인 정보통신망의 출현을 최초로 예견한 사람들은 뜻밖에도 과학기술과 거리가 먼 마르크스와 나다니엘 호손이었다고 한다. 마르크스는 《자본》에서 전보와 같은 통신기술이 자본의 흐름을 가속화함으로써 경제 성장을 촉진시킬 것으로 내다보았다. 그리고 《큰 바위 얼굴》로 유명한 호손은 1851년에 펴낸 《일곱 박공의 집》(The House of Seven Gables)에서 "전기에 의해 세계가, 숨 막힐 듯한 속도로 수천 마일을 진동하는 하나의 커다란 신경이 되었다는 것이 사실인가? 둥근 지구가 하나의 커다란 두뇌가 되었다"고 묘사했다. 그리고 호손의 글을 읽고 맥루언이 '지구촌'이라는 용어를 생각했다고 한다(이인식, 2008: 314~315). 태생부터 정치경제학에 적대적이었던 실증주의는 눈앞에 전개되는 현상의 설명에 급급하기 때문에 본질을 파악하지 못하며 작가적 상상력에도 미치지 못한다. 이데아의 세계와 작가적 상상력이 펼치는 미래가 과학과 학문 발전의 토대가 되는 것이다.

캐나다의 경영 저술가인 돈 탭스코트(1947~)는 2006년에 펴낸 《위키노믹스》에서 네티즌의 대규모 협업이 사회의 모든 제도를 바꾸는 현상에 주목하고 웹 2.0 시대에는 대규모 협업에 바탕을 둔 기업과 조직이 경제의 모든 부분에서 경쟁력을 가질 것이라는 전제에서 위키노믹스(wikinomics)라는 경제 개념을 지어 그 기본 원리로 경영정보의 개방성, 수평적 기업조직의 동등계층 생산, 공유(sharing), 행동의 세계화 등 4가지를 꼽았다(이인식, 2008: 332~333). 현상이 보여주는 실재의 모습을 상상하는 것이다.

다음은 과학기술에 관해 마르크스가 《자본》에서 언급한 부분이다. 이 부분은 18~19세기 산업혁명이 커뮤니케이션 테크놀로지의 발전을 견인하는 맥락을 이해하는 데 도움이 되기 때문에 다소 길게 인용한다. 정치경제학의 이해가 전제되었다면 이니스처럼 미디어의 역사를 기술결정론으로 해석하는 우를 범하지 않았을 것이다.

각 기계가 인력으로만 가동되는 한 그것은 언제까지나 소규모 상태로 머물수밖에 없었고, 또 증기기관이 기존의 동력 — 동물이나 바람 그리고 물 — 을 대신하기 전까지는 기계제가 자유로이 발전할 수 없었듯이, 대공업의 특징을 이루는 생산수단, 즉 기계 그 자체가 인간의 힘이나 숙련에 의존하는 동안에는 (즉 매뉴팩처 내의 부분노동자나 매뉴팩처 외부의 수공업자가 자신들의 소규모 용구를 사용하는 데 필요한 근육의 발달이나 눈썰미 또는 손의 정교함에 의존하는 동안에는) 대공업은 충분한 발전을 이룩할 수 없었다(…) 그런데 일정한 발전 단계에 도달하고 나면 대공업은 그 수공업적 토대나 매뉴팩처적인 토대와의 기술적인 충동 또한 피할 수 없었다(…) 예를 들어 근대적인 인쇄기나 근대적인 증기적기, 근대적인 양털 빗는 기계 같은 것은 매뉴팩처에 의해서는 공급될 수가 없었던 것이다.

어떤 하나의 산업 영역에서 나타나는 생산양식의 변혁은 다른 산업 영역에서 변혁을 불러일으킨다. 이것이 우선 적용되는 곳은 사회적 분업에 따라 고립되어 각기 독립적 상품을 생산하고는 있지만 그럼에도 하나의 총 과정의 여러 단계로 얽혀 있는 산업 부문에서이다(…) 특히 공업이나 농업의 생산방식에서 일어난 혁명은 사회적 생산 과정의 일반 조건인 교통·통신수단의 혁명도 필요로 하였다. 푸리에(Fourier)의 표현을 빌리자면 가내공업적 부업을 수반하는 소규모 농업이나 도시 수공업을 주축으로 하던 사회에서의 교통·통신수단은 이미 사회적 분업이 확대되고 노동수단과 노동자가 집적되었으며 또한 식민지 시장이 존재하는 매뉴팩처 시대의 생산적 요구에 완전히 따를 수 없게 되었고 따라서 실제로 변혁되었다(…) 그래서 완전히 혁신된 범선 건조는 차치하더라도, 교통·통신사업은 하천기선이나 전신체계에 의해 점차 대공업의 생산양식에 적합한 형태로 바뀌어갔다(Marx, 1867/2008: 519~521).

인류는 1만 년 전 농경생활을 시작한 이후 19세기 이전까지 야금, 양조, 유리와 염료 및 가죽, 비누의 제조 등 화학기술을 사용했으나 그 기술은 경험적 방법에 의존하였으며, 생산 규모도 작고 제조공정에 많은 시간이 소요되었다(장병주, 1986: 177). 이 무렵 기술은 과학과 결합했다. 공장제 수공업 시대와 산업혁명 초입의 기술 개량은 주로 경험적 방법에 의해 이루어졌지만, 시대가 변함에 따라 경험적 지식으로는 급속히 증대하는 생산의 요구를 충족시킬 수 없게 되었다. 이것은 과학의 도움으로 해결할 수 있었다. 기계제 대공업으로의 발전은 과학적 지식을 응용하여 기술적 기반을 개량함으로써 가능했던 것이다. 여기서 과학이란 사회적으로 축적된 일반적 사회적 지식(science)으로서 실재론 철학과 상통한다. 이 과학 지식이 물질적 생산의 해결 과정에 편입되면 사회적 생산력이 되는 것이다(소련과학아카데미 자연과학사・기술사연구소, 1979: 429).

그래서 국제 커뮤니케이션의 확장은 19세기의 자본주의 성장이라는 전반적인 맥락 속에서 바라보아야 한다는 쑤쑤의 주장(Thussu, 2006/2009: 17)은 정당하다. 이런 배경에서 1837년 모스(Morse)가 발명한 전신은 이듬해 영국에서 처음으로 상업적 전신망이 구축되었으며, 1851년에는 일반인을 대상으로 한 전신 서비스가 시작되었다. 19세기 말에는 케이블이 연결되어 이전에 선박을 이용한 우편으로 두 달이 걸렸던 본국과 식민지 간 커뮤니케이션이 수분 내로 단축되었다(Thussu, 2006/2009: 35).

이처럼 미디어의 발전은 경제적 변동에 수반된다. 쿠신은 오늘날 특히 기술의 개량이 과학적 주제를 이용하지 않으면 불가능하고, 많은 경우 예비적인 특별한 과학적 연구 없이는 불가능하다고 했다(金光不二夫・馬場政孝, 1974/1990: 89). 이때 그 기술의 개량을 필요로 하는 것은 다름 아닌 자본이다.

정치경제학의 적용에서 1차적으로 수행해야 할 과제는 미디어의 역사를 올바로 이해하는 것이다. 미디어의 역사는 미디어만의 발달 과정이어서는 안 된다. 미디어의 역사는 인류 역사의 전개 과정에서 새로운 미디어가 등장하는 맥락을 살피고, 그 미디어가 인류사회에 영향을 미치는 법칙을 규명하는 것이어야 한다. 인류 역사에서 미디어는 공동생활의 필요에 의해 자연스럽게 등장했으며, 그 미디어는 다시 생활에 활력소를 제공하여 역사를 발전시키는 촉매제 역할을 했다. 예를 들어 공동생활과 공동노동의 과정에서 사용한 언어는 소통을 원활하게 함으로써 생산력의 발전에 도움을 주었을 것이다(김동민, 2013: 36). 생산력의 발전은 잉여생산물을 만듦으로써 공동체사회를 해체시키는 데 결정적으로 작용했음은 물론이다.

중요한 것은 역사에 대한 이해를 전제로 미디어의 상황을 살펴야 한다는 점이다. 그렇지 않으면 현실과 유리된 공허한 이론이 되고 만다. 중립과 객관보도라는 저널리즘 규범도 구체적인 역사의 산물이다. 위에 인용한 마르크스의 "어떤 하나의 산업 영역에서 나타나는 생산양식의 변혁은 다른 산업 영역에서 변혁을 불러일으킨다"(Marx, 1867/2008: 519~521)는 부분은 미디어 산업에도 적용된다. 교통·통신의 발달이 이루어지는 시기 미디어 산업에 변혁을 가져오고 더불어 저널리즘의 성격도 변화시켰던 것이다. 산업혁명 이전 매뉴팩처 시대의 저널리즘은 정파적 성격이 강한 정론지(政論紙)로서 주관적인 기사로 채워졌지만, 19세기 대량생산이 보편화된 산업자본주의 시대에 이르러 저널리즘은 광고 수주를 위해 중립과 객관보도를 표방하고 선정성을 띠었다. 이후 저널리즘은 중립적이고 객관적인 보도를 한다는 고정관념이 생긴 것이다. 이 부분은 그 믿음이 실재와 일치하는지에 대해 실재론 철학에 의해 검증되어야 한다.

저널리즘 교과서의 중립은 양적 균형을 강조하는 기계적 중립이며, 객관보도는 사실에 대해 있는 그대로 보도하는 것이라고 하면서 이는 사실상 불가능한 것으로 결론을 내린다. 사실은 현상의 영역으로서 주관적일 수밖에 없으니 사실중심의 객관보도는 불가능하다는 결론에 이르는 것은 논리적으로 당연한 귀결이다. 그러나 현상의 배후에는 반드시 객관적 실재가 있게 마련이다. 이것을 규명하는 것이 진정한 객관보도가 되는 것이다. 객관보도는 불가능한 게 아니라 반드시 규명해야 할 목표다. 그리고 진정한 중립은 시시비비를 가려주는 것이어야 한다(김동민, 2013: 158~161).

프랑크푸르트학파의 비판이론과 문화산업론의 경우를 보자. 자본가에 저항하며 사회주의 혁명 내지는 노동운동의 기치를 높이 든 노동자가 태도를 바꾼 것은 문화산업의 영향이라는 것이 문화산업론의 골자다. 이 것은 프랑크푸르트학파의 연구자들이 마르크스의 이론을 포기한 상태에서 당시 독일의 열악한 사회경제적 사정과 나아가 미국경제의 풍요로움을 고려하지 않고 직관으로 서술한 관념론의 소산이다. 제1차 세계대전의 패배로 인해 13%의 영토와 7백만 명의 인구를 잃은 가운데 경제가 온전치 않은 상황에서 감당할 수 없는 전쟁 배상금 등으로 독일 경제는 마비되었다. 이 상황에서 미국은 노동자들이 사회주의로 경도되는 것을 우려하여 배상금을 탕감하고 독일 경제의 회복을 위해 막대한 자금을 제공했다. 이로 인해 독일 경제는 회생하였지만, 곧 닥친 세계 대공황은 독일 경제를 다시 구렁텅이로 떨어지게 했다. 미국이 독일에 투자한 자본을 회수하기 시작한 것이다. 이로 인해 실업이 만연하고 1930년대 노동자들의 생활은 비참하기 그지없었다. 1927년에 80만 명이던 실업자가 3년 만에 3백만 명으로 늘어났고, 1932년에는 620만 명으로 늘어났다. 이 상황에서 히틀러는 군수산업 육성으로 돌파구를 찾았다. 미국처럼 토목과 건설사업을 벌이는 대신 군수품 생산으로 일자리를 만든 것이다. 그 결과 일자리가 생기고 경제가 호전되어 생활이 나아지면서 노동자도 나치당을 믿고 따랐다. 대공황 직전인 1928년에 2.6%이던 나치당 지지율이 1932년 7월의 총선에서 37.4%의 득표율로 의회 제1당이 되었으며, 1933년에는 43.9%로 올라갔다(르몽드 디플로마티크, 2014: 38).

군수산업은 전쟁을 필요로 한다. 이제 과거로 회귀하고 싶지 않은 노동자는 19세기 이후 형성된 배타적 민족주의의 감정이 섞이면서 정부의 선전선동과 대중문화에 호응한 것이다. 이렇게 독일 노동자의 변신은 전반적인 경제적 조건에 의해 규정된 가운데 문화산업은 보조적 역할을 했다고 보아야 한다. 그러나 문화산업론은 마르크스의 이론을 부정하면서 정치와 문화의 영향을 1차적으로 규정하였다. 대중문화가 노동자의 투쟁의식을 마비시키고 세뇌시켰다는 것이다. 그래서 보수적인 철학자도 프랑크푸르트학파의 이론을 칭송하면서, 독일의 파시즘화를 설명하는 데 고작해야 유물사관은 경제적 공황, 궁핍화, 사유제 등 경제적 요인만이 역사를 결정한다는 경제주의적 오식을 들먹이는 데 그치는 경직화에 빠진 것이라고 장단을 맞춘 것이다(신일철 편, 1980: 15).

한국의 경우, 1970년대 신문이 박정희 정권에 굴복하여 상업적 성공을 도모했던 것도 당시 경제 상황을 살펴봄으로써 보다 근원적 설명이 가능하다. 미국 경제가 30~40년 동안의 황금기를 지나 다시 침체에 빠지면서 수출로 경제를 키워가던 한국 경제는 전환기를 맞이한다. 미국의 독점자본은 잉여자본의 수출을 모색하는바 한국에 대한 직접투자의 시대를 연다. 차관경제에서 직접투자로의 전환이다. 그 결과 철강공장과 조선소, 자동차공장과 석유화학공장 등의 건설에 투자한 것이다. 이른바 경공업 위주 수출에서 중화학공업 육성으로의 전환이었다. 1970년의 포항제철 기공식이 그 신호탄이었다. 그리고 마산수출자유지역과 울산, 포항, 여천, 창원의 대규모 중화학공업에 미국과 일본의 자본이 투입되었다(박승옥, 1991: 113). 이로 인해 도시와 공단지역을 중심으로 일자리가 넘쳐나기 시작했다. 서울 강남지역 개발로 인한 졸부의 등장도 구매력 있는 중산층 소비자의 형성에 한몫했다.

한편 베트남전쟁 특수와 중동 건설 붐 그리고 광부와 간호원의 독일 진출 등이 내수시장을 더욱 탄탄하게 형성하게 함으로써 생산 활동에 활력을 제공했다. 박정희는 쿠데타로 권력을 잡은 후 1961년 11월 미국을 방문해 케네디 대통령을 접견한 자리에서 베트남 파병을 자원했다. 하여 1964년 9월 22일과 1965년 2월 14일 두 차례에 걸쳐 베트남에 비둘기부대 등을 파병했다. 베트남전쟁이 길어지고 미국의 부담이 가중되자 이번에는 존슨 대통령이 추가 파병을 요구했다. 미국은 3차 파병을 대가로 1억 5천만 달러의 차관과 한국군 유지를 위한 군사 지원 및 한국 상품의 대미수출 확대 등을 약속했다(중앙일보 현대사연구팀, 1996: 402).

결과적으로 1만 5천여 명의 사상자와 2만 명에 이르는 고엽제 피해자의 희생으로 외환수입을 챙겼다(한홍구, 2005: 39). 베트남에 면직물, 합판, 목재를 수출하고 해운과 건설, 용역 수출, 그리고 파월 한국군의 송금으로 외화 수입을 올렸다. 1965년에서 1969년 사이 송금된 액수가 5억 4천 6백만 달러였으며, 1966년에서 1968년 사이에 베트남 특수로 벌어들인 수입이 23억 달러로 전체 외화 수입 가운데 15%를 차지했다(역사학연구소, 2009: 364). 때마침 세계 경제의 침체로 수출에 제동이 걸리면서 내수시장을 겨냥한 섬유 제품과 자동차, 냉장고, 세탁기 등 상품이 넘쳐나기 시작했고, 그 사이 구매력이 확보된 도시 소비자가 상품의 실현을 뒷받침했다. 이처럼 생산과 소비의 조화 속에 본격적인 고도성장을 구가하고 당연히 언론사에는 광고가 급증했다.

신문사 사주와 경영진의 입장에서 이는 초유의 현상으로 광고 시장의 급속한 성장이 저널리즘의 역할에 앞서 보다 더 매력으로 다가왔을 것이다. 1966년에 약 30억 원 정도였던 매체 광고비가 1970년에는 127억 원 규모로 성장했고, 1979년에는 2, 185억 원 규모로 확대되었다. 1970년대 10년 사이에 17배 이상 성장한 것이다. GNP 대비 광고비도 1970년 0.47%에서 1979년 0.74%로 늘어났다. 그리고 1988년에는 드디어 1조 원을 돌파한다(김민환, 2009: 506). 이것이 〈동아일보〉와 〈조선일보〉가 정권에 굴복하여 기자의 해직을 감행하며 본격적인 상업적 대중지로 변신한 경제적 요인이었다.

5. 결론

언론학이 자연과학의 실증주의를 모방한 방법을 유일한 과학적 방법이라고 고집하면서 그 방법론을 적용한 이론으로 구축한 독립적 사회과학이라고 주장하는 고정관념은 타파되어야 한다. 미디어 연구의 발전을 가로막는 중요한 장애라고 할 수 있다. 자연과학도 실험에 의해 뒷받침되는 이론만을 과학이라고 하지 않는다. 자연과학은 실재론 철학에 기반을 두어 자연현상의 본질을 규명하는 것을 목표로 하며, 수학적 계산과 실험 모두를 과학적 방법으로 인정한다. 실재의 세계는 우선 수학에 의해 이론적으로 설명된다. 실재의 세계를 규명하는 수학을 사회과학에서는 사회현상을 계량화하여 변인의 관계를 설명하는 데 이용하면서 과학이라고 한다. 그것은 실재가 아니며 따라서 지식이라고 하기에는 매우 미흡한 정보의 수준이다. 언론학에서는 이러한 경향이 특히 심하다. 그래서 특히 정치경제학에 대한 배제가 극심하다. 이러한 태도를 불식시키지 않는 한 언론학의 발전은 기대하기 어렵다. 과학은 실증과 사변(思辨)의 방법론이 상호 보완됨으로써 발전할 수 있다. 실증은 존중하지만 실증주의는 경계해야 한다. 미디어 연구의 주류적 경향은 그렇다 치더라도 과거 비판커뮤니케이션 이론을 공부했던 연구자들의 태도에도 발상의 전환이 절실하다. 특히 미디어 정치경제학 분야는 지리멸렬한 상태에 있다. 미디어 연구에서 정치경제학의 가치는 필수적이다. 자본주의 사회의 미디어를 연구하면서 자본주의 사회를 가장 과학적(지식적)으로 설명하는 정치경제학을 등한시한다는 것은 모순이다.

미디어 연구에서 정치경제학을 올바로 적용하기 위해서는 영국식 미디어 정치경제학은 접어두는 게 좋다. 참고에 그쳐야지 그 프레임으로 한국의 미디어를 설명할 수는 없다. 미디어 정치경제학의 관점을 아직 적용하는 연구자들이 있는 게 그나마 다행일 수는 있지만, 기왕에 적용할 바에는 제대로 해야 한다. 모름지기 학문은 정확하고 철저해야 한다. 미디어 기업의 소유와 통제에 관한 연구는 정치경제학과는 거리가 멀다. 미디어 정치경제학이 일정하게 정치경제학에 기반을 둔다고 할 때, 우리는 정치경제학에 대한 정확한 이해를 기반으로 하여 우리의 미디어 정치경제학을 수립해야 한다. 정치경제학이 거시이론이라면 기존의 미디어 정치경제학은 미시적이다.

과학 비판의 임무를 수행하는 철학에 의해 자신의 연구를 점검하는 것도 게을리 해서는 안 된다. 자연과학은 현대사회를 사는 우리가 갖춰야 할 가장 기본적 소양으로서 공학보다 인문학에 더 가까운 편이라고 한다. 현대사회에서는 현실적으로 과학이 공학, 기술과 깊은 관련이 있지만 본질적으로는 문학, 철학, 예술 등 인문학과 가깝다는 것이다(최무영, 2011: 25~27). 사회과학도 자연과학 및 인문학과 거리를 두어서는 안 된다. 지식(science)으로서의 과학은 철학의 목표로서 모든 학문은 하나였다. 지금은 역할 분담 차원에서 분과로 나뉘었을 뿐 통섭·융합되어야 한다. 하나의 전문 분야에 탐닉하는 것은 학인의 태도가 아니다. 학문(學問)과 사변(思辨)으로 지식을 터득하여 돈독하게 실천하는 언론학이 되어야 할 것이다.

물리학에서
배운다

1. 미디어 연구의 현실

사회과학은 물리학에서 과학적 연구의 방법을 배우면서 성립되었다. 그러나 실험과 관찰이라는 형식만 배웠지 정작 중요한 철학적 사유의 방법을 배우지 않았다. 때문에 객관적 실재의 진리를 탐구하는 철저함이 결여되고, 전체와 큰 흐름을 보지 못하고 경험세계의 부분에 몰두하는 경향이 있다. 때문에 사변(思辨)과 때로는 직관에 의한 창조적 발상이 나오지 않는다. 뿐만 아니라 학문의 연속성도 중요하게 생각하지 않고 앞선 이론을 부정하며 새로운 이론을 추구하다보니 이론은 유행처럼 가볍게 너울거린다.

자연과학은 자연현상을 대상으로 하여 그 실재(본질), 즉 법칙을 찾아 설명한다. 사회과학이 자연과학을 본받는다면 사회현상의 실재를 찾아내는 작업을 수행하는 것이 정도일 것이다. 그러나 그렇게 하지 않는다. 현상은 감각기관에 의해 포착되는 것으로 주관적이다. 과학이란 주관적 견해의 공집합이 아닌 객관적 실재를 찾아내는 것이어야 한다. 그러나 사회과학은 현상의 영역에서 포착된 사실을 계량화하여 설명하는 데 머문다. 그 현상의 근본적 원인을 찾아 규명하려 하지 않는 것이다. 배우는 이로서 진리를 추구하는 과학적 자세를 가지기 이전에 기득권 사회를 수호하려는 정치적 태도에 충실하기 때문이다.

마찬가지로 미디어 연구도 커뮤니케이션 현상의 설명에 머무른다. 현상의 이면에 감춰진 실재를 밝히려는 노력이 없는 것이다. 현상과 본질에 대한 철학적 인식이 없기 때문이다. 현상의 영역을 관찰하고 설명하는 것은 그리 어렵지 않다. 학문의 궁극적 목적은 현상의 설명에 그치는 것이 아니라 본질을 찾아 확인하는 것이어야 한다. 그것이 바로 진리 탐구의 의미인 것이다. 현상이 곧 본질이라면 과학의 의미는 없다.

2. 물리학의 경우

물리학 연구는 늘 실재론 철학을 염두에 둔다. 서양 학문의 뿌리는 그리스 철학으로 자연철학과 실재론의 형이상학이다. 철학자요 수학자였던 뉴턴은 그의 저서인 《프린키피아》 서문에서 이렇게 썼다.

> 나는 이 책을 "수학원리의 철학"이라고 부르겠다. 철학이 짊어져야 할 짐이 바로 이것이다. 운동 현상으로부터 자연의 힘을 연구하고, 이 힘으로부터 또 다른 현상을 증명한다.

> 이러한 자연현상은 물체를 구성하는 입자들이 알려지지 않은 원인에 따라 서로 잡아당겨져 엉켜서 규칙적 모양을 만들거나, 서로 떠밀어 거리가 멀어지는 것에서 생긴다고 추론된다. 이러한 힘이 뭔지 몰랐기 때문에 지금까지 철학자가 자연현상에 대해 연구한 것은 공염불이었다. 그렇지만 내가 이 책에서 제시한 원리가 밝은 빛을 비추게 할 것이며, 더욱 올바른 철학의 방법을 제시할 것이다.

알다시피 라틴어로 쓰인 《프린키피아》의 원제는 《자연철학의 수학적 원리》(Philosophiae Naturalis Principia Mathematica)였다. 눈으로 확인할 수 있는 자연현상의 원인을 수학의 원리를 동원하여 보이지 않는 힘을 찾아내는 연구의 방법을 말하는 것이다. 형이상학 내지는 사변철학으로서의 자연철학이 자연과학으로 업그레이드되는 역사적 변화였다. 그리고 고전역학의 탄생인 것이다. 여기서 철학의 방법이란 과학의 방법을 의미한다. 둘을 다른 것으로 생각하면 안 된다. 직관적 사유(思惟)와 수학, 나아가 관찰과 실험, 이 모두가 유기적으로 결합된 것이 과학의 방법, 즉 과학적 방법이다. 관찰과 실험은 과학적 방법의 일부일 뿐이다.

관찰과 실험을 근대 과학이 새삼스럽게 창조한 것도 아니다. 고대 그리스 철학자들도 관찰과 실험을 했다. 아리스토텔레스의 제자인 테오프라스토스(B. C. 372~287)는 기술에서 관찰되는 과정에 의해 자연현상을 설명해야 한다면서 식물의 종(種)을 기재하고 분류했으며, 스트라톤(B. C. 약 340~270)은 관찰뿐 아니라 실험까지 했다고 한다. 이렇게 고대의 철학자들은 과학자로서 모든 방법을 동원해 진리를 탐구했다. 다음은 양자역학의 두 거두인 하이젠베르크와 보어의 대화다. 경험세계의 관찰에서 실증이 가능한 것만이 과학의 대상이라고 했던 콩트를 따르는 실증주의에 대한 내용이다.

실증주의자들은 이미 당신들이 말한 바와 같이 전(前)과학적인 성격을 지니는 모든 문제 설정에 특히 민감한 것 같습니다. 나는 개체적 문제 설정이나 정식화는 형이상학적이고 전과학적이며 물활론적(物活論的) 시대의 낡은 사고의 유물이라고 간단히 비난하는 것으로 처리해버리는 인과론에 관한 필립 프랑크의 책을 기억합니다. 거기서는 '전체성'이라든가 합목적적 생명력과 같은 생물학적 개념이 전과학적인 것으로 거부당하며, 이런 개념이 사용되는 기술은 증명할 수 없는 내용이 담긴 것이라는 증거를 보이려고 애씁니다. '형이상학'이라는 말은 한마디로 불명확한 사고과정이라는 낙인이 찍힐 욕설에 지나지 않습니다.

언어를 그렇게까지 좁게 국한한다면 그야말로 손을 들 수밖에 없습니다. 당신은 공자의 격언이라는 실러의 시를 알고 있으며, 특히 내가 그 가운데서 '충만만이 명석에 통할 수 있으며, 심연 속에 바로 진리가 숨어 있다'는 구절을 좋아한다는 것을 알지요? 여기서 말하는 '충만'이란 경험의 충만뿐만이 아니라 우리가 어떤 문제를 제기하고 어떤 현상을 말할 때 사용하는 여러 종류의 다른 개념의 충만도 뜻합니다(Heisenberg, 1969/2011: 321).

하이젠베르크는 물리학과 철학 사이의 관계를 두절시키지 않기 위해 노력했으며, 특히 우주의 원질을 이루는 4개 원소를 기하학적으로 설명한 플라톤의 《티마이오스》에서 영감을 얻었다고 한다. 그래서 그는 "플라톤의 철학을 명상한 사람은 세계가 어떤 상으로 정해졌다는 사실을 알고 있다"(Heisenberg, 1969/2011: 376)고 한 것이다. 뉴턴과 마찬가지로 전과학적, 형이상학적, 이성주의적 방법이 총동원되어야 현상세계의 경험으로는 잡히지 않고 심연 속에 숨은 진리를 발견할 수 있는 것이다. 실증주의에 매몰된 연구자들이 성찰해야 할 대목이다.

《부분과 전체》를 번역한 김용준은 역자 후기에서 "오늘날 과학자들은 전체를 보는 눈은 아예 없어지고 말았다 해도 과언이 아닐 정도로 부분만을 응시하게 되었다"면서 하이젠베르크가 부분적 문제를 정확하게 처리하면서 전체성을 재검토했던 점을 높이 평가했다. 하이젠베르크는 부분성만 생각하지 않고 전체성을 생각하였기 때문에 나치 치하의 조국에 남아 원자력 무기의 개발을 막았다고 한다. 그래서 미국이 히로시마와 나가사키에 원자탄을 투하했다는 소식을 듣고 실망하고 한탄했던 것이다.

뉴턴의 고전역학이 전체라면 아인슈타인의 상대성이론과 하이젠베르크의 불확정성의 원리는 부분이라고 할 수 있다. 상대성이론과 양자역학은 고전역학에 타격을 주며 새로운 현대역학으로 등장했지만 아인슈타인이나 하이젠베르크는 고전역학을 변함없이 존중했다. 특히 양자역학은 다른 세계를 설명하는 이론이다. 이러한 태도는 물리학자들에게 공통된 인식이다. 일본인 최초로 노벨물리학상을 받은 유카와 히데키(湯川秀樹)의 동료인 물리학자 카타야마 야스히라(片山泰久)의 이야기도 경청할 만하다.

절대로 옳다고 생각되었던 고전물리학은 원자, 분자에 관한 한 양자역학에 길을 양보해야 했어. 또 하나, 뉴턴역학에 도전한 것은 상대성이론이었지 (…) 우리는 언제나 무슨 이론이나 법칙을 완전히 옳다고만 믿는 버릇이 있지 않을까? 만일 어떤 사실에 대해서 그보다 뛰어난 이론이 있으면 그것만이 완전하고, 먼저의 이론은 불완전하다고 생각하기 쉽지. 우리는 완전과 불완전, 옳고 그릇됨을 언제나 단순하게 판단하지 않았을까? 양자역학의 출현은 어떤 올바른 이론에도 한계가 있고, 또 한계가 있다 해도 그것에 알맞은 문제에 관해서는 변함없이 옳다는 것을 가르쳐주었어. 우리 주변에 진리란 이런 거야. 우리는 언제나 새로운 문제를 대할 때 낡은 생각을 억지로 관철시키려고 하지 않았을까? 또 낡은 생각이라 하면 그것을 돌아보지도 않고 그가 가진 좋은 점을 쓰려는 노력에 인색하지 않았을까? (…) 물리학자는 누구나 크든 작든 객관적인 실재를 믿네(片山泰久, 1966: 229~231).

이처럼 물리학자들은 관찰과 실험이라는 실증적 방법만이 아니라 실재론과 형이상학, 전과학적 방법, 이성주의 등 모든 방법을 존중하고 동원한다. 그리고 새로운 발견을 하고 이론을 세웠다고 해서 고전역학을 부정하지 않는다. 반면 미디어 연구자들은 한편에서 실증주의만이 과학적 방법이라고 믿으며, 다른 한편에서는 뉴턴의 고전역학에 비견되는 마르크스의 이론을 부정하면서 비판이론을 내세운다. 마르크스의 이론에 대한 태도가 적대적이나 무지한 것이다. 전자는 마르크스의 이론을 정치적 이념으로 오인하고, 후자는 부분에 대한 설명이 누락되었다면서 분열적으로 미시이론만 추구한다. 둘 다 과학자로서 올바른 태도가 아니다. 한때 유행했던 포스트모더니즘 철학은 전체와 이성주의를 부정하면서 부분에 대한 직관의 설명에 집착한다.

이를테면 마르크스의 경제결정론과 계급을 부정하면서 여성, 성소수자, 인종 등 부분적 문제에 집착한다. 마르크스 시대에서는 부각되지 않았던 현상들에 대해 채우면 될 것을 꼭 부정하여 논리를 전개하는 것이다. 그러니 실증적 방법도 없고 이성주의나 형이상학도 없다. 문화주의 연구자들의 일부는 아직도 이 포스트모더니즘 철학을 배경으로 대중문화를 비판한다. 특히 물리학자들은 어려운 수학과 자연의 법칙을 대중의 언어로 쉽게 쓰며 소통하려고 애쓰는 반면 포스트모더니즘 계열의 철학자와 문화연구자들은 쉬운 걸 어렵게 쓰는 경향이 있다. 그 안에 사회 및 문화현상에 대한 실재의 지식과 어려운 법칙이 있는 것도 아닌데도 어렵게 쓴다. 대중과의 소통보다는 지적 유희에 탐닉하듯 어렵게 쓴다.

마르크스 이론은 기본적으로 자본주의라는 사회에 대한 총체적 분석이다. 자본주의를 설명할 때 아직 이를 능가하는 이론은 나오지 않았다. 사회과학의 모든 대상은 자본주의라는 토양에서 형성되고 자라난 것이다. 따라서 사회과학 연구에서 마르크스 이론에 대한 이해는 필수적이다. 정치적 이념과는 무관하다. 그렇다고 마르크스의 이론이 자본주의 사회의 모든 것을 설명하는 것은 아니다. 더구나 자본주의의 진화로 여러 가지 부분적이고 새로운 현상이 발생했기 때문에 이에 대한 규명은 동시대 학자들의 몫이다. 그러나 이때도 마르크스의 이론의 부정이 아니라 연장선에서 보완해야 한다. 바로 이 점이 미디어 연구자와 사회과학자들이 물리학에서 배워야 할 자세다. 그렇다면 물리학자들은 사회과학의 현실을 어떻게 인식할까? 파인만과 서울대 교수들의 평가를 들어보자.

3. 물리학자들의 사회과학 평가

우리는 교육에 대해, 사회학이나 심지어 심리학에 대해 사실이라고 주장하는 온갖 진술을 듣지만, 그 모든 것을 나는 사이비 과학이라고 말합니다(…) 주의 깊게 이루어진 과학이 계속 성공적이었기 때문에, 그와 비슷한 것을 행함으로써 그들은 얼마간 명예를 얻는다고 생각합니다(…) 지금처럼 과학을 모방한 방법으로 뭔가를 발견하려는 것은 제대로 된 시도가 아닙니다. 우리가 어떻게 해야 할지만 안다면 이들 분야에서도 과학적 방법이 유효할 것인가? 그건 나도 모르겠습니다. 과학은 그런 면에서 특히 약합니다. 뭔가 다른 방법이 있겠지요. 예를 들어 과거의 생각이나 오랜 경험을 가진 사람의 말에 귀를 기울이는 것이 좋을지 모릅니다. 과거에 귀를 기울이지 않아도 좋은 경우는 다른 독립적 정보 출처가 있고 그것을 따라야겠다고 결정했을 때입니다. 그러나 과거에 그 주제에 대해 생각한 사람의 지혜를 무시할 경우 주의해야 합니다. 그들이 비과학적인 방법으로 어떤 결론에 도달했다 할지라도 그들은 현대인 못지않게 옳을 수 있습니다. 현대인도 똑같이 비과학적으로 결론에 도달할 수 있습니다(Feynman, 2000/2004: 300~302).

많은 사람들은 현대과학이 이러한 성공을 거두는 이유가 독특한 '과학적 방법'에 있다고 믿는다. 예를 들어 몇몇 학자들은 사회과학이 자연과학에 비해 상대적으로 눈에 띄는 성공을 거두지 못하는 것은 사회과학자들이 사회현상에 적합한 연구방법을 미처 정립하지 못했기 때문이라고 생각한다(홍성욱·이상욱, 2004: 231~233).

그런데 귀납적 방법이 과학 지식의 형성 과정에 가지는 중요성을 강조하다보면 자연스럽게 과학적 창조성의 중요성이 평가 절하된다(…) 물론 이러한 능력이 성공적인 과학 연구를 위해 꼭 필요한 것은 사실이지만, 이를 과학적 창조성과 동일시하기는 어렵다(홍성욱·이상욱, 2004: 231~233).

19세기에 등장한 사회과학에선 근대 이후 등장한 경험주의 철학과 더불어 귀납적 방법이 대세를 이루었다. 즉, 철저하게 경험세계의 현상에 대해 귀납적으로 결론을 도출하는 방법을 선호한다. 여기에서는 실재론 철학과 직관에 의한 창의적 이론이 나올 수 없다. 자연철학의 후예로서 부단히 철학적 사유를 병행하는 물리학자들에게는 사회과학의 발전이 부진한 까닭이 눈에 보이는 것이다. 하이젠베르크의 실증주의와 실용주의에 대한 비판도 경청할 만하다.

> 실증주의는 확실히 실용주의와 그에 속한 윤리적 태도로부터 비롯된 것이다. 실용주의는 팔짱을 끼고 가만히 서 있지만 말고, 지나치게 거대하게 세계의 개선 같은 것을 생각하지 말고, 우선 자기 신변의 일부터 개개인이 책임을 지고 처리하기를 힘쓰고, 힘이 미치는 작은 영역에서 더 나은 질서의 개선을 위하여 일하라고 가르친다(…) 뉴턴의 물리학에서는 개체성에 대한 세심한 연구와 전체에 대한 조망, 이 두 경우가 함께 작용했다. 그러나 실증주의는 이 위대한 연관성을 보려 하지 않았으며, 알고 있으면서도 그것을 애매모호하게 만들려 하는 과오를 범하는 것이다(Heisenberg, 1969/2011: 331~332).

미국의 미디어 연구는 대부분 실증주의일 뿐만 아니라 실용주의(*pragmatism*)를 철학적 배경으로 한다. 실용주의는 결과 중시의 철학으로 매스미디어 효과이론의 철학적 배경이다. 두 입장 모두 개혁적이지 않을 뿐 아니라 소소한 이익에 만족하면서 전체와의 조망이 결여되었다는 비판을 받는다. 그러나 언론학자들은 한국 저널리즘의 합당한 모습을 실용주의 저널리즘이라고 주장한다. 임상원은 "과학이 뉴턴적인 것이든 하이젠버그의 것이든 상관없이 확정적 진실로만 꽉 차 있는 것은 아니다. 어떤 과학적 지식이나 정보든 불확실성이라는 여백은 있게 마련이고 그 여백은 믿음이나 선택의지로 채워지는 것"이라면서 듀이와 리프먼의 "프래그머티즘(실용주의)은 과학에 기초한 것"이었다고 주장한다. 그리고 신실용주의자인 로티(1931~2007)의 우연성 개념을 빌어 "어떤 현상이나 사상을 이해하고 해석할 때 이성만이 아니라 역사와 문화의 영향을 충분히 고려해야 한다"면서 형이상학이나 정초주의와 같은 근본주의에서 해방되어야 한다고 주장한다(임상원, 2007: 89~90).

그러나 한국의 저널리즘은 이미 충분히 실용주의적이다. 한국 저널리즘의 실용주의는 과함이 문제지 부족함이 문제는 아니다. 그래서 이성은 마비되고 지나치게 믿음과 선택의지가 넘친다. 임상원은 하이젠베르크를 오독하면서 저널리즘의 철저한 진실 추구의 원칙을 흔들었다. 게다가 로티는 듀이보다 완고한 지극히 미국적인 네오프래그머티즘 신봉자로서 이성주의 전통 철학을 비판하면서 신자유주의 미국의 이익을 대변하는 철학자다. 그래서 "우연성의 지나친 강조로 연대성 확보가 곤란하다는 점, 문화 상대주의를 극복하기 어렵다는 점, 공적/사적 담론의 구분이 작위적이고 전체론과 정합적이기 어렵다는 점, 문예의 시대라는 시대 진단이 부분적 설득력만 가진다는 점 등의 치명적 난점으로 인해 네오프래그머티즘에 대한 경계의 시선을 늦추지 못하게 한다"라는 평가를 받는다(Rorty, 2003: 298). 이런 프래그머티즘은 위험할 뿐만 아니라 창의성을 발휘하기도 어렵다.

창의성은 수학자들에게서도 배울 바가 있다. 컴퓨터의 아버지라고 할 수 있는 수학자 앨런 튜링(Alan Turing)의 이야기다. 컴퓨터는 물리학의 양자역학과 전자공학의 결실이지만 그 이전에 그 이론적 토대는 수학이 제공했다. 증기기관의 이론적 토대가 뉴턴의 역학이라면, 현대 컴퓨터의 이론적 토대는 앨런 튜링이다. 신속한 정보 처리와 대량의 정보 처리의 방법 및 기술은 과학자들과 공학자들의 노력에 의한 것이지만, 정보를 완전히 다른 시각에서 바라보게 하고 컴퓨터의 발명을 가능하게 한 이론적 토대는 수학이었다. 디지털 정보를 처리하는 것이 원리적으로 가능하다는 것, 그 프로그램과 알고리즘을 항상 생각할 수 있다는 발상은 수학자들만이 가능한 것이었다. 첨단 공학의 그늘에서 찬란하게 비추는 추상적 사유의 위대한 힘인 것이다(박정일, 2004: 28).

튜링은 제2차 세계대전 중 영국으로 생활필수품을 싣고 이동하는 배를 격침시키는 독일 잠수함과 독일군 사령부 사이에 오가는 암호를 푸는 기계를 발명하였다. 이 기계의 도움으로 작은 전투에서 패하지만 큰 전투를 승리로 이끄는 통계작전을 구사함으로써 전쟁을 2년 단축시켜 1만 4천 명의 생명을 구한 것으로 평가된다. 대표적 예인 노르망디 상륙작전은 상륙 지점에 대한 거짓 정보를 흘리고, 독일이 그 정보를 믿었다고 확인한 후 노르망디에 상륙함으로써 인명피해를 최소화하면서 작전에 성공할 수 있었다. 그 기계가 바로 컴퓨터의 원리를 제공했으니 최초의 컴퓨터로 거론되는 1946년의 애니악(ANIAC)에 앞서는 것이다.

실제 최초의 컴퓨터는 튜링이 만든 봄베(Bombe)의 원리를 이용해 튜링의 스승인 맥스 뉴먼(Max Newman)이 독일 육군과 나치 최고위층 사이에 오가는 암호를 해독하기 위해 만든 콜로서스(Colossus)였다. 콜로서스는 1943년부터 1945년 동안 10대가 만들어졌다. 애니악 이전에 콜로서스가 있었고, 콜로서스는 튜링 기계의 다른 차원이다(박정일, 2004: 106~107). 영국의 〈더 타임즈〉는 1999년 3월 29일자에서 20세기를 빛낸 100명의 사상가 중 튜링을 선정하면서 다음과 같이 이유를 설명했다.

그토록 많은 사상과 기술적 진보가 컴퓨터를 창조하는 일에 기여했기 때문에 현대 컴퓨터의 발명을 한 사람의 공로로 돌리는 것은 무모한 일이다. 그러나 자판을 두드리는 모든 사람들이 스프레드시트나 워드프로세서 프로그램을 열때 튜링기계의 화신에서 일한다는 사실만은 확실하다(박정일, 2004: 30).

4. 미디어 연구의 현실

미디어 연구의 현실로 돌아와 보자. KBS는 2015년 3월 2일 "공정성 가이드라인"을 발표했다. 저널리즘의 현장에서 공정성 개념을 논한다는 것은 그만큼 학계에서 개념 정리가 되어 있지 않다는 것을 의미한다. 이 가이드라인에는 "KBS가 추구하는 공정성은 특정한 견해, 세력, 집단에 편향되지 않은 내용을 방송함으로써 구현된다"고 되어 있다. 구체적으로는 뉴스나 시사 · 교양 프로그램 내용에 언급되는 당사자가 부당한 대우를 받아서는 안 되며, 어떠한 내용을 공표할 경우 그로 인해 자신의 가치나 견해가 부당하게 공격을 받았다고 판단하는 이가 없는 상태를 의미한다고 한다.

과학에서 개념에 대한 선행적 정리는 기본이다. 개념에 대해 합의된 정의 없이 연구를 진행한다는 것은 어불성설이다. 그리고 무릇 모든 개념은 역사의 맥락과 철학을 내포한다. 그것을 고려하여 개념을 명징하게 정의해야 한다. 하이젠베르크는 "정치적 이념과 달리 과학적 이념은 그것이 반드시 진리일 경우에만 대중에게 인정된다. 올바른 과학적 명제는 그것을 검증하는 객관적이고도 궁극적인 판단 기준이 있어야만 한다"고 했다(Heisenberg, 1958/1985: 170). 공정성 개념도 객관적이고도 궁극적인 판단 기준이 되도록 해야 한다. 그런 점에서 KBS의 "공정성 가이드라인"은 매우 미진하다. 역사적 맥락과 철학을 고려하지 않은 채 경험에서 느끼는 사견(私見)의 공집합을 추구하기 때문이다. 아무리 다수의 의견이라 해도 그것은 결국 사견으로서 객관적 실재일 수 없다. 서양의 저널리즘에서 공정성은 상업주의 저널리즘의 기계적 균형 맞추기에서 나왔다. 객관적 판단 기준이 될 수 없다. 그리고 공정성을 가늠하는 '중립' (中立)이라는 것도 기계적 중립과 양적 균형에 머문다. 이는 서양철학을 반영하는 것이기도 하다. "공정성 가이드라인"에서는 공정성이 정의와 관련된 가치라고 하면서 정의는 억울함을 호소하는 이가 없게 하는 것이라고 했다. 진전된 측면은 있지만 충분치는 않다.

진정한 공정성은 동양철학 즉, 《중용》에서 정의한 중(中)과 화(和)의 상태로부터 나온다. '중'이란 희로애락의 감정이 발현되지 않은 상태를 의미하고, '화'란 희로애락의 감정을 발현할 때 절도에 맞게 처신하는 상태를 의미한다. 사사로운 희로애락의 감정이나 이해관계를 초월하여 이성적 판단을 해야 하고, 상황에 따라 감정을 드러낼 때는 절도에 맞게 해야 한다는 것이다. 이를테면 불의한 일에는 분노할 줄 알아야 하고, 불행한 일을 당한 사람에 대해서는 슬퍼할 줄 아는 것이다. 서양철학이 지나치게 이성을 강조하여 자칫 기계적 중립의 객관주의로 흐르는 경향을 동양철학의 감성적 접근이 보완하는 역할을 하는 셈이다.

"공정성 가이드라인" 작업의 계기를 제공했다는 KBS의 세월호 사건 보도는 중립적이지도 않았고, 희생자와 유가족에 대해 측은지심을 갖지 않았으며 정부의 무성의한 태도에 대해 분노하지 않았다. 저널리즘의 공정성이란 양쪽의 주장과 사실들을 충분히 듣고 살핀 후 '중'과 '화'를 적용하는 것이다.[8] 이 원칙을 뉴스와 시사·교양 프로그램에 적용할 때에야 진실을 알리는 정의롭고 공정한 저널리즘이 된다. 공정성과 관련하여 "공정성 가이드라인"이 작성한 객관성, 사실성, 정확성, 다양성, 균형성, 중립성 등 나머지 관련 개념은 이에 따라 자연스럽게 정의될 수 있다.

공자가 노나라 애공에게 설파했던 "넓게 배우고, 깊이 있게 비판적으로 묻고, 신중하게 사유하고, 분명하게 분변하고, 돈독하게 실천한다"라는 내용에서 학문과 사변철학의 개념을 확인할 수 있다. 서양에는 자연

---

8 《중용》제1장과 6장 참조.

196

과학 이전에 자연철학과 형이상학이 있었고, 동양에는 고전과 사변철학이 있었다. 서양에서 자연과학이 등장했다고 해서 자연철학과 형이상학이 폐기되지 않았듯이 동양에 자연과학이 소개되고 성행했다고 해서 고전과 사변철학이 폐기되는 것은 아니다. 서양의 자연과학이 여전히 철학으로부터 창조적 사유의 자양분을 얻듯이 사회과학도 서양철학과 동양의 고전 및 사변철학으로부터 자양분을 취해야 한다. 특히 미디어 연구는 물리학에서 배울 것이 많다.

동학과 물리학의
만남, 소통

1. 들어가는 글

학문이란 사람 사는 세상 및 자연의 조화에 대한 이치를 규명하는 활동이다. 사변철학이나 경험과학에 의해 새로운 깨달음이나 실재의 세계를 발견했을 때 그것은 새로운 언어에 의해 소통되어야 한다. 기존에 통용되는 언어의 개념으로는 설명될 수 없는 새로운 상황이 발생한 것이다. 이때 전혀 생소한 실재의 세계에 대한 새로운 언어의 설명이 일반화되기까지는 다소의 반발과 비판 과정을 거친다. 학문은 이러한 과정을 거치면서 발전했으며 이러한 노력이 역사를 발전시켰음은 주지의 사실이다. 그러한 사례의 하나로서 동학과 물리학의 경우를 각각 살펴보고 그 사이의 관계를 설명한 후 언어와 소통의 문제를 논하고자 한다.

왜 동학인가? 동학은 학문인가?

동학은 종교이자 학문이다. 그러나 동학을 종교라고 했을 때, 그 종교(宗教)는 서양의 종교(religion)와는 의미와 내용이 다르다. 동양에서 종교는 불교에서 만들어진 용어로서 불교를 의미했다. 불교의 사상적 견해인 종(宗)을 설하는 가르침(教), 혹은 근본이 되는(宗) 가르침(教)이라는 의미로 사용되었다. 《종경록》(宗鏡錄)이라는 불교 서적에서는 종교를 "언어로는 나타낼 수 없는 궁극의 진리로, 다른 사람에게 전하기 위한 가르침"이라고 정의한다(화령, 2008: 50). 그리고 불교는 신을 섬기는 종교가 아니다. 부처의 가르침을 따라 배우고 실천하는 것이지 부처가 신이기 때문에 섬기는 것이 아니라는 것이다(화령, 2008: 35). 그런 의미에서 불교는 종교이면서 동시에 해탈을 위해 인생과 우주만물의 본질을 탐구하는 철학이기도 하다(方立天, 1986/1992: 17).

유학(유교)도 마찬가지다. 공자는 번지라는 제자가 '안다고 하는 것'(知)에 대해 묻자 "백성의 의무에 힘쓰고, 귀신을 공경하되 멀리하면 안다고 할 수 있다"라고 했다. 이는 부모에 대한 효(孝)의 차원에서 제사의식의 중요성을 강조하는 한편 귀신 자체는 멀리해야 한다는 이야기를 한 것이다. 예(禮) 이상으로 신을 개입시키면 지적 활동에 장애가 되는 것이 사실이다. 자로가 귀신을 섬기는 것에 대해 물었을 때는 "아직 사람도 능히 섬기지 못하면서 어찌 귀신을 섬길 수 있겠느냐"라고 했고, 죽음에 관한 물음에는 "생도 아직 모르는데 어찌 죽음을 알겠느냐"라고 대답했다. 이 역시 서양의 종교관과 다른 것으로 생전에 수기안인(修己安人)에 전력하라는 유가 고유의 태도를 강조한 것이다(김승혜, 2008: 176). 이처럼 동양의 종교는 적어도 인격신으로서의 절대자나 창조주 따위의 신을 신봉하지 않는다.

그러나 서양의 기독교는 다르다. 천지를 창조하고 인간을 만들어 시시콜콜 개입하는 인격신을 신봉하면서 현세보다는 내세의 삶을 추구한다. 이러한 종교는 인간의 지적 활동을 제약하면서 현실의 모순에 순응하며 살게 만든다. 양심과 정의를 가볍게 생각하면서 지극히 이기적인 행위도 신의 이름으로 정당화한다. 기독교가 동양에 들어왔을 때 일본의 번역가가 religion을 종교와 같은 개념으로 사용함으로써 동일한 성격으로 인식하는 경향이 있는데 근본적으로 다르다. 성리학이 지배 이데올로기로 작동하는 조선에 기독교가 들어왔을 때는 학정과 착취와 차별에 신음하던 민중이 기독교의 신에 의존하는 경향이 생겼다. 성리학은 신뿐만 아니라 민중을 배제했기 때문에 고달픈 삶을 신에게 의지하려는 대중심리의 소산이었다.

이 맥락에서 최제우는 서학(서도)의 모순을 꿰뚫어보면서 동학(동도)을 창도했던 것이다. 동학은 동양의 종교 및 철학을 기반으로 하여 탄생한 민족종교요 학문이다. 동학은 동양 종교의 전통을 이어받아 내세를 부정하고 현세의 삶을 강조하면서 타고난 성품, 즉 이성과 양심에 따라 살면서 개벽세상을 열고자 했던 것이다. 여기서 개벽이 천국과 같은 내세의 개념이 아님은 물론이다. 개벽은 현세에서 모든 사람들이 신분의 차별을 받지 않고 자유롭고 평등하게 사는 세상을 의미한다. 동학을 바로 이해하려면 종교라는 개념으로 접근하는 것보다 동양적인 도와 학의 개념으로 접근하는 것이 정상이라고 여겨진다(표영삼, 2014: 16)고 했던 것은 정확한 이해라고 할 것이다. 동학은 학문인 것이다.

동학은 1860년 동양의 종교와 학문적 성과를 바탕으로 하여 성립된 것이니 그 후의 과학적 성과를 반영하여 발전시킬 필요가 있다. 특히 자연의 이치를 배워 터득하는 것을 가장 중요한 덕목으로 강조하였으니 자연과학의 성과를 섭렵하는 것은 필수적이라 하겠다. 이를테면 자연철학이 자연과학의 성과를 수용하여 내실을 기할 필요가 있는 것이다. 도(道)는 학(學)의 다른 이름이다. 우주만물과 인간사회의 이치를 이해하고 실천하는 길을 찾고 배운다는 점에서 같은 것이다. 도라는 성현의 가르침을 따르되 새로운 시대정신으로 끊임없이 이해의 폭을 넓히면서 지식을 축적해야 한다. 그래야 도학이 정체되지 않고 발전할 수 있을 것이다. 따라서 이 장에서는 토착학문인 동학의 기본적 이해를 바탕으로 물리학 이론을 살펴보고, 새로운 깨달음과 발견에 대한 소통의 문제를 생각해보기로 한다.

2. 동학의 이해

하늘의 명령을 공경하고 하늘의 이치에 순응하는 사람이면 누구든지 다 군자가 될 것이요, 학문이란 도와 덕을 이룸이되, 도란 하늘의 도요 덕이란 하늘의 덕이라. 그 도를 밝히고 그 덕을 수련하면 군자가 되고 지극한 성인의 경지에 이를 수 있으니 어찌 찬탄하지 않을 수 있으리오!

최제우가 지은 동학의 경전인 《동경대전》 "포덕문"(布德文) 초입에 나오는 말이다. 《동경대전》이 시종일관 강조하는 것은 하늘의 도, 즉 우주자연의 이치를 배우고 실천하여 군자가 되고 성인의 경지에 이르도록 힘써 누란의 위기에 직면한 나라를 구해야 한다는 깨우침이요 가르침이다. 놀라운 것은 군자가 되고 성인이 되고자 하는 데 신분의 차별을 두지 않았다는 점이다. 이는 성리학을 신봉하는 조선 사회의 이데올로기를 부정하는 것으로 오히려 공자의 사상에 부합한다. 공자는 배우고자 하는 사람에게 신분의 차별을 두지 않았다. 개벽이 그러한 세상이 열린다는 의미임은 주지의 사실이었다.

그러나 현실은 암담했다. 도가 무너지고 서양이 천주교를 앞세워 침략 행위를 정당화하고 혹세무민하면서 상업적 이익을 도모하고자 했다. 게다가 도탄에 빠진 백성은 내용도 모르고 천주교에 깊이 빠져들었다. 지금 대한민국의 사정도 조선의 그 당시와 매우 유사하다. 신자유주의의 파고에 국민 경제는 파탄 지경에 몰리는 가운데 기독교의 부패와 혹세무민이 만연하는 것이다. 게다가 각종 갑을관계로 인한 차별 등 새로운 신분의 벽도 두텁다. 이 대목에서 지금 우리에게도 교훈이 되는 최제우의 처방은 매우 현실적이다.

> 나는 그 말씀에 감격하여 영부(靈符)의 말씀을 받아 적어 복용하였더니 몸에 생기가 돌고 병에 차도가 있었나니 그것이 선약(僊藥)임을 알았다. 이것을 다른 사람들에게 써 보았더니 어떤 사람은 차도가 있었고 어떤 사람은 없는 고로 그 까닭을 알 수 없어 관찰해 보니 성실하고 또 성실하게 하늘님을 위하는 사람에겐 매번 적중하여 차도가 있었지만 도와 덕에 순응하지 않는 사람에겐 하나도 효험이 없었다. 이것은 선약이 아니라 사람의 정성과 공경이 효험을 본 것이 아니겠는가!

이 말은 신비체험과 미신적인 부적의 효과를 강조하는 것이 아니라 당시 만연했던 도참신앙의 용어를 빌어 자연의 이치를 배우고 순응할 것을 깨우치기 위한 가르침이다. 새로운 깨우침을 얻은 최제우가 그것을 설명하여 대중과 소통하는 방식이었다. 병을 낫게 하는 것은 부적이나 선약 따위가 아니라 도와 덕에 순응하는 가운데 하늘님을 향한 지극한 정성(誠)에 있다는 깨달음이다. 여기서 하늘님이란 신이 아니라 자연이기도 하고 보편이성이기도 하다.

성(誠)에 대해서는 좀더 자세히 살펴볼 필요가 있다. 최제우는 《동경대전》 "수덕문"(修德文)에서 "자신의 말은 공자의 가르침을 따르는 것"이라면서 1860년 4월의 깨달음을 《중용》 등을 공부하며 확인했다고 했다. 《중용》 22장은 "오로지 천하의 지극한 성실함을 본받아야 타고난 자기의 본성을 온전히 발현할 수 있다"고 강조한다. 이 부분은 "포덕문"의 서두인 "대저 상고로부터 봄과 가을이 교대하고 사계절이 성하고 쇠하는 것은 옮겨지거나 바뀌는 법이 없었나니, 이 역시 하늘님의 조화의 흔적이 천하에 드러난 것이다"라고 하는 부분과 상통한다. 우주자연은 처음부터 한 치도 어긋남이 없는 지극한 성실함으로 조화의 흔적을 남기는바, 우리 인간도 그러한 성실함을 본받아야 자신의 타고난 성품이 온전히 발현될 수 있다는 것이다. 이어지는 《중용》 23장의 내용을 보자.

그 다음은 치곡(작은 일에도 극진히 임함)이니, 곡에도 정성이 있어야 한다. 성이 있으면 형성되고, 형성되면 나타나 널리 알려진다, 알려지면 드러나 밝아지고, 밝아지면 실천한다. 실천하면 변하고, 변하면 바뀐다. 오직 천하가 품은 지극한 성만이 능히 바뀔 수 있다.

'그 다음'이라고 하는 것은 "정성을 쏟으면 밝아지고, 밝으면 정성스럽게 된다"는 내용의 21장에서부터 논하는 성(誠)에 관한 주제의 연속을 의미한다. 성이란 한 치의 흐트러짐도 없이 정성스럽게 움직이는 천지, 즉 자연의 법칙을 의미한다. 그리고 22장에 이어 23장으로 넘어가 그 다음은 작은 일이나 세세한 덕목에 이르기까지 극진히 정성을 다하면 성이 있게 된다는 것이다. 그렇게 성이 있으면 형성되고, 형성되면 나타나 널리 알려지고, 알려지면 드러나 밝아진다. 밝아지면 실천하고, 실천하면 변(變)하고, 변하면 바뀐다(化). 그리고 22장의 화두로 돌아간다. 오로지 천하가 품은 지극한 성의 경지에 이르러서야 바뀔(化) 수 있다는 것이다. 여기서 변(變)한다는 것은 외형적으로 형태나 모습이 변한다는 것이고, 화(化)한다는 것은 내용적 질적으로 한 물질이 전혀 다른 물질로 바뀐다는 것을 의미한다.

이 논리는 개벽과 통한다. 새로운 세상은 저절로 오는 것이 아니라 자연의 정성스러움을 본받아 작은 일에서부터 그만한 정성스러움으로 임해야 결국에 변화된 세상을 열 수 있다는 것이다. 변화된 세상은 겉만 변한 것이 아니라 속까지 완전히 새로운 내용으로 바뀐 것이다. 개벽은 자연과 같은 지극한 정성스러움의 결과로서 오는 것이다. 그러면 우리는 고래로 한 치의 어긋남도 없이 운행하는 자연의 이치에 대한 지식을 터득할 필요가 있다. 2, 500년 전 신화적 세계관에서 벗어나 이성의 사유로써 자연의 이치를 설명하기 시작한 문명시대 이래로 지금은 형이상학적 사유와 더불어 자연과학의 지식에 의해 자연의 이치는 많은 부분이 밝혀졌다. 자연철학이 자연과학의 성과를 배움으로써 그 내용을 튼실하게 하는 것이다.

성현의 가르침은 자구 해석의 교조주의적 해석을 탈피하여 현대에 맞게 적용할 수 있어야 한다. 문화는 고정불변이 아니어서 살아있는 유기체처럼 서서히 변하고 화한다. 성현이 등장하여 깨우침을 주고 그 근본의 가르침(宗敎)이 형성되는 것도 문화다. 그 가르침을 현대의 관점에서 받아들이는 것이 자연의 이치와도 부합하는 것이다. 과학자가 보이지 않는 자연의 이치를 과학의 힘을 빌려 설명할 수 있는 것도 사실은 지극한 정성스러움으로 찾아내고자 노력한 결과다. 그러한 노력으로 자연의 이치가 과학적 이론으로 형성되고 알려지고 밝아졌다.

20세기 자연과학의 성과는 "우주 만물의 운행하는 본질은 하나로서 도는 같지만 서학의 이치는 내용이 실하지 않고 틀렸다"는 최제우의 주장이 옳았다는 사실을 증명한다. 우주는 신의 창조물이 아니라 스스로 그러한 자연이자 하늘이요, 자연으로부터 온 사람은 모두가 양심 혹은 이성을 가진 하늘님인 것이다. 그러면 자연과학, 그 중에서도 물리학의 성과에 대해 살펴보기로 한다. 자연의 이치를 배우고 익혀서 실천하라는 동학의 정신에 부합하기 때문이다.

2. 동학과 물리학의 만남

1) 동학의 자연관

대저 하늘의 도는 형체가 없으나 흔적이 있는 것과 같고 지리는 광대하나 방위가 있는 것과 같다. 그러므로 하늘에는 9성이 있어 9주에 상응함이 있으며 땅에는 8방이 있어 8괘에 상응함이 있다. 차고 기울어 비우고 서로 교대하는 수는 있으나 움직이고 정지하고 뒤바뀌는 법은 없다. 사계절이 오고가며 봄바람이 불고 이슬이 내리며 서리가 내리고 눈이 오는데 그때를 잃지도 않고 그 순서를 바꾸지도 않는다. 이슬과 같은 운명의 우리 인생은 그 단서를 알지 못하니 어떤 이는 하늘님의 은혜라 하고 어떤 이는 창조의 자취라 한다. 그러나 은혜라고 말하더라도 오로지 보지 못해 확인할 수 없는 일이요, 창조의 자취라 말할지라도 이 또한 어떤 형상인지 말하기 어렵다. 어찌 된 일인고? 예로부터 지금까지 아직 자연의 이치를 깨우치지 못한 것이다.

《동경대전》의 "논학문"(論學文), 즉 '학문(學問)을 논하는 글'의 서두를 장식하는 내용이다. 이 부분은 이를테면 자연철학이라고 할 수 있다. 고대 그리스의 자연철학은 존재론으로 발전했고, 중세시대에는 기독교의 독선에 눌려 있다가 근대로 접어들면서 존재론의 부활과 더불어 자연과학으로 발전한다. 이때 서양에서는 이미 뉴턴의 고전물리학이 등장하여 자연의 법칙을 과학적으로 파악했지만 조선에는 소개되지 않았고, 아직 일반상대성이론과 양자역학이 나오기 직전으로 여기서 논한 자연의 이치를 과학적으로 온전히 파악하기 전이다. 자연철학은 신화적 세계관에서 탈피하여 이성의 사유로써 자연의 이치를 이해하려 했다는 의미를 갖는다. 서양의 근대 자연과학은 기독교의 세계관을 거부하면서 탄생하였다. "논학문"의 자연철학은 서학의 창조론을 부정하면서 이성의 사유로써 자연의 이치를 확인하고자 하는 철학으로서 자연과학에 대한 열망을 담은 것이라고 할 수 있다. 최제우가 남원의 은적암에 머물 때 그를 찾아온 사람과 주고받은 이야기 중 동학의 도가 서학의 천도와 다른 점을 설명하는 부분이다.

나의 도는 인위적으로 하지 않음으로써 바뀌는 것이다. 마음을 수련하고 기를 바르게 하여 본성에 따르는 것이니, 그러한 가르침을 받아들이면 자연의 이치에 들어맞게 된다.

무위사상은 유교와 노장사상의 핵심이다. 무위(無爲)란 아무것도 하지 않는 것 같지만 다 이루어지게 만드는 힘이다. 공자는 "정치는 덕으로써 하되 마치 북극성이 항상 그 자리에 있어도 뭇 별이 그를 향해 둘러싸고 도는 것과 같다"라고 했을 때의 무위이치(無爲而治)와 같은 것이다.

노자의 《도덕경》 첫 구절 "道可道, 非常道"(도가도 비상도)도 자연철학의 정수를 보여준다. 도는 인간의 언어로는 표현할 수 없는 심오한 영역인데 말로 표현된 도는 늘 항상성을 가지고 운행하는 자연의 이치로서의 그 도가 아니라는 것이다. 상(常)이라는 것은 사계절의 변화처럼 한 치의 흐트러짐도 없이 지극히 성실하게 운행하는 자연의 이치다.

늘 욕심이 없으면 도(자연의 이치)의 묘한 세상을 보지만, 늘 욕심을 가지면 가장자리만 본다(故常無欲以觀其妙 常有欲以觀其儌: 고상무욕이관기묘 상유욕이관기교).

사심을 내려놓으면 시야가 넓어져서 자연의 이치를 보지만, 사심을 가지면 시야가 좁아져서 가장자리만 보이게 마련이다. 최제우가 이야기한 인간의 성(性)이란 것은 '양심'이라고 할 수도 있고, '이성'일 수도 있다. 인간은 이성적 동물로서 옳고 그름을 판별할 수 있는 존재다. 그러나 한편으로 감성적 동물이기도 해서 감성이 앞서면 이성이 흐려진다. 노자가 무욕(無慾)을 강조한 것은 바로 감성을 억제하고 이성으로만 판단하라는 것이다. 소크라테스가 진리를 깨닫는 방법으로 강조한 것과 같다.

최제우는 덕을 밝게 하여 생각하고 또 생각하여 잊지 않으면 성인이 될 수 있다고 했다. 누구든지 옳고 그름을 판단할 수 있는 양심 혹은 이성의 힘으로 판단하면 자연의 이치를 깨닫고 성인이 될 수 있다는 것이다. '인내천'(人乃天), 사람이 자연의 이치에 순응할 때 그 사람은 양심에 따라 사는 하늘이 되는 것이다. 성리학이 지배하는 세상에서는 양반만 군자의 길을 가고 성인이 될 수 있다고 했지만 최제우는 그것을 부정했다. 누구든지 군자의 길을 가야 하고 성인이 될 수 있다는 것이다.

이제 우주의 탄생을 비롯하여 자연의 법칙이 상당한 수준으로 확인된 이상 그 이론을 공부함으로써 동학의 내용을 풍부하게 할 때가 되었다. 자연의 법칙을 공부하면 자연이 정말로 지극한 정성으로 운행하는 것임을 알 수 있고, 그만한 정성으로 본성으로서의 양심을 발동하면 개벽이 현실화될 것이다. 이는 "포덕문"에서 강조한 학문의 자세이기도 하다.

2) 물리학이 밝힌 자연의 법칙

우물을 깊이 파려면 넓게 파 들어가야 한다. 이렇게 생각할 수도 있다. 높이 세우려면 땅을 넓고 깊게 파야 한다. 높은 건물을 세우려면 기초를 넓고 깊게 파야 하는 것은 당연하다. 그만큼 기초가 튼튼한 가운데 건물을 높이 세울 수 있을 것이다. 최제우가 강조한 자연의 이치를 과학의 힘을 빌려 넓고 깊게 배울 필요가 있는 것이다.

결국 동학도 성인의 가르침을 넓고 깊게 배우고 사변을 통해 깨우치면서 실천하는 가운데 그 뜻을 이룰 수 있는 법이다. 자연현상의 실재를 설명하는 물리학의 지식은 자연의 이치를 터득해야 한다는 동학의 기반을 튼튼하게 할 것이다. 사변철학은 수학의 증명과 실험 및 관찰에 의해 뒷받침됨으로써 튼튼해지는 법이다. 동학이 물리학과 만나야 하는 까닭이다. 자연과학 중에서 다른 분야는 특정 지식을 추구하지만 물리학은 보편적 지식체계를 추구하는 학문이기 때문에 자연의 이치를 터득하는 데 가장 중요한 학문이다.

세계적인 물리학자 스티븐 호킹을 다룬 영화 〈사랑에 대한 모든 것〉과 〈인터스텔라〉는 물리학에 대한 관심을 증폭시켰다. 〈인터스텔라〉가 블랙홀과 웜홀을 비롯하여 우주에 대한 관심을 촉발시켰다면, 〈사랑에 대한 모든 것〉은 블랙홀과 빅뱅에 대해 보다 근원적인 지식을 배울 수 있는 영화다. [9] 이 영화의 원제목은 호킹의 부인이었던 제인이 쓴 소설의 제목과 같은 〈The Theory of Everything〉, 즉 '모든 것의 이론'이다.

영화에서는 우주물리학이나 모든 것의 이론에 관한 이야기가 많이 나온다. 호킹의 지난 생이나 러브 스토리를 날줄로 하고 모든 것의 이론이 씨줄로서 핵심을 이룬다. 그러니 이 영화를 호킹의 전기나 멜로드라마로 인식하면서 본다면 정작 중요한 알맹이를 놓치게 된다. 호킹이 제인을 만나 나누는 대화의 많은 부분이 우주물리학이었다. 보다 정확하게 말하자면, 호킹의 우주에 대한 관심과 제인의 신앙이 미세한 긴장을 유발하면서 둘 사이의 사랑은 무르익어간다. 이 인식의 간극은, 신이 개입할 여지가 없는 호킹의 빅뱅이론과 그것을 창조론의 증거로 받아들이고 싶은 제인 사이의 대화로 계속 이어진다. 이것은 인간의 원초적 관심 영역

---

9 한국물리학회와 〈과학동아〉는 일반상대성이론 100주년을 맞아 일반인과 물리학자를 대상으로 2014년 12월 1~15일 동안 "가장 위대한 물리학이론"을 선정하는 설문조사를 진행했는데, '빅뱅과 현대우주론'이 일반인에게는 4위(7.5%)를 차지한 반면 물리학자에게는 9위(3.6%)에 머물렀다. 이들 영화의 효과인 것이다.

이다. 근대 자연과학의 근원인 고대 그리스 자연철학이 신화적 세계관에서 벗어나 이성의 사유로써 우주를 설명하려고 했던 경계에서 인류는 여전히 머무는 것을 묘사하는 것일 수도 있다.

영화에서 지도교수는 박사논문의 주제로 고민하는 호킹에게 케임브리지대학의 물리학 연구센터로 데리고 가 그곳에서 톰슨이 전자를 발견했으며, 러더포드(1871~1937)가 원자를 쪼갰다는 사실을 일러준다.[10] 무언가 영감을 얻은 호킹은 칠판에 복잡한 수학 방정식을 푼다. 호킹이 런던에 가 로저 펜로즈의 강연을 듣고 감명을 받는 장면도 소개된다. 영국의 수학자이자 물리학자인 펜로즈는 별이 수명이 다하여 붕괴될 때 밀도와 시공간의 곡률이 무한대인 아주 작은 점으로 압축될 것이라는, 블랙홀의 중심에 해당하는 특이점으로 될 것이라고 주장했었다.

호킹은 펜로즈의 주장을 바탕으로 빅뱅이라는 우주의 시작을 가정했다. 빠른 속도로 팽창하는 우주의 시간을 거슬러 올라가면 밀도와 시공간이 무한대인 특이점을 상정할 수 있고, 그 점이 폭발하면서 우주의 시공간 역사가 시작되었다는 것이다. 하여 '시간'은 그의 박사논문의 주제가 되었으며, 나중에 《시간의 역사》(The Brief History of Time)라는 불후의 명저가 탄생한다.

이런 이야기는 박사논문 심사 장면을 포함해 영화의 주된 대사였다. 지도교수는 심사평에서 구멍투성이로 수학적 검증이 부족하지만 블랙홀

---

10 물질의 가장 작은 단위라는 원자는 고대 그리스의 자연철학자 데모크리토스(B. C. 460~370)가 처음 제기했고, 돌턴의 추론에 이어 볼츠만(1844~1906)에 의해 비로소 그 실재성을 부여받았다. 이후 원자도 더 이상 쪼갤 수 없는 가장 작은 단위의 물질이 아니라는 사실이 밝혀졌다. 케임브리지대학의 톰슨(1856~1940)은 원자 안에 음전기를 띤 전자를 발견했고, 톰슨의 제자인 러더포드는 양전기를 지닌 원자핵을 찾아 전자가 태양계의 행성처럼 원자핵의 주위를 돈다는 모형을 제시했다. 또 러더포드의 제자인 보어는 보다 진전된 원자모형을 제시했다. 이 세 사람 모두 노벨상을 받았다.

에 대한 결론 부분은 아주 훌륭하고 뛰어난 이론이라며 박사학위 취득을 축하했다. 여기서 호킹은 우주의 모든 것을 하나의 등식으로 설명할 수 있는 우아한 이론을 증명할 것이라고 호언했다. 이것이 바로 이론물리학자들이 추구한 '모든 것의 이론'이자 이 영화의 원제다. 호킹은 훗날 다음과 같이 회고했다.

먼 은하의 관측은 그들이 우리로부터 멀어짐을 가리킵니다. 우주는 팽창하는 것입니다. 이는 은하가 과거에 서로 더 가까이 있었다는 이야기가 됩니다. 그렇다면 문제는 과거에 모든 은하가 서로 겹쳐 우주의 밀도가 무한대로 되었던 시기가 있었을까 하는 것이지요. 혹은 그 이전에 수축하는 시기가 있었고 은하가 서로 마주치는 것을 피하도록 움직였을까요? 이 물음에 대답하려면 새로운 수학적 기술이 필요합니다. 그것은 1965년에서 1970년 사이에 주로 로저 펜로즈와 내가 발전시켰습니다. 우리는 이 기술을 사용하여 만일 일반상대론이 옳다면 과거에 밀도가 무한대로 되는 상태가 존재해야만 한다는 것을 증명했습니다. 이 밀도 무한대의 상태를 '대폭발 특이점'이라고 부릅니다. 이것은 우주의 시작인 셈이지요. 자연과학의 모든 법칙은 특이점에서 깨집니다. 이 말은 만일 일반상대론이 옳다면 자연과학이 우주가 어떻게 시작되었는지를 설명할 수 없다는 뜻이 됩니다. 그러나 그 후 내 연구는 만일 양자역학의 이론, 즉 극히 미소한 세계의 이론을 고려에 넣는다면 우주의 시작을 설명할 수 있을 것임을 가리킵니다(Hawking, 1991/1995: 103~104).

'모든 것의 이론'은 아인슈타인의 일반상대성이론과 양자역학을 통합한 하나의 이론으로 우주의 모든 것을 설명할 수 있을 것이라는 가정이다. 자연에 존재하는 힘은 가장 약한 중력을 비롯하여 약력(약상호작용), 전자기력, 그리고 가장 강한 핵력의 4가지다. 이 4가지 힘의 기본 상호작용을 통합한 이론으로 초끈이론이라는 것이 추상된다. 초끈이론이 관찰로써 증명되면 일반상대성이론과 양자역학이 통합될 수 있다는 것이다. 일반상대성이론은 상대적인 우주의 시공간에서 별과 행성 사이에 작용하는 역학에 대한 설명이고, 양자역학은 우주 만물을 이루는 물질인 입자의 역학관계에 대한 설명이다. 즉, 이 20세기의 위대한 두 이론을 하나로 통합한다는 것이다.

아인슈타인은 일반상대성이론을 발표한 후 양자역학을 통합한 '통일장이론'의 가능성을 제기한 바 있는데 이것이 바로 '모든 것의 이론'이다. 이때는 아직 양자역학에서 '불확정성의 이론'이 나오기 전이었다. 곧이어 하이젠베르크(1901~1976)의 불확정성의 이론이 나왔지만 아인슈타인은 통일장이론에 대한 미련을 버리지 못하고 죽을 때까지 불확정성의 이론을 받아들이지 않았다. 대부분의 물리학자들은 이 이론이 실험적으로 검증될 수 없으며 타당하지도 않다고 생각한다. 그래서 이론물리학을 하는 학자 중에는 수학적으로 완벽하기 때문에 굳이 이를 실험적으로 증명할 필요가 없다는 비과학적 주장도 나오긴 하지만 수용되지 않는다.

초끈이론은 입자가 점이 아니라 끈으로서 11차원에 존재한다는 것인데 이것을 증명할 방법이 없다.[11] 물리학자들이 이렇게 무리수를 두는 것은 지금까지 물리학의 성과가 자연의 법칙을 거의 다 밝혔기 때문에 새로운 법칙을 제시하려는 조급증에서 비롯된 것이라고 볼 수 있겠다. 그만큼 우리는 물리학의 성과를 알 필요가 있는 것이다.

영화의 마지막은 호킹의 한 강연으로 갈무리된다. 여기서 호킹은 20세기 안에 '모든 것의 이론'을 구축할 수 있을 것이라는 호언은 잘못 짚은 것이라 시인하여 웃음을 자아냈다. 무신론자로서 삶의 철학을 묻는 질문에 호킹은 수천억 개의 별이 있는 은하수의 작은 행성에 불과한 지구에 사는 영장류로서 문명 이후 보이지 않는 우주의 질서를 탐구한 인류 이성의 궁극적 승리를 치하하면서 희망을 이야기했다.

---

11   강석기 (2015. 1), "끈이론으로부터 물리학을 지키자?, 〈과학동아〉.

그렇다. 우주에는 그런 은하가 수천 억 개가 있다. 그런 광활한 우주의 운행 법칙을 인간의 이성이 과학적으로 밝힌다는 사실은 경이롭다. 여기에 신의 역할이란 것은 있을 수 없다. 《코스모스》의 저자 칼 세이건은 《시간의 역사》 서문에서 "이 책은 신에 관한, 혹은 신의 부재(不在)에 관한 책"이라고 하면서 "공간적으로도 끝이 없고 시간적으로도 시작과 종말이 없는 우주, 그래서 조물주가 할 일이 없는 우주라는 결론이다"라고 평가했다.

　근대 물리학은 뉴턴으로 거슬러 올라간다. 뉴턴은 과학이론의 전형이라고 하는 고전역학의 완성자로서 과학사에서 가장 뛰어난 업적을 남겼다. 뉴턴은 미분·적분이론을 만들었으며, 만유인력이론과 3가지 운동법칙을 바탕으로 우주의 움직임을 규명하였다.

$$a(\text{가속도}) = F(\text{힘})/m(\text{질량})$$

　질량을 가진 물체에 힘을 가하면 그 물체는 가속도를 가지는데, 그 가속도는 힘에 비례하고 질량에 반비례한다는 가장 기본적 공식이다. 뉴턴은 시간과 공간의 변하지 않는 절대성을 전제로 하여 이러한 운동을 논했다. 현실의 상대성은 절대성에서 벗어난 부정확한 것이 된다. 진짜 움직임은 수학적이고 철학적이며, 겉보기의 움직임은 보통 쓰는 언어표현이다. 절대적 공간에서의 움직임은 우리의 감각으로는 관찰할 수 없기 때문에 진짜 움직임과 겉보기의 움직임을 효과적으로 구별해 밝히기가 매우 어렵다. 그래서 뉴턴은 보이지 않는 진짜 운동의 원인이자 결과인 힘을 규명한 것이다.

　인류 역사에서 가장 중요한 물리학 저서인 뉴턴의 《프린키피아: 자연철학의 수학적 원리》는 어떤 운동의 원인, 결과, 겉보기의 차이에서 진짜 운동을 알아내는 방법에 대해 설명한다(Newton, 1687/2012: 15~16).[12] 이것은 새롭게 발견한 실재의 세계에 대한 새로운 언어의 소통이다. 뉴턴의 발견으로 태양과 지구를 포함한 태양계의 행성은 중력에 의해 움직이며 지구상의 모든 물체도 중력에 의해 움직인다는 사실이 밝혀졌다. 지구의 자전과 공전, 사계절의 변화, 바다의 밀물과 썰물 등 인류가 지각에 의해 경험적으로 알고 있는 사실의 근본 원인을 모두 다 규명한 것이다. 그 결과, 뿐만 아니라 더 나아가 해가 뜨고 지는 시간과 일식이 언제 일어나는지에 대해서도 1초의 오차도 없이 예측할 수 있게 되었다. 혜성이 언제 어디에 나타날 것인지도 오차 없이 예측할 수 있다. 이것은 자연의 성실함(誠)이 옛 성현이 지각했던 것보다 훨씬 더 치밀하다는 사실을 말해준다.

고전역학은 맥스웰(1831~1879)의 전자기이론에 의해 완결되었다. 이로써 운동과 전자기 현상, 빛의 정체를 완전히 밝혔다고 생각했다. 그러나 20세기에 들어서자마자 고전물리학과는 다른 설명을 하는 현대 물리학이 등장했다. 아인슈타인이 1905년 특수상대성이론을 발표한 데 이어 1915년 일반상대성이론을 발표한 것이다. 2015년은 일반상대성이론의 100주년이 되는 해다. 상대성이론의 핵심은 뉴턴역학의 시공간이 가지는 절대성을 부정하는 것이다. 시공간은 절대적이거나 별개의 것이 아니며 상대적이며 상호적이라는 주장이다. 공간이 변하면 시간도 변할 수 있다는 것이다. 이를테면 빛이 물속에 들어가면 속도가 느려지며 태양과 같은 큰 질량에 다가가면 휜다. 속도가 빨라지면 시간이 느리게 가기도

---

12 이무현은 《프린키피아》의 부제를 "자연과학의 수학적 원리"라고 번역했는데, 라틴어로 쓴 원제목이 *Philosophiae Naturalis Principia Mathematica*로서 "자연철학의 수학적 원리"로 번역하는 것이 좋겠다. 뒤에 설명하겠지만 이때까지 철학은 곧 과학이었으니 무방하기는 하다. 《프린키피아》란 제목도 이 라틴어에서 비롯된 것이다.

한다. 그래서 빛의 속도보다 빠르게 갈 수 있다면 과거로 돌아갈 수도 있을지 모른다. 그러나 빛보다 빠를 수는 없다.

　일반상대성이론은 중력과 시공간의 관계, 호킹의 블랙홀과 빅뱅, 빠른 가속도로 팽창하는 우주 등 실재의 세계를 규명하는 열쇠를 제공했다. 〈인터스텔라〉에서는 지구가 황폐화되어 새로운 행성을 찾아 떠나 웜홀과 블랙홀을 통과해 다녀오니 그 사이에 지구에서는 엄청나게 많은 시간이 흐른 상황이 묘사된다. 상대성이론이 있어 나올 수 있는 영화의 상상력인 것이다. 일반상대성이론은 실생활에서 널리 사용하는 GPS(위성위치확인시스템)가 작동되는 데도 필수적으로 적용된다. GPS는 지구로부터 2만 ㎞ 상공의 위성에서 정보를 받는데, 이 위치에서의 중력은 지상의 1/4에 불과하다. 위성은 매우 빠른 속도로 움직이고 중력이 약할수록 시간이 빨라지기 때문에 위성에서는 시간이 빨리 흐른다. 따라서 GPS 위성의 시계는 이 차이를 일반상대성이론의 방정식에 따라 보정해야 지상에서 정확한 위치정보를 받을 수 있는 것이다.

　고전역학은 상대성이론의 등장으로 인해 근본적으로 재검토될 필요성이 제기되었고 이어서 양자역학의 탄생을 낳았다. 원자와 분자 등 입자는 고전역학의 이론으로는 설명할 수 없다는 것이다. 20세기에 들어서서 플랑크(1858~1947)는 빛이 파동이 아니라 알갱이처럼 에너지를 지닌다고 함으로써 양자역학의 길을 텄다. 결국 밝혀진 것은 빛은 파동의 성질도 가지고 알갱이의 성질도 가진다는 사실이다. 원자의 핵을 이루는 양성자와 중성자 그리고 핵 주위를 도는 전자는 물질 알갱이가 따로 있는 것이 아니라 그 자체가 파동의 성질을 가졌다는 것이다. 이는 알갱이와 파동은 전혀 다른 실체와 현상이라는 고전역학의 관점과는 완전히 다른 것으로 전자는 알갱이인 동시에 파동이라는 물질의 이중성이 확인되었다. 결국 물질 알갱이의 위치와 속도를 동시에 정확히 알 수 없다는 내용으로 귀결된다.

이것이 하이젠베르크의 불확정성의 원리다. 알갱이의 위치를 정확히 측정하면 속도를 알 수 없고, 반대로 속도를 정확히 재면 위치를 모르는 것이다. 절대공간의 좌표에서 위치와 속도를 동시에 정확하게 계산해서 확인할 수 있다는 뉴턴의 고전역학과 다른 것이다. 그러나 이것은 눈에 보이지 않은 아주 작은 세계에서 일어나는 미세한 차이의 현상이라 우리의 감각으로는 경험할 수 없는 것으로 일상에서는 고전역학이 건재하다. 고전역학은 시공을 초월하여 불변하는 존재의 세계를 전제하는 플라톤 철학에 기반을 둔 것으로 우주는 인간의 인식과 관계없이 존재한다는 것이다. 그러나 상대성이론과 양자역학은 미세하나마 꼭 그렇지만은 않다는 사실을 증명한 것이다. 그러나 모두가 다 실재론(實在論) 철학에서 출발하여 수학적 증명과 관찰에 의해 실재의 세계를 밝혀놓았다는 점에서 큰 차이는 없다.

3) 만남의 의미

이밖에도 물리학은 참으로 많은 자연현상의 원리를 밝혔다. 예를 들어 협동현상과 떠오름(創發)이란 게 있다. 물질이 수많은 원자와 분자로 구성되듯이 우리가 지각할 수 있는 대상도 수많은 구성원으로 이루어진다. 협동현상이란 이 구성원이 서로 협동하여 생기는 현상을 말하며, 이때 개별 구성원의 성질과는 다른 집단 성질이 생기는데 이것을 떠오름이라고 한다. 생명은 가장 극적인 떠오름이다. 세포는 물과 단백질, 지질, 탄수화물, 무기물 등 많은 분자로 구성되며 세포가 모여 집단을 이루면 협동현상을 통해 생명이 탄생하는 것이다. 물리학은 이처럼 자연의 이치를 과학적으로 증명함으로써 신의 개입을 저지하였다.

생명 현상을 이렇게 인식하면 우리가 어디에서 와서 어디로 가는지 자명해지며, 모든 생명을 동등하게 소중히 생각하는 철학을 가진다. 이 원소가 사실은 모두 우주에서 온 것이니 사람마다 모두 하늘님이라는 철학의 과학적 근거가 될 수도 있을 것이다. 자연철학으로서의 동학은 이렇게 자연과학으로 해서 내용이 풍부해지면서 그 주장이 과학적 근거를 가지는 것이다.

과학은 인류 생활을 윤택하게 한 반면에 생태계의 파괴와 핵연료의 사용으로 인해 지구와 인류를 멸망으로 몰아넣을 수 있다는 경고도 한다. 전자기파이론은 방송과 전자레인지 및 X-선을 가능하게 했으며, 상대성이론은 핵에너지를, 그리고 양자역학은 컴퓨터와 스마트폰 및 유전공학을 낳았다. 반면에 이러한 과학적 발견이 우리 모두를 멸망시킬 가능성도 있는 것이다. 호킹은 다윈의 자연선택설에 기대어 과학이 인류에게 보다 나은 방향으로 발전할 수 있을 것이라고 예견한다(Hawking, 1988: 38~39). 물리 현상에 대한 과학적 이해는 적어도 개벽의 필요조건은 될 것이다. 그것을 위해서는 우리가 과학적 이론에 대해 폭넓게 배워야 할 것이다. 동학이 강조하는 자연의 이치를 배우고 깨우치는 것이 도(道) 요 학(學)이기 때문이다.

4. 소통의 문제

다음으로는 소통의 문제다. 최제우나 뉴턴, 아인슈타인, 하이젠베르크 등의 선각자들은 모두 자신이 깨우친 새로운 지식에 대한 소통의 문제로 고심하였다. 이는 자신의 새로운 깨우침이나 발견을 어떻게 새로운 언어로 설명하여 대중과 소통할 것인가의 문제다. 뉴턴은 '절대시간'과 '상대

시간'의 차이에 대해, 그리고 우리가 감지하는 현상(*appearance*)과 실재 (*reality*)의 언어 표현에 대해 이렇게 설명했다.

절대, 진짜, 수학적 시간이란 스스로 있으며 외부의 어떠한 것과도 관계가 없이 자신의 본성에 따라서 늘 똑같이 흐른다. 이것을 지속이라고 부를 수도 있다. 상대, 겉보기, 통상적 시간이란 움직임에 의해 감지할 수 있고 잴 수 있는(정확하든 틀리든) 시간을 말한다. 우리는 진짜 시간에 대신해 이러한 시간을 쓰곤 한다. 시간, 일, 월, 년이 이런 것이다(Newton, 1687/2012: 7~8).

그러므로 상대적 양은 글자 그대로 어떤 양이 아니다. 단지 그들을 감지한 것을 말하며 정확할 수도 부정확할 수도 있다. 대개의 경우 이 양을 실제 그 양 대신에 쓴다. 낱말의 뜻을 그 사용법에 따라 정한다면 시간, 공간, 위치, 움직임이라는 말을 써서 그것을 잰 것을 온당하게 이해할 수 있다. 그러나 이러한 말이 실제 그 양을 뜻한다면 그 표현은 순수하게 수학적이 되며 보통 쓰는 표현과 다르게 된다. 그러니 이런 말을 실제 그 양이라고 해석하는 것은 말을 부정확하게 쓰는 셈이 된다. 용어는 늘 엄밀하게 쓰려 해야 한다. 그리고 이러한 측정과 그들 사이의 관계를 실제 양이라고 착각하는 사람도 수학적 순수함과 철학적 진리를 그와 버금갈 정도로 더럽힌다. 어떤 물체의 진짜 움직임을 겉보기 움직임과 효과적으로 구별해 밝히는 것은 정말 어려운 일이다. 이러한 움직임이 행해지는 움직이지 않는 공간의 각 부분은 우리의 감각으로는 관찰할 수 없기 때문이다(Newton, 1687/2012: 15).

뉴턴은 고대 그리스 시대 파르메니데스의 존재론 및 플라톤의 이데아 철학을 바탕으로 하여 감각기관으로 관찰할 수 없는 실재(實在)의 세계를 규명하기 때문에 언어 표현이 달라질 수밖에 없는 사정을 강조하는 것이다. 우리가 통상 감지하는 시간은 상대적인 것이니 절대시간을 전제하고 사물을 인식해야 하는데, 그러기 위해서는 새로운 언어 즉, 여기서는 수학적·철학적 언어로 소통해야 한다는 것이다. 양자역학에서도 비슷한 문제가 발생한다. 양자역학의 세계는 고전역학의 언어로는 이해할 수 없는 또 다른 세계이니 역시 새로운 언어로 소통해야 한다. 양자역학의 선구자인 보어(1885~1962)가 하이젠베르크에게 한 이야기를 들어보자.

우리가 본디 불가능한 것을 시도한다는 사실을 학생은 잘 알 것입니다. 왜냐하면 우리가 원자의 구조에 대해서 어떤 것을 서술한다고 하지만 그것을 이해할 수 있는 언어를 가지지 않기 때문입니다. 따라서 우리는 말하자면 먼 나라로 표류한 항해자와 같은 상태에 있다고 말할 수 있습니다. 생활조건이 자기 고향의 그것과 전혀 다를 뿐만이 아니라 그곳에 사는 사람들이 그가 전혀 들어본 적이 없는 언어를 사용하는 나라에 표류한 상태라는 말입니다. 그는 의사소통이 간절히 요구되지만 그 의사소통을 위한 아무런 수단도 갖지 못합니다(Heisenberg, 1969/2011: 69).

보어는 뉴턴의 고전역학이 원자의 세계에서는 적용되지 않는 사실을 발견하고는 그것을 설명할 수 있는 언어의 필요성을 하이젠베르크에게 토로하는 것이다. 하이젠베르크는 그것을 불확정성의 원리로 설명했지만 아인슈타인은 그 언어를 죽을 때까지 받아들이지 않았다(Heisenberg, 1969/2011: 130). 이렇게 새로운 발견에 대한 새로운 언어의 소통은 진통을 겪게 마련이다.

다음으로 하이젠베르크의 이야기다. 하이젠베르크는 "이론물리학에서 자연현상을 일목요연하게 기술할 수 있는 것은 수학의 덕택"이라면서 "그러나 물리학자는 복잡한 수학 언어를 이해하지 못하는 일반인에게도 자신의 해석 방법을 일상 언어로 풀어주어야 한다"라고 강조하였다(Heisenberg, 1958/1985: 147~148). 문제는 양자역학의 세계가 고전역학 및 상대성이론의 언어로는 설명할 수 없었다는 점이다. 거시적 공간의 일상 언어로는 미시적 원자의 세계를 설명할 수 없었다는 점이다.

언어와 사실 간의 관계는 그렇게 단순한 문제가 아니다. 예를 들어 안개상자나 감광판을 통해서 원자 구조를 관찰할 때 관찰자의 본연적 연구 자세는 안개상자가 감광판에 나타나는 현상적 사실을 관찰하려는 것이 아니라 원자 구조 자체에 대한 해석을 하고자 함이다. 그러나 일상적인 기존 언어로써 관찰 도구를 이용한 현상적 사실은 설명될 수 있으나 원자 구조 자체에 관해서는 설명될 수 없다(Heisenberg, 1958/1985: 157).

하이젠베르크에게 '사실'이란 존재론 차원의 실재(*reality*)를 의미한다. 뉴턴과 아인슈타인도 겪은 문제를 하이젠베르크도 다시 겪는 상황이다. 존재론은 현상(*phenomena*)이 아닌 실재의 지식을 추구한다. 그리고 그 실재에 관해 일상적 언어로 소통해야 한다. 지각할 수 있는 현상적 사실은 지식이 아니며, 원자 구조 자체에 대한 해석이 실재다. 그 실재에 대해 새로운 언어로 설명해야 하는 것이다. 이것은 앞에서 살펴보았듯이 전자의 위치와 속도를 확정할 수 없다는 '불확정성'이라는 새로운 언어를 탄생시켰다. 존재론은 불변의 진리를 추구하지만 그렇다고 해서 원자 구조 자체가 실재가 아니라 할 수는 없다. 그래서 원자 세계는 사물과 사실로 구성된 세계가 아니라 공존적 가능태(*coexistent potentialities*)로 이루어진 존재의 세계를 형성하는 것으로 해석된다(Heisenberg, 1958/1985: 164).

양자역학의 실재를 이해하지 못하는 실증주의에 대해 비판하면서 하이젠베르크는 볼프강과의 대화에서 다음과 같이 말했다. 어떤 깨우침을 이해하지 못하는 사람들에게 비유를 사용하는 종교의 경우를 들어 답답함을 토로한다.

보어가 19세기 시민사회의 전통적 사고, 특히 그리스도교적 철학의 사고 과정으로부터 해방되기 위해 커다란 노력을 필요로 했던 시대에 성장한 것은 틀림없는 사실이다. 따라서 자신도 그런 노력을 했기 때문에 고대철학, 특히 신학의 언어를 아무런 주저 없이 사용하기를 항상 두려워했다. 그러나 우리의 경우는 전혀 이야기가 다르다(…) 정확한 언어로 표현될 수 없다 해서 이전의 철학적 문제나 사고 과정을 금지하려는 것은 참으로 어리석기 짝이 없다고 생각한다(…) 나는 옛 종교의 전통적 언어를 쓰는 데 저항감을 느끼지 않는 것과 마찬가지로 옛날의 문제를 다시 문제 삼는 데도 주저함이 없다. 종교에서는 뜻을 정확하게 표현할 수 없는 상들로 비유의 언어가 쓰이지 않으면 안 된다. 그러나 근대 자연과학 시대 이전 발생한 대부분의 옛 종교에서는 바로 이 상과 비유에 기대지 않고서 표현할 수 없지만, 그 핵심에서는 가치문제와 결부된 작은 내용과 같은 사태가 문제시되는 것이다(Heisenberg, 2011: 324~325).

여기서 우리는 과학자들의 지식을 위한 열정과 그 결과로 밝혀진 새로운 지식을 새로운 언어로 공유하려는 성실한 노력을 엿볼 수 있다. 최제우가 득도했을 때 "말로 형상하기 어려운 가운데 어느 신선의 말씀이 있어 홀연히 들었다"라고 하는 상황도 이전에 존재하지 않았던 새로운 세상을 보았을 때 이를 언어로 표현하기 어려운 경험이었을 것이다. 하이젠베르크의 이론도 플라톤 철학에서 비롯되었다(Heisenberg, 1969/2011: 18). 뉴턴에서 호킹에 이르기까지 근현대의 과학은 대부분 고대 그리스의 존재론과 자연철학을 모태로 한다. 사변적인 자연철학이 수학의 도움과 광학 기구의 관찰에 의해 검증되면서 자연과학으로 발전한 것이다. 일본의 물리학자인 가타야마 야스히라(片山泰久)의 이야기도 들어보자.

빛의 스펙트럼에서 무수히 존재하는 암선(暗線)을 통해 태양에 존재하는 물질을 알 수 있다. 또, 아무리 먼 곳의 별이라도 빛의 스펙트럼이 얻어지면 가보지 않아도 그 별에 어떤 물질이 있는지를 알 수 있을 것이다. 물질은 자신의 존재를 스펙트럼의 암선에 의해 나타낸다. 그러면 물질이 내는 빛의 선 스펙트럼도 언어라고 할 수 있다. 수소, 질소, 황 등이 증기가 될 때 내는 빛에서는 약한 띠 스펙트럼과 밝은 선 스펙트럼이 보이는데, 이는 각각 분자와 원자가 내는 빛이다. 이렇게 원자와 분자에 대한 스펙트럼의 많은 지식(단어)

이 쌓이는데, 이 단어의 문법을 구축하려는 노력, 즉 원자의 언어를 발굴하려는 노력이 시작되었다. 원자의 빛의 스펙트럼은 소리나 의미의 단편에 지나지 않으므로 언어 체계를 이루는 규칙을 만들려는 것, 인간이 원자에 접근하는 최초의 문제가 스펙트럼이었으므로 빛은 원자의 언어다(…) 이 공식 덕분에 수소만이 아니라 모든 원자 스펙트럼에 대한 중요한 특징이 드러났다. 그것은 선 스펙트럼에 관계되는 중요한 양은 진동수이며, 진동수는 반드시 두 개항의 차로 표시된다. 두 항은 각각 적당한 정수를 써서 표시되므로 스펙트럼선에 대응된 진동수는 모두 두 개의 정수로 지정되는 양이 되는 것이다(…) 이것은 원자 언어의 문법이라 해도 될 것이다(…) 이 두 가지 발견이 서로 도와 원자 자체를 푸는 힌트가 되었고 양자역학으로 직결되었다(片山泰久, 1966: 62~67).

5. 맺는 말

철학과 과학은 다른 것이 아니다. 과학으로 번역된 Science는 원래 라틴어 Sciéntǐa(스키엔티아)에서 연유한 것으로 '학문' 또는 '전문적인 지식 체계'란 뜻이었다. 철학이 추구한 것이 바로 이 지식이었다. 그 지식은 감지할 수 없는 것으로 이성의 사유에 의해 확인할 수 있는 것이라고 했다. 이성의 영역은 기하학과 수학의 세계이며, 그것이 근대 이래로 관찰에 의해 확인되고, 나아가 확인된 지식에 기반을 둔 추상에 의해 새로운 이론이 나오는 것이다. Science가 '과학'이 된 것은 19세기 서양의 학문을 접한 일본의 학자들에게 서양의 학문, 즉 지식 체계는 분과(分科) 학문(學問)으로 나뉜 것으로 인식된 결과였다(최동희 · 김영철 · 신일철 · 윤사순, 1997: 24). 그러니 자연철학과 자연과학은 분리할 수 없는 것이다.

따라서 동학의 자연철학도 자연과학과 연계될 때 더욱 더 알찬 학문이될 것이다. 자연의 지극한 성실함을 본받아 그 이치를 터득하고 소통하고 실천함으로써 새로운 세상을 열 수 있도록 해야 할 것이다. 뉴턴과는 달리 하이젠베르크는 어려운 물리의 세계를 쉬운 일상의 언어로 대중과 소통하려고 노력했다는 점에 유념할 필요가 있다.

호킹도 《시간의 역사》를 쓰면서 어려운 방정식을 사용하지 않고 쉬운 언어로 가급적 많은 사람과 소통하려 했다. 개벽은 허구의 인격신을 섬기는 내세의 신앙이나 사술의 공론(空論)이 아니라 현실을 개조하여 평등하게 살기 좋은 세상을 만들자는 철학이다. 그 철학은 이제 자연과학과 결합되어 현실적이고 구체적인 비전이 되어야 한다. 그것이 개벽이다. 그 개벽은 저절로 오는 것이 아니라 우리가 만들어야 한다. 더불어 우리는 학문에 임하는 지극히 성실한 자세와 그 결과에 대해 대중적 언어로 소통하면서 보편화하는 노력의 소중함도 배워야 할 것이다.

3

조선의 개화와
근대 신문

1. 제국주의와 조선의 개화

조선의 개화(開化)는 고종을 비롯해서 조정 대신과 개방적 지식인의 목표요 운동이었다. 즉, 국가적 과제요 개화파의 목표로서 범국가적 운동이었다고 할 수 있다. 그 맥락에서 신문의 역할을 목도한 지식인들은 개화의 목표를 달성하는 수단으로서 근대 신문의 창간에 나서고, 그것이 조선 조정의 과제로 수행되었던 것이다. 그러나 그 과업이 조선의 역사에서 배태되어 스스로의 각성과 역량으로 주체적으로 수행된 것이 아니라는 데 비극이 있다. 조선의 개화는 제국주의의 침략이라는 세계사의 큰 흐름에 휩쓸리는 과정이었던 것이다. 이와 관련해 자세한 과정을 보도록 하되 우리의 근대 신문이 일본의 영향을 절대적으로 받았기 때문에 일본이 근대화되는 과정 역시 살펴보고, 근대화 이후 일본이 조선에 대해 취한 자세와 조선 조정 및 개화파 지식인들과의 연관 등을 살펴보기로 한다.

　서양의 자본주의는 대략 1870년대 이후 제국주의 단계로 이행한다. 영국과 프랑스 등은 중상주의 시대에서부터 식민지를 확보했지만, 제국주의 국가의 식민지는 근본적으로 그 성격을 달리 한다.

중상주의 시기의 식민지는 통상(通商)과 무역의 대상이었다. 중상주의는 봉건제적 생산 관계가 붕괴되고 자본주의적 생산 관계로 이행하는 과도기에 수립된 절대왕정국가가 관료제와 상비군을 유지하기 위한 국가 재정의 원천을 무역의 차액에서 얻으려 한 데서 비롯되었다. 국내의 생산을 독려하여 수출을 확대하는 반면에 수입을 제한해 남은 차액을 재정의 원천으로 삼았던 것이다. 당연히 대외무역이 성행해 이른바 대항해시대와 대서양시대를 열었고, 이는 배타적 무역 대상국으로서의 식민지 확보로 나타났다.

이 단계 이전에 금, 은, 향료를 찾아 선도적으로 항로를 개척해 부를 획득했던 포르투갈과 스페인은 국내의 생산 기반이 뒷받침되지 않아 네덜란드에 밀려 사양길로 접어들었다. 뒤이어 영국이 네덜란드를 제치고 식민지 개척에 앞장서 전 세계에 식민지를 확보해 '해가 지지 않는 나라'라는 명성을 얻었으며 프랑스 등이 그 뒤를 이었다. 이 시기에 식민지 개척과 관리는 상인이 주체였고 국가는 후원자의 위치였다. 이 과정에서 세를 신장시킨 부르주아는 시민혁명을 통해 봉건제로서의 절대왕정국가를 타도하고 정권을 획득하였다. 자본주의적 생산 관계가 수립된 것이지만 아직 생산력 수준이 일천한 관계로 식민지 무역과 노예장사를 국가 재정의 주요 원천으로 삼는 중상주의 정책의 기조는 변함이 없었다.

그러나 영국에서 1760년경 시작된 산업혁명은 역사를 근본적으로 바꿔놓기 시작했다. 피폐해진 산림의 보호 차원에서 목재 대신 석탄이 사용되기 시작했고, 석탄이 증기기관을 돌리는 연료로 사용되면서 본격적인 산업혁명이 진행된 것이다. 산업혁명은 19세기 들어 프랑스와 독일, 미국, 일본으로 확산되었다. 산업혁명은 1만 년의 농업사회를 산업사회로 바꿔놓았다. 그리고 중상주의 시대는 종지부를 찍고 산업자본주의 사회로 진입했고 산업자본주의는 1870년대 이후 필연적으로 제국주의 단계에 도달했다.

　조선 역시 쓰나미처럼 밀려오는 이 물결에서 자유로울 수가 없었다. 중상주의 시대의 통상 요구에서부터 제국주의 시대의 침략에 이르기까지 조선은 외부로부터의 격랑에 시달리면서 내부적으로는 왕조의 통치 능력이 상실된 상태에서 세도정치의 가혹한 착취에 시달리던 농민들의 반란이 끊이지 않았다. 1811년 홍경래의 난 이후 1894년의 동학농민혁명까지의 민란의 시대를 겪으면서 '개화'는 시대의 대세가 되었다. 1883년에 우리나라 근대 신문의 효시인 〈한성순보〉(漢城旬報)가 등장한 것은 이러한 맥락에서였다.

　〈한성순보〉의 창간은 일본의 영향과 관련해 자세히 살펴볼 필요가 있다. 흔히 〈한성순보〉는 조선 조정 내 개화파 인사의 주체적 인식하에 추진한 것으로 회자되기도 하지만 그것은 극히 일부의 표피적 현상에 불과하다. 실상은 일본이 조선 침략의 일환으로 은밀하게 추진한 결과였다. 일본은 조선 건국 후 2백 년까지는 중화문명권의 변두리로서 경제와 학문, 문화의 측면에서 늘 조선에 뒤처졌다. 그러나 조일전쟁이 그러한 역학구도의 역전을 알려준다.

　봉건제적 생산 방식이 유독 유럽과 흡사했던 일본은 유럽의 대항해시대에 포르투갈 및 네덜란드와 접촉하면서 1백 년 동안의 전국시대를 마감하고 도요토미 히데요시(豊臣秀吉)가 전국을 통일했다. 도요토미 정권은 조일전쟁 이후 도쿠가와 이에야스(德川家康)에 의해 도쿠가와 막부(德川幕府)로 이어진다. 유럽으로 치면 절대왕정국가가 성립된 셈이다. 도쿠가와 막부에서는 민족 단위로 통일국가를 이룬 유럽의 절대왕정국가와 마찬가지로 넓은 시장을 기반으로 해 생산력이 증대되고 상업과 무역이 왕성해져 부르주아 계급이 성장한다. 이러한 맥락에서 일본은 조선과 다르게 일찍 서양 국가와 통상조약을 맺었고, 급기야 1868년 메이지 유신이라는 부르주아 혁명을 통해 자본주의적 생산 단계에 접어들 수 있었다. 이 시기는 서양에서 중공업 위주의 제2차 산업혁명이 시작된 시기로 남북전쟁 이후 남부의 재건 기간을 거친 미국이나 프랑스와의 전쟁에서 승리한 여세를 몰아 통일국가를 이룬 독일이 본격적인 자본주의적 생산에 몰입한 때와 거의 일치한다. 일본은 20년 정도의 고도성장 과정을 거쳐 거의 이들과 동시에 제국주의 단계로 이행하였다.

1876년에는 운요호 사건을 빌미로 조선과 수호조약을 맺어 인천과 부산, 원산을 개항시켜 자국민을 상주시킨 이후 일본은 끈질긴 침략 정책으로 야금야금 조선에 침투했다. 메이지유신 이후 일본 내부에서 정한론(征韓論)이 제기되었으나 자본주의적 발전이 선행되어야 한다는 명분에 밀려 잠복한 적이 있고, 1884년 청프전쟁으로 청나라의 군대가 공백이 생긴 틈을 타 김옥균 등 조선의 개화파를 선동하여 갑신정변을 일으켰으나 이때 역시 내부의 자본주의적 성장이 우선인 때로서 청의 개입에 밀려 실패했다. 그러나 메이지유신 이후 20여년이 지난 1889년 "제국헌법"이 공포된 이후에는 예전의 일본이 아니었다(민두기 편, 1980: 239). 무력으로 식민지를 확보할 수 있는 제국주의 국가가 된 것이다. 1894년 동학농민혁명을 빌미로 하여 일으킨 청일전쟁과 1904년의 러일전쟁은 제국주의 일본이 미국과 영국의 지원을 받으며 조선을 일본의 식민지로 독점하기 위한 전쟁이었다.

영국은 두 차례에 걸친 영일동맹으로 일본을 지원하였으며, 미국은 루즈벨트 대통령이 앞장서 전쟁 비용을 조달했다. 그리고 러일전쟁 직후인 1905년 7월 29일에 맺은 카쓰라-태프트 밀약을 통해 미국의 필리핀 지배를 일본이 양해한다는 전제에서 조선은 일본의 허락이 없이는 어떤 대외 조약도 체결할 수 없다는 요구를 할 수 있는 정도의 보호를 일본 군대로서 수립하는 것은 현재 전쟁의 논리적 결과이며, 따라서 극동에서의 항구적 평화에 공헌할 것이라는 일본의 입장을 수용했다. 일본은 을사늑약(乙巳勒約)을 강제하여 조선을 실질적으로 지배했고, 이는 한일병탄(韓日倂呑)으로 이어졌다. 조선에서 근대 신문의 등장과 활동은 이러한 세계사의 흐름 속에서 파악해야 한다.

2. 근대 신문의 등장과 그 성격

유럽의 근대는 중세 사회 후기에 부를 추적하고 도시를 형성하여 살던 상인과 수공업자 중심이었던 부르주아 계급의 등장으로부터 시작되었다. 이들이 상업적 필요로 신문을 만들고, 한편으로는 봉건세력과 대립하면서 살롱이나 커피하우스 등의 공론장을 형성하면서 정론지(政論紙)로 발전시킨 것이 근대 신문의 효시다. 즉, 중세에서 근대로의 경제적 변화에 부응하여 자연스럽게 등장했던 것이다.

그러나 조선의 사정은 달랐다. 물론 병자호란 이후 생산력이 증대되고 상업 활동이 활발해지면서 공론장이라고 할 만한 것들이 나타났다. 소설이나 판소리 등 서양의 문예적 공론장에 해당할 만한 현상이 나타나고, 홍경래의 난 이후 민란의 시대에 접어들면서는 향촌의 의견을 수렴했던 향회(鄕會)가 민회(民會)로 발전하여 정치적 공론장의 형태를 띠기도 했다(손석춘, 2004). 그러나 이러한 변화는 근대 신문으로 발전하지 못하고 근대화에서 앞선 일본의 조선 침략 계획의 일환으로 근대 신문이 태동한다. 일본을 모델로 삼은 개화파 지식인의 성급한 근대화 의지는 일본의 은밀하게 손을 뻗치는 도움으로 추진되었다.

이미 류큐(琉球)와 타이완을 침공하여 차지한 제국주의 일본은 의도적으로 도발한 운요호 사건을 빌미로 1876년 2월 강화도조약(한일수호조규)을 체결했다. 미국과 프랑스의 통상 요구를 거부하던 조선을 강제해서 맺은 불평등한 첫 통상조약이었다. 조선은 "언제든지 사신을 일본국 도쿄에 파견하여 외무경과 만나 교제사무를 상의하도록 할 수 있다"는 조항에 따라 바로 김기수 일행의 수신사(修信使)를 파견하였다. 이들은 경천동지할 일본의 발전상을 보고 왔으며 일본이 서양의 여러 나라에 유학생을 보낸다는 사실을 보고하였다. 조선 조정은 보다 자세한 사정을 파악하기 위해 1880년 김홍집 일행을 다시 수신사로 파견하였고, 1881년에는 박정양과 어윤중 등 12인의 신사유람단을 보냈다.

1882년 임오군란의 후과로 맺은 제물포조약에 따라 박영효를 정사로 한 3번째 수신사가 일본을 시찰하였다. 이때 동행한 김옥균과 박영효, 유길준 등은 후쿠자와 유기치(福澤諭吉, 1835~1901)를 만나 신문 발행을 권유받았다. 당시(1878) 일본에선 29개의 전국지가 발행될 만큼 신문이 이미 널리 보급되어 있었다. 특히 박영효에 이어 신문 창간 책임을 맡은 유길준은 1881년의 신사유람단의 일원으로 일본에 가 후쿠자와의 집에 유숙하면서 후쿠자와가 세운 게이오의숙(慶應義塾)에 다녔고, 역시 후쿠자와가 창간한 〈시사신문〉을 지켜보았다. 이후 김옥균, 박영효, 유길준 등이 후쿠자와의 도움을 선의로 받아들이고 개화운동 차원에서 신문 창간을 추진했다. 후쿠자와의 정체는 무엇인가? 다음은 후쿠자와의 정체와 개화파의 한계를 알 수 있는 글이다.

복택유길(福澤諭吉: 후쿠자와 유기치)은 일본 자본주의의 대 한국 침략의 지도적 이념가였다는 점을 상기할 필요가 있다. 복택은 조선의 독립(당시 청 세력으로부터의 독립)을 주장하였지만, 그것은 일본의 대 한국 침략의 대의명분에 불과했고, 노골적으로 "조선에 자금을 이용하면 우리나라를 이롭게 함이 크다"(〈시사신보〉, 1883. 6. 5), "조선 인민을 위해서 그 국의 멸망을 축하한다"(〈시사신보〉, 1884. 8. 13) 등의 논설을 쓴 침략주의자였다. 그가 김옥균·박영효 등의 개화파 활동을 협조하기 위하여 파견했다는 정상각오랑(井上角五郎: 이노우에 가쿠고로)은 결국 일본 정부의 공작원에 불과했고, 복택은 일본에서 친한파임을 자처하며 개화파 인사의 반일감정을 제거하는 데 온갖 노력을 기울였다. 유길준의 개화사상에는 일본 침략에 대한 경계의식 내지 반제국주의 의식이 아무래도 약해 보이는데 이것은 복택유길에게서 교육을 받은 데서 온 제약이라고 할 수 있을 것이다(임근수, 1984: 69).

도쿠가와 막부는 유럽과 유사한 봉건제사회, 특히 중앙집권적 통일체로서 유럽의 절대왕정국가와 유사하여 전국적으로 통일된 시장을 형성함으로써 생산력의 발전과 더불어 상업이 왕성하게 일어나 부르주아 계급이 광범위하게 형성될 수 있었다. 일찍이 포르투갈 및 네덜란드와 활발하게 교류했으며, 중화문화권이었지만 중국과 일정하게 떨어져 있어서 상업을 천시하는 사농공상의 성리학의 사고에 연연하지 않음으로써 중국, 조선과는 달리 봉건제의 구각을 깰 수 있는 수준의 부르주아 계급이 형성될 수 있었다. 이것이 부르주아 혁명으로서의 메이지유신을 성사시켜 일본은 본격적인 자본주의 생산 단계로 진입할 수 있었다. 이때는 또 유럽처럼 중상주의 정책을 취해 조선을 식민지로 삼으려는 욕망이 생겼을 것이다. 이것이 1868년의 메이지유신 이후 제기되었던 정한론의 배경이다. 자본주의적 발전의 우선순위에 밀려 정한론이 잠복된 상태에서 그 차선책으로 일본은 조선의 개화파를 포섭하여 장차 침략의 발판을 마련하는 수순을 밟는다. 그 선봉장이 바로 후쿠자와였다. 후쿠자와는 메이지유신의 주역이었으며 일본 근대화의 기수이자 팽창주의자로서 현재 1만 엔 화폐의 모델이다.

한성판윤에 임명된 박영효는 후쿠자와가 보낸 이노우에 가쿠고로와 기자 두 명, 활판공과 함께 귀국하여 신문 창간을 준비하였다. 그러나 임오군란 이후 청의 입김이 강해진 관계로 친일 성향의 급진 개혁파인 박영효가 한성판윤에서 광주유수로 좌천되고 친청 성향의 온건개화파인 김만식이 한성판윤이 되어 이노우에와 더불어 신문 창간을 추진한다. 창간은 다음과 같은 방침에 따라 준비되었다(최준, 1970: 17).

① 순보(旬報)로 하되 매월 10일격 3회 발행할 것
② 관보(官報)를 제일로 하고 내외의 시사를 아울러 실을 것
③ 인지(人智)를 개발하여 식산(殖産)을 장려하고 기타 풍토상 필요한 논설을 실을 것
④ 각 관아 고등관 및 중앙·지방 각 읍에 의무 구독을 명할 것
⑤ 편집사무의 모든 인원은 관원으로 하고 내외사정에 통하는 문학의 교양을 가진 자를 채용할 것
⑥ 당분간 한문으로 발행할 것
⑦ 박문국원의 일체 봉급은 외아문이 지출하고 기타 비용은 한성부가 지변(支辨)할 것.

이상의 방침으로 1883년 음력 10월 1일 최초의 근대 신문인 〈한성순보〉가 단순한 관보가 아닌 국영 매체로서 통리아문 박문국에서 빛을 보았다. 〈한성순보〉 창간사에 해당하는 "순보서"는 신문 발행의 목적과 편집 방침에 대해 다음과 같이 밝힌다.

오늘날 문화가 점차 열리고 과학이 발전하여 기선은 지구면의 여러 대양을 달리고 전선은 모든 나라를 연결하여 공법의 제정, 외교의 설정, 항만의 구축, 무역의 개통으로 이상야릇한 모양을 가진 먼 외국인들마저 이웃처럼 인접하여 살게 되었다. 사물의 변화와 갖가지 문물제도의 발전은 시국에 관심을 가진 사람들이 반드시 알아야 할 일이다. 이 때문에 조정에서는 박문국을 설치하고 직원을 두어 널리 외국 소식을 번역 보도하고 함께 국내 사건들을 실어 내외에 분포코자 하는데 그 이름을 순보라고 짓는다. 이로써 사람들의

견문을 넓히고 의혹을 깨우치며 상리에 도움을 줄까 한다. 이는 중국이나 서양의 관보나 신문 또는 우편의 교류와 그 취지는 같은 것이다. 세계 각국의 위치와 이름난 산과 큰 강이며 각국의 정령, 법률, 재정, 기기, 빈부, 국민생활, 인물의 선악, 물가 시세들을 모조리 실어 똑똑히 밝힘으로써 지식을 비판적으로 섭취하자는 의미가 미상불 이 속에 있을 것이다. 그러나 독자들이 근시안적이거나 또는 낡은 데 달라붙어서 새것을 암매하다면 이는 우물 안의 개구리 같이 자고자대하는 자로 될 것이다. 그러므로 반드시 시세를 밝게 인식하고 들뜨지도 말고 구애되지도 말며 옳고 그른 것의 취사선택을 원칙에 입각하여 하고 공정한 입장을 잃지 않는다면 본국을 설치한 목적을 기대할 수 있다고 생각한다(리용필, 1993: 34).

이렇게 시작한 〈한성순보〉는 1884년 10월 17일 급진개화파가 일으킨 갑신정변으로 인해 폐간되고 만다. 청의 양무운동을 본받아 유교사상을 기반으로 서양의 문물을 받아들이고자 했던 김홍집, 어윤중, 김윤식 등 온건 개화파와 일본의 메이지유신을 모델로 삼아 서양의 근대 사상 및 제도까지 적극 받아들이고자 했던 김옥균, 서광범, 박영효 등 급진개화파로 갈린 개화파의 경쟁 구도가 국제 정세의 변화와 맞물려 조선의 근대 신문 창간 및 명멸에 영향을 미칠 수밖에 없었다. 이 구도에서 급진개화파는 임오군란 이후 친청수구의 태도를 보인 민 씨 정권에 밀려 기반을 상실했다(역사학연구소, 2009: 34). 〈한성순보〉를 온건개화파가 주도한 것도 이러한 맥락에서였다.

절치부심하던 급진개화파는 청프전쟁을 틈타 일본의 지원을 믿고 쿠데타를 감행하였다. 1884년 봄 안남(베트남) 문제를 두고 프랑스와 대립하던 청은 전쟁에 대비해 조선에 주둔하던 3천 명의 청군 가운데 절반을 철수시켰다. 이 틈을 타 급진개화파는 우정국 개설 행사에서 민태호, 민영목, 조영하 등 민 씨 정권의 핵심 인사들을 주살하고 권력을 잡은 것이다. 그러나 19일 청군이 진압에 나서고 지원을 약속했던 일본군이 궁에서 철수함으로써 쿠데타는 3일천하로 끝나고 말았다. 홍영식은 살해되고 김옥균, 박영효, 서광범, 서재필 등은 일본으로 망명하였다. 〈한성순보〉가 온건개화파의 주도로 창간되었지만 제작은 이노우에가 책임을 맡은 관계로 청과 민 씨 정권 및 민중은 친일개화파의 아성으로 간주하였으므로 신문을 제작하던 박문국이 습격당해 인쇄기와 활자 등이 부서지고 불 타 종말을 고했다. 〈한성순보〉는 총 41호가 발행되었다.

김옥균을 필두로 한 박영교, 박영효, 홍영식, 서광범 등의 개화파는 연암 박지원의 손자인 박규수의 지도를 받아 실학사상의 긍정적 요소와 세계정세의 흐름, 자본주의 제도에 대한 새로운 지식을 깨우쳐 조선을 개혁해야 한다는 생각을 했던 젊은 지식인들이었다. 그러나 그들은 봉건 유생이자 기득권 지주 집안의 자식들로서 부국강병과 문명개화에 집중해 당시 고조되던 민란의 근본 원인인 봉건적 토지제도의 개혁에는 눈을 돌리지 못하는 한계를 가진 부르주아 계급이었다(역사학연구소, 2009: 33). 그들 중 일부는 청과의 사대관계를 기반으로 하는 온건개화파가 되었고, 일본과 가까워진 일부는 급진개혁파가 되어 갑신정변을 일으켰던 것이다. 갑신정변은 부르주아 혁명의 성격을 띠기는 했으나 당시 조선에서 부르주아 계급이 충분히 형성되지 않았을 뿐 아니라 민중의 지지도 받지 못한 상태에서 몇몇 젊은 혈기의 지식인들이 일본에 의지해 성급하게 저지른 쿠데타였던 것이다. 민중의 지지 획득은 고사하고 민중의 존재를 무시한 것이다. 그로 인해 그들이 시작한 조선 최초의 근대 신문은 단명하고 말았다.

일본은 정변에 연루된 책임을 다케조에(竹添) 공사 개인의 행동으로 치부하고 오히려 외무경 이노우에 가오루(井上馨)가 군대를 거느리고 와 겁박하며 피해보상을 요구해 1885년 1월 한성조약이 체결되었고, 청을 압박하여 1885년 4월 톈진조약이 체결되었다. 리훙장과 이토 히로부미

(伊藤博文) 사이에 체결된 톈진조약에 의해 장차 조선에 변란이 발생했을 때 청과 일본 어느 나라든지 파병을 하면 먼저 그 사유를 다른 나라에 통지하고, 변란이 해결되면 즉시 철병할 것을 명시하였다. 이 조항은 나중에 동학농민혁명이 발생했을 때 청과 일본이 각각 파병하여 청일전쟁이 일어나는 단초가 된다.

한편 〈한성순보〉는 폐간되었지만 조선 조정에서 신문의 필요성에 대한 인식은 여전하였다. 김옥균 등과 함께 일본으로 갔다가 이노우에 외무경과 함께 다시 조선에 온 이노우에 가쿠고로는 박문국 주재(主宰)의 자격으로 신문 부활을 역설하였다. 그는 온건개화파에 해당하는 김윤식 외아문협판의 주선으로 고종의 윤허를 받아 일본에서 인쇄기와 활자 등을 구입해 1886년 1월 새 신문을 창간하니 〈한성주보〉(漢城週報) 였다. 〈한성주보〉는 주간으로 발행 간격을 좁혔고 국한문 혼용으로 인쇄되었다. 김윤식은 박문국 총재로서 〈한성주보〉의 책임을 맡았다. 〈한성주보〉는 〈한성순보〉의 체계와 지향을 이어받아 근대화와 부국강병을 역설하는 한편 제국주의 열강의 침략에 대비해야 한다는 점을 역설하였다. 그러나 열강들 틈새에서 소극적으로 정권의 유지에 급급한 민 씨 정권은 재정난을 이유로 1888년 6월 박문국을 폐지함으로써 〈한성주보〉도 폐간되었다. 이로써 정부 주도로 발행되던 국영 신문의 시대는 막을 내렸으며, 1896년 〈독립신문〉이 창간될 때까지 조선의 근대 신문은 공백기를 가진다.

3. 〈독립신문〉과 민권운동

1) 〈독립신문〉의 성격

일본은 외무성의 지원을 받은 주한일본공사관이 주도하여 1895년 2월 17일 서울에서 〈한성신보〉(漢城新報)를 창간했다. 〈한성신보〉의 목적은 첫째, 일본에 대한 우호적 여론 조성이었고 둘째, 일본을 경계하는 명성황후를 제거하는 것이었다. 〈한성신보〉의 낭인들은 결국 1895년 10월 8일 명성황후를 시해하였다. 조선의 왕비가 일본의 낭인들에 의해 시해되었는데도 이것을 알릴 방도가 없었다. 그래서 〈한성주보〉 이후 7년간의 공백을 메울 신문의 창간이 추진되었다.

조선 조정은 최고 연봉과 중추원 고문의 조건을 걸고 갑신정변 이후 미국에 살던 서재필을 데려와 전폭적인 지원으로 〈독립신문〉을 창간한다. 대개 학자들이 〈독립신문〉을 우리나라 최초의 민간지로 규정하는데 이는 잘못된 것이다. 그 예로 정진석은 1896년 4월 7일 서재필이 〈독립신문〉을 창간하는 때부터 우리나라에 민간 신문의 시대가 시작되었다고 하면서 민간인이 신문을 창간해 구독료와 광고료 등의 수입으로 독자적으로 운영된 것이 〈독립신문〉 이후부터였다고 주장한다(정진석, 1990: 157). 역사적 사실과는 다른 해석이다. 임근수는 〈독립신문〉이 조선 조정으로부터 5천 환의 보조를 받고 사옥을 제공받은 점으로 보아 순수한 민영이 아니라 반관영적 성격이었다고 했다(임근수, 1984: 65). 〈독립신문〉이 창간된 역사적 배경을 살펴보도록 하자.

갑신정변 이후 청과 일본이 세력 균형을 이루는 사이 러시아가 남하정책으로 조선에 개입하는 한편, 러시아를 견제하던 영국이 1885년 거문도를 점거하는 사태가 발생했다. 청도 러시아를 견제하면서 위안스카이가 한성에 상주하면서 조선 조정에 대한 내정간섭이 강화되었다. 그 사이 조선 조정에는 친러파가 형성되었고 청과 일본의 경제적 침략이 고조되었다.

〈한성순보〉와 〈한성주보〉에서도 강조된바 상공업의 장려는 제국주의 열강의 경제 약탈 행위와 연루되어 일부 부유층의 축재로 나타났기 때문에 민중의 생활은 더욱 도탄에 빠졌다. 더구나 탐관오리의 가렴주구로 원성이 자자했다. 정조 사후 시작된 안동 김 씨의 세도정치하에서 빈발하던 민란은 1894년의 동학농민혁명으로 최고조에 달했다. 1896년 4월 창간된 〈독립신문〉의 성격을 이해하기 위해서는 그 직전에 발생한 동학농민혁명과 청일전쟁에 대한 이해가 전제되어야 한다. 그리고 그 배경을 이루는 동학에 대한 이해가 선행되어야 한다.

최제우가 1860년 득도한 이후 이듬해부터 포덕활동을 시작한 동학은 2대 교주인 최시형에 의해 전국적으로 수만 명의 교도를 가진 조직으로 성장하였다. 동학은 농민들의 단순한 생존권 투쟁의 차원을 초월하여 반제·반봉건의 큰 목표를 향해 봉기한 농민혁명의 정신적 지주였으며 그 자체였다. 동학농민혁명은 동학의 정신과 조직으로 무장해 새로운 세상을 만들고자 한 근대의 여명이었다. 그리고 그 혁명의 정신은 3·1운동과 독립운동, 4·19혁명, 5·18광주민주화운동 그리고 오늘날의 민주화운동과 통일운동에 이르기까지 면면히 이어진다. 따라서 동학에 대한 이해는 필수적이라 할 수 있다.

동학은 서양식 개념의 종교와는 개념이 다르다. 조선의 유교가 고달픈 인생을 신에게 의존하고자 하는 민중의 욕망을 억눌렀기 때문에 천주교에 열광한 것을 보고 미신적 요소를 삽입했지만 그것이 본질은 아니었다. 동학의 경전인 《동경대전》은 최제우에게서 전달받은 목판본을 최시형이 1880년 인제에서 찍었다. 《동경대전》의 핵심적 부분으로 '시천주

조화정 영세불망 만사지'(侍天主 造化定 永世不忘 萬事知) 라는 주문(呪文)을 살펴보자.

'시천주'란 하늘님을 모신다는 뜻이다. 천(天)은 하늘이고, 주(主)는 존칭어이니 천주는 하늘님이다. '하늘님'이란 것도 미켈란젤로가 상상해서 그려낸 그런 존재가 아니라 우주만물의 기(氣)가 인간의 마음에 내면화된 형체가 없는 그 무엇이다. 그리고 사람이 저마다의 마음에 하늘님을 모시니 '사람은 곧 하늘'(인내천: 人乃天) 이라고 한다. 그래서 사람을 하늘님처럼 섬겨야 하는 것이다(사인지천: 事人如天).

따라서 모든 사람은 다 존귀하고 평등하다. 그래서 차별받고 억눌린 민중에게 광범위하게 받아들여졌을 것이다. 그렇게 하늘님을 모시면 인위적으로 무리하지 않아도 스스로 이루어지고 덕을 이룬다고 한다(조화정: 造化定). 영원히 산다는 것(영생: 永世)도 영혼이 죽지 않고 영원히 산다는 것이 아니라 살아 있는 동안의 평생을 의미하는 것이다(영세자, 인지평생지: 永世者, 人之平生也). 동학은 서양처럼 신을 설정하고 믿는 종교(religion)가 아니라 유불선과 서학을 아우르는 근본의 가르침(宗敎)이다.

인간은 종교(religion)를 필요로 하기도 한다. 신이라는 절대자에 의존하고 싶은 나약한 심리가 발동하기 때문이다. 그런데 동양의 종교(宗敎)는 한자의 뜻풀이 그대로 근본에 대한 최고의 가르침이다. 석가모니의 불교가 그렇고, 공자의 유교가 그렇다. 불교는 신을 섬기는 종교가 아니며, 부처님을 섬긴다는 것은 부처님의 가르침에 따라 배우고 실천하는 것이지 신이기 때문에 섬기는 것이 아니라는 것이다(화령, 2008: 35). 그러나 신에 의지하고자 하는 사람을 포섭하기 위해 신을 설정한 측면이 있는 것이다.

유교도 마찬가지다. 제자인 자로가 귀신을 섬기는 것에 대해 묻자 공자는 "아직 사람도 능히 섬기지 못하는데, 어찌 귀신을 섬길 수 있겠느냐?"라고 했고, 죽음에 관한 질문에는 "아직 삶도 모르는데 어찌 죽음을 알리요?"라고 대답했다. 역시 제자인 번지가 안다고 하는 것(知)에 대해 물었을 때는 "귀신은 공경하되 멀리 해라. 그러면 안다고 할 수 있을 것이다"라고 하여 신을 섬기는 것을 경계하였다.

조선은 억불숭유(抑佛崇儒), 즉 불교를 배척하고 성리학을 지배 이념으로 삼았기 때문에 한자를 모르는 고달픈 일반 백성은 신을 찾았다. 특히 19세기 민란의 시대에 의지할 곳 없는 민중은 종교를 갈망해 신을 섬기고 평등사상을 설파하는 천주교에 빠져들었다. 최제우는 이 맥락을 간파하고 동학에 종교적 내용을 가미함으로써 민중에게 어필했던 것이다. 새로운 세상을 꿈꾸던 농민들은 동학에 심취하여 열성적으로 결합하였다. 이 조직이 1894년 척양척왜(斥洋斥倭), 제폭구민(除暴救民), 보국안민(輔國安民)의 기치를 높이 들고 봉기했던 것이다.

조선 조정은 동학군의 피죽지세를 감당하지 못하고 청에 원병을 청하니 한성조약을 빌미로 하여 일본도 군대를 파견하였다. 일본은 서해의 풍도에 정박한 청군을 불시에 공격함으로써 청일전쟁이 일어났다. 일본군은 공주 우금치에서 동학군을 섬멸시키고 청을 제압하여 전쟁을 승리로 이끌었다. 이로써 조선에 대한 청의 5백 년 지배는 종말을 고하고 조선은 형식적으로 독립이 되었다. 그러나 그것은 청으로부터의 독립이지 진정한 독립은 아니었고 일본의 지배하에 놓였다. 일본은 전쟁 중에 조선 조정을 무력으로 위협해 친일 내각을 구성하여 갑오경장을 단행케 하고 "홍범 14조"를 발표케 했다. 이때 갑신정변 이래 일본에 머물던 박영효와 서광범이 돌아와 각각 내무대신과 법무대신으로 내각에 참여하였다.

청일전쟁의 결과로 일본이 요동반도를 차지하자 러시아, 독일, 프랑스가 이른바 3국 간섭으로 이를 무산시키는 일이 발생했다. 이 틈을 타

수구파가 러시아에 기대하며 박영효를 몰아내는 등 일본에 저항하자 일본은 명성황후를 제거하기 위한 음모를 진행한다. 그 음모를 진행시키기 위해 일본은 〈한성신보〉를 이용한다. 〈한성신보〉는 국문과 일문으로 발행하여 일본의 침략적 의도를 은폐하면서 우호적 여론을 조성하는 한편으로 대부분 낭인으로 구성된 기자와 사원들은 명성황후 시해의 선봉장 역할을 하였다(박용규, 1998). 이들이 주도하여 1895년 10월 8일 명성황후를 시해했던 것이다. 왕비가 일본 낭인들에 의해 시해되었음에도 불구하고 신문이 없어서 이 사실을 백성들과 외국에 알릴 방도가 없었다. 하여 조선 조정은 다시 새 신문 창간을 준비한다.

〈독립신문〉은 일본이 동학농민혁명군과 청을 제압하고 친일정권을 세운 후 고종이 러시아공사관으로 피신하여 정사를 보았던 1896년 4월 7일 서재필에 의해 창간되었다. 청일전쟁의 승리로 조선에 대한 지배를 강화하려던 일본은 러시아의 개입으로(3국 간섭) 요동반도를 포기하는 등 한발 물러서지 않을 수 없었다. 이후 러시아와 일본은 러시아의 우위 속에 세력균형을 이루고, 그 틈을 타 고종은 〈독립신문〉을 만들고 민간 인사로 독립협회를 구성하는 한편 대한제국을 선포했던 것이다. 〈독립신문〉은 정부가 출자하고 서재필을 중추원 고문으로 임명하여 고액 연봉을 주면서 임무를 맡겨 창간한 국영신문이었다. 직원도 모두 관리였다. 〈독립신문〉은 정부가 중심이 되어 일본의 〈한성신보〉에 대항하고 정부 입장을 알리기 위해 서재필을 기용해 창간했던 것이다(채백, 1992: 305).

황실과 〈독립신문〉 및 독립협회가 지향하는 바는 청으로부터의 독립을 기반으로 근대 국가를 수립하는 것이었다. 그런 점에서 〈독립신문〉은 고종과 친러정권을 지지하고, 인민 계몽을 사시로 삼았다. 그러면서도 청을 배격하면서 미국과 일본에 우호적 태도를 보였으며, 종국에는 황실 권한을 강화하려는 조정과 맞서고 러시아에 대해서도 비판적 논조를 보이면서 갈등하다가 서재필이 미국으로 가게 되었다.

〈독립신문〉의 창간 취지와 방향은 제1호 논설에 잘 나타나 있다. 불편부당과 평등사상(우리는 첫째 편벽되지 아니한 고로 무슨 당에도 상관이 없고 상하귀천을 달리 대접 아니 하고), 비영리 대중신문(모두 언문으로 쓰기는 남녀상하귀천이 모두 보게 함이요), 탐관오리 색출과 법치주의(정부관원이라도 잘못하는 이 있으면 우리가 말할 터이요, 탐관오리를 알면 세상에 그 사람의 행적을 파헤칠 터이요, 사사 백성이라도 무법한 일 하는 사람은 우리가 찾아 신문에 설명할 터임), 국내외 정보 공유 등을 천명한 것이다. 그리고 4월 9일자 제2호 논설에는 다음과 같이 정부기관지로서의 정체와 국민교육을 중시하는 계몽지로서의 성격을 드러낸다.

만일 생각 없이 무법한 일을 행하고 난을 짓는 것은 즉 제가 제 무덤을 파는 것이요, 또 제 부모처자에게 화를 전한 바니 하루바삐 못된 일 하는 것은 더러운 물건 내버리듯이 하고 대군주 폐하의 조칙을 순종하여 집에 돌아가 네 직업을 다시 하여(…) 시방 천하형세가 이왕과 달라 조선이 세계 각국과 서로 통상하는 터이니 조칙에 하신 말씀같이 세계 지인이 다 형제라(…) 시방 조선이 강하지도 못하고 부유하지도 못하며 인민이 도탄 중에 있는 것은 다름 아니라 조선 사람이 나라를 위하는 마음이 없고 다만 제 몸에 당장 유익한 것을 취하여 저희 동국인민을 해하려 하며 서로 저희끼리 싸우니 필경은 저까지 해를 입고 또 나라는 어언 간에 점점 약하고 취리할 일과 생재할 방책은 해마다 적어지니 이게 어찌 한심치 아니리요.

〈독립신문〉은 이렇게 백성에게 말썽부리지 말고 왕의 지시에 순종하도록 강조하면서 교육하고 계몽하는 역할로 시작된 한편 제국주의 국가가 조선을 놓고 쟁투하는 것을 소홀히 하면서 모든 것을 인민의 탓으로 여겼다. 동학농민혁명이 일본에 의해 무자비하게 진압되고 남은 사람들은 이때까지도 작당을 하여 저항하던 때였다. 〈독립신문〉은 이에 대해

"난을 짓는 것"이라고 꾸짖으며 생업에 충실하라고 훈계하는 것을 알 수 있다. 동학농민혁명이 민중의 역량으로 근대의 문을 연 대단히 중요한 역사임에도 불구하고 〈독립신문〉은 그 중요성을 전혀 인식하고 있지 못했을 뿐 아니라 적대적 태도를 취한 것을 알 수 있다.

동학농민혁명에 대한 무지는 "조선이 갑오 유월 이후로 정부가 여러 번 변하였으되 이렇게 변한 것은 까닭이 다 있거니와 실상인즉 권리 싸움 까닭에 이렇게 여러 번 변하였고 …"(1896. 6. 11) 라고 한 부분에서도 읽을 수 있다. 갑오년에 발생한 동학농민혁명에 대한 의식은 없고 일본에 의해 강제된 갑오경장 이후의 맥락을 왜곡한 것이다.

당시 일본은 친청 성향의 왕실척족 세력을 배제하고 대원군을 끌어내 그의 섭정하에 친일정부를 수립했으나 대원군이 전봉준과 연락을 취한 다든지, 청군과 동학군이 연합하여 일본군을 격퇴하도록 주선을 했다든지 하는 명목으로 대원군을 다시 배제하고 명성황후를 시해하는 만행을 저지른 후 아관파천이 일어났던 것이다(한우근, 1977: 480). 동학의 창시자 최제우를 효수하고 일본군과 더불어 동학군을 격퇴한 대군주 폐하와 정부의 대변지로서 갖는 한계라고 할 수 있겠다. "조선이 큰 군사는 두지 못할지언정 적어도 강하고 규모 있는 군사를 두어 대군주 폐하의 성체를 염려 없이 보호할 만하고 국 중에 비도가 없게는 하여야 할지라"(1896. 10. 24) 라고 한 부분에서도 대군주 폐하만을 위하고 민중의 봉기를 이해하지 못하는 한계를 확인할 수 있다. 동학농민혁명군이나 명성황후의 시해 이후 봉기한 의병을 비도(匪徒) 나 비적(匪賊) 으로 표현했던 것이다.

일본은 무역을 한다면서 조선의 쌀을 비롯한 생활필수품을 헐값에 빼돌렸고 관련업에 종사하는 극소수의 장사치만 배를 불리는 반면 대다수 인민은 생업에 돌아가려야 돌아갈 생업도 없는 때였다. 아관파천 이후 러시아를 비롯한 서양 열강은 철도, 광산, 삼림에 대한 이권을 취했으며

242

특히 일본은 러시아의 위세에 눌려 친러정권을 인정하는 대신 기존의 기득권을 이용하여 경제적으로 압도적 이득을 취했다(한우근, 1977: 495). 〈독립신문〉은 이러한 사정을 고려하지 않고 인민에게 순종을 강요했던 것이다.

〈독립신문〉이 근대적 사상과 교육을 강조하고 관리의 무사안일을 지적하는 등 적지 않은 기여를 한 것은 사실이다. 그러나 그것은 미국을 모델로 하여 높은 곳에서 낮은 곳의 민중을 훈계하고 가르치려는 엘리트주의적 경향이 농후했다. 예를 들면 이런 식이었다.

> 손가락으로 무슨 음식을 집어먹지 말고, 칼과 숟가락과 젓가락을 소리 나게 상이나 접시 위에 놓지 말며, 음식 먹을 때 아예 부정한 이야기 말며, 뉘 집을 가던지 명함을 가지고 다니며, 누가 청해 대접하거든 일혜 안으로 찾아가서 보고 전일에 대접한 것을 치하하며, 아예 내 집안 이야기와 내 몸에 당한 말은 묻기 전에는 말 말고, 몸은 장 꼿꼿이 가지고 걸음을 지어 걷지 말며, 우스운 일이 있어 웃드래도 소리 크게 나게 웃지 말며, 사람 찾아 볼 때에는 급한 일이 없으면 매양 오후 두시 후에 남의 집을 가는 법이라. 남의 집에 가서 할 이야기 있으면 이야기하고, 할 말 다한 후에는 가고 할 말 없을 때에는 공연히 앉아 있는 것은 마땅치 안 하니라. 그 외 알 일이 무수하나 오늘날 다 말할 수 없으니 후일에 다시 더 기록하겠노라(1896. 11. 14. 논설).

고종이 러시아공사관에 피신하여 업무를 보는 것에 대해서도 이렇게 변호하였다. 일본의 신문이 러시아의 삼림벌채권을 확보한 사실을 비판한 것을 두고 이를 옹호한 내용이다.

> 대군주 폐하께서 아관으로 가실 밖에 수가 없이 된 사정은 우리만큼 분해하고 탄식하는 사람이 세상에 없을 듯하나 사세가 그렇게 된 것은 일본서 잘못한 일이 있는 까닭이라. 우리가 일본 사람 같으면 아무쪼록 이왕 일은 말 안하도록 하고 이왕에 잘못한 것을 고쳐 양국 간 교제가 더 친밀히 되도록 하는

것이 상책이요, 아예 조선 대신들을 너무 무례하게 신문상에 시비하는 것이 교제상에 좋을는지 모르겠더라(1896. 11. 5. 논설).

그렇다고 〈독립신문〉이 일본에 대해 부정적인 것은 아니었다. 〈독립신문〉은 미국·영국에 대해서는 매우 긍정적, 독일·프랑스·일본에 대해서는 긍정적, 러시아에 대해서는 중립, 청·조선에 대해서는 부정적인 것으로 조사되었다(채백, 1998: 261). 다음은 일본에 대한 인식을 엿볼 수 있는 대목이다.

조선과 일본은 이웃나라다(…) 일본이 두 해 전에 청국과 싸워 이긴 후 조선이 분명한 독립국이 되었으니 그것 조선 인민이 일본을 대하여 감사한 마음이 있을 터이나(…) 일본 사람 몇이 자기의 정부 본의를 자세히 몰랐는지 일할 줄을 몰라 그랬는지, 일이 잘된 것이 적고 다만 변과 란만 많이 생기니 우리는 이것이 능하고 지혜 있는 정치가가 한 일로는 생각하지 않는다(…) 일본이 삼십 년 전에는 조선보다 더 열리지 못하여 처음으로 외국과 통상한 후에 그 어두운 백성을 밝게 하느라고(…) 복택유길 제씨들이 힘을 다하여 정부를 개혁하고 인민의 교육을 힘쓰고 상무와 농무를 넓히며 물건 제조하는 것과 각색 높은 학문을 외국에 가서 배우게 한 고로 오늘날 일본이 이왕 일본보다 문명개화된 일이 많이 있으니(…) 새로운 일본 전권공사는 미국 대학교에서 졸업한 이요 조선 사정도 자세히 아는 인즉 그이가 공사로 있을 동안에 양국 간 교제가 더 친밀히 될 터이요 양국 인민이 서로 도와 유조한 일이 많이 있기를 우리는 믿노라(1896. 4. 18. 논설).

일본이 조선의 상권과 경제를 장악하면서 러시아를 제압하고 조선을 식민지로 삼을 계획을 착착 진행하는 사정은 전혀 고려되지 않는다. 후쿠자와 유기치 등 일본의 지식인에 대한 경계도 전혀 찾아볼 수 없다. 〈독립신문〉은 3백 부 발행으로 시작해 곧 3천 부까지 발행하면서 조선 사회를 크게 흔들었다. 특히 한글로 발행하여 민중들에게까지 개화의식과 민권사상을 확산시킴으로써 상층부 지식인 중심의 갑신정변이나 몰락한 양반과 농민이 봉기한 동학농민혁명과는 다른 차원에서 부르주아 개화운동이 확산되는 계기를 만들었다. 영국 왕립지리학회 회원이었던 비숍 여사의 회고록의 일부를 보자.

한 번 신문이 나와 사회의 진상을 가리킴받자 국민은 미몽에서 벗어나 관리의 악정과 재판의 부당함에 엄정한 비판을 해서 여론을 일으킬 수 있게 되었다. 신문이 나오자 뒤 컴컴한 부정을 태양 앞에 내세워 사회에 경종을 울리는 동시에 한편으로는 합리적 교육과 정당한 개혁을 장려하며 인지(人智) 개발에 큰 도움을 주었다. 이에 부정한 관리와 불량한 관원은 모두 혀를 내두르면서 놀래며 두려워하였다. 국문신문을 옆구리에 끼고 거리를 다니는 풍경과 또한 각 점포마다 이 신문을 펴놓고 읽는 광경이란 참으로 1896년 이래의 새로운 현상이었다(최준, 1970: 56).

그러나 〈독립신문〉은 일본에 대한 러시아의 견제라는 국제 정세의 변화 가운데 탄생하여 민중의 변혁 에너지를 이해하지도 용납하지도 못하는 인식의 한계를 드러내면서 러시아에 대한 미국과 일본의 견제라는 국제 정세의 또 다른 변화에서 불편부당의 원칙을 지키지 못하고 좌절하고 말았다. 〈독립신문〉은 대한제국을 선포하여 황권을 강화하려는 고종 측이 미국의 본격적 개입과 더불어 러시아의 남하정책을 반대하는 서재필을 중추원 고문에서 해촉하여 〈독립신문〉에서 손을 떼게 하였다. 그 후 서재필은 미국으로 돌아가고 윤치호와 아펜젤러를 거쳐 엠벌리에 이르러 1899년 12월 4일 폐간되었다.[1]

---

1   서재필은 남은 계약기간에 해당하는 연봉 2만 8천 8백 원을 받아 돌아갔다. 그리고 〈독립신문〉이 자신의 재산이라며 4천 원을 받고 정부에게 팔았다(주진오, 1991: 303~304).

2) 독립협회와 언론운동

서재필은 〈독립신문〉 창간에 이어 독립협회 설립에도 참여하여 〈독립신문〉은 독립협회의 대변지 역할도 했다. 갑신정변 이후 지배층 및 지식인의 개화운동과 동학농민혁명의 물길은 독립협회로 수렴되는 듯했다. 그러나 개화의 대세를 수용하면서도 그때그때 외세에 의존하면서 왕권과 기득권을 지키려는 수구파 내지는 온건개화파와 일본에 경도된 급진개혁파의 구도는 변함이 없었다. 그리고 농민군은 대한제국 시기에 와서 동학 남접(南接)의 남은 세력이 영학당(英學黨)을 조직하여 전라북도 지역에서 봉기하였다. 활빈당(活貧黨)은 부호의 재물을 빼앗아 빈민에게 나누어주거나 사전(私田) 혁파, 철도부설권 양여 반대 등 반봉건·반외세 투쟁을 벌였다. 이밖에도 민란은 산발적이고 빈번하게 일어났다(강만길, 1994: 228).

이 두 흐름이 민중의 의식이 어느 정도 성장하고 제국주의 국가의 이권 침탈이 가속화되면서 하나로 뭉쳤으니 1896년 7월 2일 설립된 독립협회가 그것이다. 정부 인사와 개화파, 민중이 하나가 되어 주권수호운동에 매진한 것이다. 특히 만민공동회는 〈독립신문〉과 더불어 언론 활동을 통한 주권수호운동의 새 장을 열었다. 이 운동은 중국의 지배에서 벗어나 독립국 체제를 갖추는 여론을 조성하여 대한제국의 선포로 나타났고, 청일전쟁 후 제국주의 국가의 한반도 침략이 상품을 판매하는 단계를 넘어 철도부설권, 광산채굴권, 산림채벌권과 조차지·군사기지 확보 등의 이권쟁탈 단계로 접어든 데 대한 이권 양여 반대운동에 집중했다(강만길, 1994: 221).

그러나 독립협회 운동은 수구파와 온건개화파의 황권 강화를 목표로 하는 보수적 성향과 급진개화파의 친일적 성향이 충돌하면서 공통적으로 민중의 에너지를 인정하지 않은 엘리트 성향으로 인해 파산하고 말았다. 예를 들어 "조선은 세계 만국이 오늘날 독립국으로 승인하여 조선 사람이 어떤 나라에게 조선을 차지하라고 빌지만 않으면 차지할 나라가 없을 지라, 그런 고로 조선에서는 해·육군을 많이 길러 이국이 침범하는 것을 막을 까닭도 없고 다만 국 중에 해·육군이 조금 있어 동학이나 의병 같은 토비(土匪)나 진정시킬 만하였으면 넉넉할지라"(강만길, 1994: 225) 라고 하여 세계정세에도 무지했고, 민중의 봉기에 대해서도 무지하고 무시함으로써 하나가 되지도 못하고 힘을 기르고 모으지도 못한 채 1898년 12월 정부에 의해 해산당했다.

결국 독립협회는 친미·친러의 민관 공동기구로 출발했지만 러시아의 간섭에 반대하면서 친일단체로 변질되었다고 볼 수 있다. 근본적으로 스펜서 류의 사회진화론을 수용함으로써 제국주의 침략을 기정사실화하고 서구 중심의 근대화론으로 귀결될 수밖에 없는 한계를 지녔던 것이다.

4. 민간신문의 저항, 식민지화의 길

러시아의 힘에 밀려 조선을 온전히 장악하지 못했던 일본은 자본주의적 생산이 드디어 제국주의 단계에 도달하고 군사력을 키운 후 러시아와 일전을 벌였다. 러일전쟁은 조선과 만주를 차지하려는 두 제국주의 국가인 러시아와 일본의 쟁투였다. 두 나라 공히 전쟁을 위한 준비가 부족했지만 러시아는 러시아대로 일본은 일본대로 전쟁이 불가피했다.

일본은 군사력과 재정이 장기간 전쟁을 치를 정도는 되지 않았지만 적당한 시기에 제3국의 조정으로 강화조약을 체결할 속셈이었고, 러시아는 혁명의 고조를 전쟁으로 끄려 했다. 러시아는 1900~1903년간의 공황 이후 혁명의 분위기가 고조되면서 1904년 12월 13~31일 사이에 바쿠의 노동자 5만 명이 총파업을 단행했으며, 급기야 1905년 1월 9일 페테르부르크의 노동자 15만 명이 봉기하였다. 이 날 군대는 노동자에게 발포하여 수천 명이 희생되는 '피의 일요일' 사태를 격발시켰다. 혁명이 시작된 것이다. 이 상황에서 전쟁은 무리였다(거름 편집부, 1987: 99~100).

미국과 영국은 일본을 지원하여 1902년 이후 만주를 점령한 러시아를 견제하는 한편 일본도 전쟁으로 국력이 약화될 것을 기대하면서 전쟁을 지원했다. 일본은 미국과 영국에 대표를 보내 차관을 요청하고 우호적 여론을 조성하려 했고, 미국과 영국은 지원의 대가로 만주를 러시아의 점령 상태에서 해방시켜 자유롭게 개방시킨다는 전제로 지원을 약속했다. 그 결과 영국은 1902년 일본과 동맹을 맺었고 미국은 재정 지원을 아끼지 않았다.

루즈벨트 미국 대통령은 일본이 미국과 영국의 대기업으로부터 차관을 받을 수 있도록 주선했다. 일본은 루즈벨트 대통령의 주선으로 카네기의 철강회사와 J. P. 모건 등으로부터 전쟁 비용 약 7억 엔(현재 14조 원 상당)을 조달받았다.[2] 전쟁 비용 19억 8천 4백만 엔 중 총 12억 엔을 미국과 영국이 제공했던 것이다(강만길, 1994: 203). 이런 지원에 힘입어 일본은 1904년 1월 27일 새벽 선전포고도 없이 러시아의 태평양 함대와 뤼순 항 요새를 기습공격하여 큰 타격을 입혔다. 일본은 봉천전투에서 러시아 육군을 패배시켰고 대마도에서 긴 항로에 지친 발틱함대를 격파하고 전쟁을 승리로 이끌었다.

전황 막바지인 1905년 8월 12일, 일본과 영국은 제2차 영일동맹을 맺

---

2 이는 미국의 재야 사학자 캐롤 카메론 쇼(Carole Cameron Shaw)의 저서 *The Foreign Dustruction of Koren Independence*에서 밝혀진 사실이다(〈국민일보〉, 2007. 4. 26, "美, 한일합방 과정 日에 천문학적 재정지원" 기사 참조).

으면서 "일본은 한국에서 정치상·군사상·경제상 특수한 이익을 가지며 영국은 일본이 이 이익을 옹호 및 증진시키기 위하여 필요하다고 인정하는 지도·감리 및 보호의 조치를 한국에 취하는 것"을 승인했으며, 1905년 7월 29일 일본과 미국은 "조선은 일본의 허락 없이는 여하한 대외조약도 체결할 수 없는 요구를 할 수 있는 정도의 보호를 일본 군대로서 수립하는 것은 현 전쟁의 논리적 결과"라는 데 동의하는 가쓰라-태프트 밀약을 체결하였다. 이로써 조선은 실질적으로 일본의 지배를 받는다. 일본은 조선 조정을 압박하여 10월 27일 '보호'라는 이름의 을사늑약을 맺었다. 1906년 2월 1일에는 통감부가 설치되어 이토 히로부미가 초대 통감이 되어 조선을 통치하기 시작했다.

일본의 침략과 지배에 대항하는 운동은 복벽(復辟) 운동과 애국계몽운동 및 무장투쟁의 3가지로 대별된다. 복벽운동은 유생 중심의 왕조 복원 운동으로 오래 지속되지 않았고, 무장투쟁은 의병 봉기 이후 만주 등 국외로 이동하였으며, 애국계몽운동은 갑신정변과 독립협회를 잇는 부르주아적 운동이었다.

독립협회가 해산되던 해인 1898년에는 본격적 민간신문의 시대가 열렸다. 배재학당의 학생회인 협성회가 1898년 1월 1일 주간으로 발행한 〈협성회회보〉, 그 후신으로 4월 9일 최초의 일간신문으로 창간된 〈매일신문〉, 3월 1일 창간한 〈경성신문〉, 〈경성신문〉에서 개명한 〈대한황성신문〉과 〈황성신문〉, 8월 10일 창간된 〈제국신문〉, 독립협회와 대립하던 황국협회에서 1899년 1월 22일 창간한 〈시사총보〉 등이 그것이다. 이 신문들은 애국계몽운동의 일환으로 발행되어 일제에 저항하면서 국민계몽의 역할을 수행했다. 특히 〈황성신문〉은 1905년 11월 17일 을사늑약이 발표되자 20일자로 그 전말을 전하면서 "시일야방성대곡"이라는 제목의 논설로써 다음과 같이 통렬하게 비판했다.

아아, 저 개 돼지만도 같지 못한 소위 우리 정부 대신놈들이 영리를 탐내고 헛된 위협에 겁먹어 매국역적됨을 달게 받아들여 4천 년 강토와 이조 개국 5백 년의 역사를 가진 우리나라를 타인에게 바치고 2천만 백성을 타인의 노예로 만들었으니 저 개 돼지만도 못한 박제순과 각 대신들은 더 말할 것도 못되거니와 참정대신은 정부의 우두머리라 단지 아니다라는 글자만으로 책망을 막고 이름을 부지할 밑천을 꾀하였는가 (…) 아 원통하고 분하구나. 2천만의 노예된 동포들이여, 살았느냐 죽었느냐, 건국 이래 4천 년 국민정신이 하루 밤 사이에 졸연히 멸망하고 만단 말인가. 원통하고 원통하다, 동포여 동포여.

이 논설로 인해 장지연은 구속되고 〈황성신문〉은 치안방해죄로 1905년 11월 21일부터 1906년 2월 12일까지 정간처분을 당했다. 러일전쟁 때부터 일본군은 언론 활동을 통제했고, 1907년에는 신문지법을 공포하여 더욱 더 철저하게 단속했다. [3] 남은 것은 1904년 7월 18일 창간호를 낸 〈대한매일신보〉였다. 〈대한매일신보〉는 영국인 기자 배델(배설, 1872~1909)과 양기탁(1871~1938)이 창간한 신문이다. 영국인이 사장이었기 때문에 일본이 함부로 하지 못해 마지막까지 홀로 남아 일본의 침략 정책에 저항할 수 있었다. 〈대한매일신보〉는 을사늑약의 전말과 장지연의 구금을 보도하고 21일에는 논설 "황성의무"를 통해 "방성대곡이란 논설 한 편은 무릇 조선 인민을 통곡하지 않음이 없게 하였을 뿐 아니라 세계 각국의 공정하고 정의로운 마음 가진 사람들을 모두 통분케 하였으니

---

3   신문지법 1907년 법률 제 2호
  제21조 내부대신은 신문지로서 안녕질서를 방해하거나 풍속을 괴란한다고 인정하는 때
       그 발매반포를 금지하고 이를 압수하며 그 발행을 정지 혹은 금지할 수 있다.
  제34조 외국에서 발행하는 국문 혹은 국한문 또는 한문의 신문지 또는 외국이 국내에서
       발행하는 국문 또는 국한문 혹은 한문의 신문지로서 치안을 방해하거나 풍속을
       괴란한다고 인정되는 때는 내부대신은 해당 신문지를 국내에서 발행·반포하는
       것을 금지하고 해당 신문지를 압수할 수 있다.

아아 〈황성신문〉의 글은 날과 더불어 달빛처럼 쟁쟁하리로다"라고 지지 및 격려하였다. 28일에는 "시일에 우 방성대곡"이란 제목의 논설에서는 다음과 같이 다시 방성대곡하였다(리용필, 1993: 65).

한일신조약을 체결한 날 한국 경성 내외 일반 신사인민이 모두 방성대곡하였고 민조 두 충신이 순국한 날 남녀노유가 일제 곡하여 친척과 같이 슬퍼하였고 오호라, 대한동포여 금일 슬픈 지경 진실로 가련하고 애석하오.

〈대한매일신보〉는 꾸준히 일본의 침략 행위를 비판하고 의병 활동을 소개하는 등 저항하다 배델의 사후 1910년 6월 6일 통감부에 매수되어 한일병탄 이후에는 〈매일신보〉로 제호가 바뀌어 총독부의 기관지가 되었다. 〈황성신문〉은 병탄 후 총독부에 의해 강제 매수되어 폐간되었다. 이로써 신문을 통한 저항운동은 막을 내리고 일제의 식민 지배에 놓였다.

온건개화파와 급진개화파의 대립, 고종으로 대표되는 황실파와 독립협회의 대립에서 전자를 수구파로 표현하고 후자를 근대화 개혁파로 표현하는 경향이 있다. 그러나 꼭 그렇게 볼 것만도 아니다. 방법이 달랐을 뿐 모두가 다 근대화 개혁을 목표로 했기 때문이다. 이른바 수구파의 중심에는 고종이 있었고, 고종은 정부 내지는 황실 중심으로 개방과 근대화 개혁을 추진했다고 볼 수 있다. 〈한성순보〉와 〈한성주보〉, 〈독립신문〉이 모두 고종과 온건개화파의 의지에 의해 추진된 것도 그 맥락이다. 고종은 급진적 노선에 동의하지 않았고, 따라서 일본 정부에게 김옥균의 송환을 요구했으며 끝내 상하이로 홍종우를 보내 암살했던 것이다.

김옥균과 홍종우에 대한 평가도 신중할 필요가 있다. 김옥균은 혁명가요 홍종우는 암살자로 단순화해서는 안 된다. 홍종우는 프랑스에서 유학한 개화파 지식인이자 조선의 전통문화를 뿌리로 하여 조선의 근대화를 모색한 인물로서 황제가 중심이 되어 자주적 근대화를 추진해야 한다는 내용의 상소를 올리는 등 고종의 근대화 개혁 방침에 동조하는 입장이었다. 그래서 입장이 다른 김옥균을 고종의 명을 받아 암살했던 것이다(조재곤, 2005: 24).

갑신정변은 기개 넘치는 부르주아 청년들의 거사였지만 민중의 지지를 동원하지 못했으며, 일본에 의지하고 지나치게 의욕이 앞선 결과 역효과만 가져왔다. 박은식은 이에 대해 "갑신정변의 여러 사람이 급격히 하수(下手)하여 점점 국민의 동의를 얻지 못한 것, 일본인에게 속은 것, 남의 힘을 빌려 독립운동을 하려 했기 때문에 실패한 것"이라 평가하였다(박은식, 1920/1999: 20). 그 결과 개화운동이 위축되고 보수화되는 경향을 띠었다. 그리고 일본은 김옥균의 죽음을 중국을 비난하는 데 이용했고 한일병합의 영웅으로 미화했다.

서재필은 〈독립신문〉과 독립협회 활동을 통해 계몽에 힘쓰고 주권의식을 고양시키는 등 기여한 바도 많으나 한계도 분명하다. 갑신정변으로 인해 서재필의 부친과 부인은 자결하고 그의 두 살 아들은 굶어죽었으며 형들은 참형을 당하거나 옥사하는 등 가족을 모두 잃었고, 그는 혈혈단신 미국에 건너가 의사가 되었다. 조선에서의 끔찍한 과거는 지우고 미국인과 결혼도 하고 미국 시민이 되어 조선말도 잃어버릴 정도로 충실한 미국인으로 살았다. 이름마저 필립 제이슨으로 바꿨다.

서재필이 미국에서 생활한 1884년부터 1895년의 기간은 자본주의적 생산이 고도로 발전하여 미국이 제국주의 국가로서 식민지 쟁탈에 나서기 시작한 때였다. 그리고 사회적으로 '진리는 결과가 말해준다'는 프래그머티즘 철학이 성행했으며, 퓰리처와 허스트가 주도하는 선정적인 상업지인 황색신문(yellow journalism)이 성행하던 때였다. 서재필은 그런 나라를 모델로 삼아 계몽활동을 하고 미국을 대변했던 것이다. 서재필이 미국으로 돌아간 1898년 미국은 스페인과의 전쟁에 돌입했고, 전쟁에서 승리한 미국은 스페인의 식민지였던 필리핀을 이양받아 지배했다. 이후 미국은 저항하는 필리핀 민중을 3년에 걸친 학살극으로 진압하고 가쓰라-태프트 밀약과 포츠머스 조약에 의해 미국과 일본이 각각 필리핀과 조선을 식민지로 삼는 것을 인정했다. 이렇게 일제의 침략에 저항하기에는 지식인들의 한계가 뚜렷했다.

따라서 어느 노선이 옳았느냐의 판단은 간단치 않다. 고종의 노선을 자신의 권력을 강화하려는 수구적 태도라 무조건 예단할 수도 없다. 서구 열강의 강압적 통상 요구와 식민화 정책이라는 추세에 지혜롭게 대응하여 자주적 근대화의 목적을 달성하면서 강대국의 보호국이나 식민지로 전락하지 않을 수 있는 길을 선택했는지에 대해 냉정히 분석·판단해야 할 것이다.

그 점에서 태국 왕실의 사례가 모범이 될 만하다. 같은 시기에 동남아시아 국가가 영국과 프랑스의 보호국이나 식민지가 되었을 때 태국의 왕실은 강력한 왕권을 구심점으로 하여 서양 국가와 외교적 관계를 맺고 국가를 개방하여 근대적 개혁을 단행함으로써 나라를 지킬 수 있었던 것이다. 그 점에서 볼 때 고종도 대한제국을 선포하여 자주국가의 면모를 갖추고 황실의 권위를 세워 두루 세를 연합해 부국강병을 추구하려 한 점은 높이 평가할 만하다. 그러한 정책을 잘 추진했느냐에 대한 평가와는 별개로 개화파 지식인들에게 국제 정세에 대한 냉철한 분석이 결여된 상태에서 급진개화파가 맹목적으로 황권 강화에 반대하고 민중을 배척하면서 외세 의존적 개혁을 추구하고 분열을 조장한 점은 비판받아 마땅할 것이다. 이렇게 조선은 외세의 침략에 주체적으로 대응하지 못하고 일본의 식민지가 되고 말았던 것이다.

참고 문헌

미디어 오디세이 2

간송미술관·한국민족미술연구소 (2013), 〈간송문화〉, 85호.
강만길 (1994), 《한국근대사》, 창작과비평사.
김상봉 (2003), 《그리스 비극에 대한 편지》, 한길사.
성완경 (1999), 《민중미술, 모더니즘, 시각문화: 새로운 현대를 위한 성찰》, 열화당.
심혜련 (2006), "예술과 매체, 뫼비우스의 띠", 철학아카데미 지음, 《철학, 예술을 읽다》, 동녘.
유홍준 (2010), 《유홍준의 한국미술사 강의 1: 선사 삼국 발해》, 눌와.
이근삼 (2012), 《연극개론》, 문학사상사.
이주헌 (2002), 《미술로 보는 20세기》, 학고재.
임두빈 (2001), 《원시미술의 세계》, 가람기획.
주홍성·이홍순·주칠성 (1988), 《조선철학사상사》, 김문용·이홍용 옮김 (1993), 《한국철학사상사》, 예문서원.
프레시안 (2014. 1. 28), "아르헨티나發 '신흥국 경제 위기'의 진짜 교훈".

Aristoteles, *Peri Poiētikēs*, 천병희 역 (1979), 《시학》, 휘문출판사.
Benjamin, W. (1972), *Das Kunstwerk im Zeitalter Seiner Techischen Repro-duzierbarkeit*, 최성만 옮김(2007), 《기술복제시대의 예술작품》, 길.
Gombrich, E. H. (1995), *The Story of Art*, PhaidonPress, 백승길·이종숭 역 (2013), 《서양미술사》, 예경.

Hawking, S. (1996), *The Illustrated a Brief History of Time*, 김동광 역 (2012), 《그림으로 보는 시간의 역사》, 까치.

Hawking, W. S. (1991), *A Brief History of Time: A Reader's Companion*, 현정준 역 (1995), 《시간의 역사 2》, 청림출판.

Horkheimer, M. & Adorno, T. W. (1969), *Dialektik der Aufklaerung: Philosophische Fragmente*, 김유동·주경식·이상훈 옮김(1996), 《계몽의 변증법》, 문예출판사.

Nietzsche, F. (1872), *Die Geburt der Tragödie*, 곽복록 역(1982), 《비극의 탄생》, 범한출판사.

Reimer, E. (1971), *School is Dead*, 김석원 역 (1982), 《학교는 죽었다》, 한마당.

Wilson, E. & Goldfarb, A. (1994), *Living Theatre*, 김동욱 역 (2000), 《세계 연극사》, 한신문화사.

미디어 연구의 새로운 시선

김광웅 (1984), 《사회과학방법론》, 박영사.

김경동·김여진·이온죽 (2009), 《사회조사연구방법: 사회연구의 논리와 기법》, 박영사.

김내균 (1996), 《소크라테스 이전의 그리스 철학》, 교보문고.

김대식·노영기·안국신 (2004), 《현대경제학원론》, 박영사.

김동민 (2013), 《미디어 오디세이》, 나남.

김동식 (2003), 《프래그머티즘》, 아카넷.

김동춘 (1997), 《한국 사회과학의 새로운 모색》, 창작과비평사.

김민환 (2009), 《한국언론사》, 나남출판.

김수행 (1988), 《자본론 연구 I》, 한길사.

김승수 (1997), 《매체경제분석: 언론경제학의 관점》, 커뮤니케이션북스.

김승현·윤홍근·정이환 (2005), 《현대의 사회과학》, 박영사.

김승혜 (2008), 《유교의 뿌리를 찾아서》, 지식의 풍경.

김영석 (2002), 《사회조사방법론》, 나남.

김영식 (2009), 《인문학과 과학》, 돌베개.

김영식·박성래·송상용 (1994), 《과학사》, 전파과학사.

르몽드 디플로마티크 (2014), 《르몽드 20세기사》, 휴머니스트.

박승옥 (1991), 1970년대: '고속도로'와 '닭장집', 〈역사비평〉, 여름호, 역사비평사.

박영은 (1995), 《사회학 고전연구: 실증주의의 형성과 비판》, 백의.

박영호·이삼열 (1990), 《사회과학개론》, 백산서당.

박이문 (1996), 《문명의 위기와 문화의 전환》, 민음사.

박정일 (2014), 《튜링&괴델, 추상적 사유의 위대한 힘》, 김영사.

사마천, 김원중 역 (2002), 《사기열전》 하, 을유문화사.

소련과학아카데미 자연과학사·기술사연구소, 홍성욱 역 (1990), 《세계기술사: 원
　　　시시대에서 산업혁명까지》, 동지.

신일철 편 (1980), 《프랑크푸르트학파》, 청람.

역사학연구소 (2009), 《함께 보는 한국근현대사》, 서해문집.

오택섭 (1986), 《사회과학 데이터 분석법》, 나남.

윤한택·조형제 (1987), 《사회과학개론》, 백산서당.

이상희 편 (1983), 《커뮤니케이션과 이데올로기》, 한길사.

이인식 (2008), 《지식의 대융합》, 고즈윈.

이정전 (2011), 《경제학을 리콜하라》, 김영사.

임상원 (2007), "자유언론과 민주주의", 《민주화 이후의 한국언론》, 나남.

장병주 (1986), 《과학·기술사》, 동명사.

정승현 (2009), 《경제학의 탈을 쓴 자본주의》, 황매.

정윤형 (1994), 《서양경제사상사연구》, 창작과비평사.

중앙일보 현대사연구팀 (1996), 《발굴자료로 쓴 한국현대사》, 중앙일보사.

차배근 (1979), 《커뮤니케이션研究方法》, 세영사.

＿＿＿ (1989), 비판 커뮤니케이션 이론의 문제점, 이상희 교수 화갑기념 논문집
　　　간행위원회 편, 《현대사회와 커뮤니케이션 이론》, 한길사.

＿＿＿ (1992), 《커뮤니케이션학개론 (上)》, 세영사.

최동희·김영철·신일철 (1990), 《철학》, 일신사.

최동희·김영철·신일철·윤사순 (1997), 《철학개론》, 고려대 출판부.

최무영 (2011), 《최무영 교수의 물리학 강의》, 책갈피.

최제우(김용옥 역주) (1888/2004), 《도올심득》, 통나무.

최진봉 (2013), 《미디어 정치경제학》, 커뮤니케이션북스.

최천식 (2010), 《동경대전》, 풀빛.

최현철 (2013), 《사회과학 통계분석: SPSS PC+ Windows 20.0》, 나남.

표영삼 (2014), 《표영삼의 동학 이야기》, 모시는 사람들.

한국언론학회 (2005), 《언론학 원론》, 범우사.

한홍구 (2005), 《대한민국史》, 한겨레신문사.

홍성욱·이상욱 (2004), 《뉴턴과 아인슈타인》, 창비.

화 령 (2008), 《불교, 교양으로 읽다》, 민족사.

Carr, E. H. (1961), *What is History?*, Cambridge University Press, 길현모 역 (1972), 《역사란 무엇인가》, 탐구당.

Chalmers, A. F. (1999), *What Is This Thing Called Science?: An Assessment of the Nature & Status of Science & Its Meaning*, 신중섭·이상원 역 (2003), 《과학이란 무엇인가?》, 서광사.

Dobb, M. H. (1937), *Political Economy and Capitalism*, 편집부 역 (1983), 《정치경제학과 자본주의》, 동녘.

Ferguson, K. (2011), *Stephen Hawking*, 이충호 역 (2013), 《스티븐 호킹》, 해나무.

Feynman, R. P. (2000), *The Pleasure of Finding Things Out*, 승영조·김희봉 (2004), 《발견하는 즐거움》, 승산.

Gombrich, E. H. (1995), *The Story of Art*, Phaidon Press, 백승길·이종숭 역 (2013), 《서양미술사》, 예경.

Griffin, E. (2009). *A First Look at Communication Theory*, 김동윤·오소현 역 (2012), 《첫눈에 반한 커뮤니케이션 이론》, 커뮤니케이션북스.

Hawking, S. (2013), *My Brief History*, 전대호 역, 《나, 스티븐 호킹의 역사》, 까치.

Hawking, W. S. (1969), *Der Teil und das Ganze: Gespräche im Umkreis der Atomphysik*, 김용준 역 (2011), 《부분과 전체》, 지식산업사.

_____ (1988), *A Brief History of Time-From Big Bang to Black Holes*, 현정준 역, 《시간의 역사》, 삼성이데아.

_____ (1991), *A Brief History of Time: A Reader's Companion*, 현정준 역 (1995), 《시간의 역사 2》, 청림출판.

Heisenberg, W. (1958), *Physics and Philosophy*, 최종덕 역 (1985), 《철학과 물리학의 만남》, 한겨레.

_____ (1969), *Der Teil und das Ganze Gespräche im Umkreis der Atomphysik*, 김용준 역(2011), 《부분과 전체》, 지식산업사.

Huberman, L. (1936), *Man's Worldly Goods: The Story of the Wealth of Nations*, 장상환 역 (2010), 《자본주의 역사 바로 알기》, 책벌레.

Lamprecht, S. P. (1955), *Our Philosophical Traditions*, 김태길·윤명로·최명관 역 (1990), 《서양철학사》, 을유문화사.

Marx, K. & Engels, F. (1857), *Grundrisse der Kritik der Politischen Ökonomie*, 김호균 역 (2000), 《정치경제학 비판 요강》, 백의.

_____ (1859), *Fur Kritik der Politischen Oeconomie*, 최인호 역 (1995), 《칼 맑스 프리드리히 엥겔스 저작 선집 2》, 박종철출판사.

_____ (1863), *Theorien über den Mehrwert*, 조선노동당 출판사 (1989), 《잉여가치학설사》, 이성과 현실.

_____ (1867), *Das Kapital-Kritik der Politischen Ökonomie*, 강신준 역 (2008), 《자본 I-1》, 길.

_____ (1976), *Karl Marx Frederick Engels Collected Works*, International Publishers, 최인호 외 역 (1997), 《칼 맑스/프리드리히 엥겔스 저작선집》, 박종철출판사.

McQuail, D. (2005), *Mass Communication Theory*, 양승찬·이강형 공역 (2011), 《매스커뮤니케이션 이론》, 나남.

Mill, J. S. (1848), *Principles of Political Economy*, 박동천 역 (2010), 《정치경제학 원리》, 나남.

Mosco, V. (1996), *The Political Economy of Communication: Rethinking and Renewal*, SAGE Publications, 김지운 역 (1998), 《커뮤니케이션 정치경제학》, 나남.

Newton, I. (1687), *Principia*, 이무현 역 (2012), 《프린키피아: 자연과학의 수학적 원리》, 교우사.

Smith, A. (1776), *An Inquiry into the Nature and Causes of the Wealth of Nations*, 최호진·정해동 역 (2006), 《국부론》, 범우사.

Smythe, D. W. (1981), "Communications: Blindspots of Economics", 강준만·박주하·한은경 (1993), 《광고의 사회학》, 닥나무.

Thussu, D. K. (2006), *International Communication: Continuity and Change* (2nd Edition), 배현석 역 (2009), 《국제 커뮤니케이션: 연속성과 변화》, 한울아카데미.

金光不二夫·馬場政孝 (1974), 《マルクスと技術論》, 노태천 역 (1990), 《마르크스의 기술론》, 문학과지성사.

方立天 (1986), 《佛敎哲學》, 유영희 역 (1992), 《불교철학개론》, 민족사.

水田洋·長洲一二, 장명국 역 (1988), 《사회과학강의》, 석탑.

陳晉 (2011), *Notes from HARVARD on Political Economics*, 이재훈 역 (2012), 《하버드 정치경제학》, 에쎄.

湯川秀樹 (1976), 《目に見えないもの》, 김성근 역 (2012), 《보이지 않는 것의 발견》, 김영사.

片山泰久 (1966), 《量子力學の世界》, 講談社.

向坂逸郎 (1957), 김재훈 역 (1988), 《고전경제학 비판: 잉여가치학설사 해설》, 청아출판사.

조선의 개화와 근대 신문

강만길 (1994), 《한국근대사》, 창작과비평사.
거름 편집부 (1987), 《러시아 혁명사》, 거름.
김도태 (1972), 《서재필 박사 자서전》, 을유문화사.
려증동 (1992), 《고종시대 독립신문》, 형설출판사.
리용필 (1993), 《조선신문100년사》, 나남.
민두기 편 (1980), 《일본의 역사》, 지식산업사.
박용규 (1998), 구한말 일본의 침략적 언론활동, 〈한국언론학보〉, 43권 1호.
박은식, 남만성 역 (1920/1999), 《한국독립운동지혈사(상)》, 서문당.
세계일보사 (1959), 〈독립신문〉 축쇄판.
손석춘 (2004), 한국 공론장의 갈등구조: 근대 신문의 생성과정을 중심으로, 〈한국언론정보학보〉, 통권 27호.
역사학연구소 (2009), 《함께 보는 한국근현대사》, 서해문집.
임근수 (1984), 《언론과 역사》, 정음사.
정진석 (1990), 《한국언론사》, 나남.
정진석 편 (1996), 《독립신문·서재필 문헌해제》, 나남.
조재곤 (2005), 《그래서 나는 김옥균을 쏘았다》, 푸른역사.
주진오 (1991), 서재필 자서전, 〈역사비평〉, 1991 가을, 역사문제연구소.
채 백 (1992), "독립신문의 성격에 관한 일 연구", 한국사회언론연구회, 《한국사회와 언론 1: '포스트'시대의 비판언론학》, 한울.
_____ (1998), 주요 국가에 대한 독립신문의 정치적 입장, 〈한국언론학보〉, 43권 1호.
최 준 (1970), 《한국신문사》, 일조각.
한우근 (1977), 《한국통사》, 을유문화사.
화 령 (2008), 《불교, 교양으로 읽다》, 민족사.